语法系统的复杂性

石毓智 著

商务印书馆
The Commercial Press

图书在版编目（CIP）数据

语法系统的复杂性 / 石毓智著. —北京：商务印书馆，2024（2024.8 重印）
ISBN 978-7-100-23246-3

Ⅰ.①语… Ⅱ.①石… Ⅲ.①语法—复杂性—研究 Ⅳ.① H04

中国国家版本馆 CIP 数据核字（2023）第 233586 号

权利保留，侵权必究。

语法系统的复杂性
石毓智 著

商 务 印 书 馆 出 版
（北京王府井大街36号 邮政编码100710）
商 务 印 书 馆 发 行
三河市春园印刷有限公司印刷
ISBN 978-7-100-23246-3

2024年3月第1版　　开本 880×1230　1/32
2024年8月第2次印刷　印张 10
定价：78.00元

前　　言

　　2010年，我利用学术休假一年的机会重返斯坦福大学，其间参加了一个"复杂系统科学研究小组"，该小组是由生物学系的教授和博士生发起的，成员包括来自物理系、计算机系、数学系、心理学系、哲学系等的师生。小组每个星期举办一次活动，邀请校内外的专家来做报告，然后大家一起讨论。复杂系统科学是一个方兴未艾的学科，旨在探讨各种不同复杂系统的共同特性。这一系列活动对我非常有启发，那时就意识到这个新兴学科将会在不久的将来影响整个科学界。回到新加坡以后，我就尝试用这种理论来探讨语言学问题，并写出了《复杂系统科学对语言学的启迪》一文，现在作为第一章编入本书。2021年10月诺贝尔物理学奖宣布，获奖的三位物理学家都是把复杂系统理论应用于对物理世界的探讨而获得重大研究成果。这一新的学术思潮对未来语言学的研究必将产生重大的推动作用，所以我把本书的名称定为《语法系统的复杂性》，以引起人们对这一学科的重视。

　　语法系统的复杂性有三层意思：一是语法作为一个共时系统，自身内部的语法标记和语法结构在语法功能上相互协同合作，一起满足人们交际上的需求；二是语法系统与其他形形色色的复杂系统一样，具有这样的特征：受规则支配、成分不对称、系统具有开放性、内部元素不断进行新陈代谢；三是语法系统处于由众多系统构成的大系统之中，与共时历时系统、词汇系统、语音系统、人类语言、人类认知、人类社会、自然规律等系统相互制约。本书即是以语法系统具有复杂性为出发点来揭示各种语法现象背后的理据。

这本书集中反映了我们过去十余年来对语言学理论研究的成果。其中大部分内容已发表于《外语教学与研究》《外国语》《语言研究》《语言科学》《外语研究》等刊物上。本书提出了我们迄今为止最大胆、最完整的理论系统。说大胆，是因为这是关于人类语言最本质问题的思考：人类何以能够创造和使用语言？语言的设计原理和运作机制是什么？这是当代语言学各个流派所关心的问题，也是各个学说的分歧所在。说完整，是相对于我们以前的论著而言的。从我们步入语言学这个殿堂起，就开始思考这些问题。但是在中国讲究述而不作、注重实用的学术传统里，提出新的理论体系是要冒很大的风险的。所以在我们以前的著作中，只是把"语法系统具有复杂性"这一思想暗含在对具体现象的研究中，一些观点也只散见于对各种具体语言现象的分析之中，而且缺乏详细的论证。这次把它们系统化，并从各个方面加以论证。

语言研究不能单靠直觉。为什么说单纯直觉是不可靠的呢？原因有三：一是语言是存在个体差异的，特别是像汉语这种语言，其中混杂了大量的方言，而且不同方言的语法特征差别显著，如果学者以自己的语感去判断普通话中的一些现象，必然会出现这样那样的误判。二是会使用某种语言跟知道它有多少种用法是两码事。比如，对于具有十几种用法的常用词，单凭我们的语感能够想到的往往只是其中的少数几个用法。因此靠直觉会导致挂一漏万、以偏概全的后果。三是研究者一般都事先有了自己的理论假设，那么就会跟着感觉走，紧拉住假设的手，戴着有色眼镜来看世界，一切都会变了颜色，造成扭曲语言现象的后果，就会觉得世界会越来越温柔，什么都听自己的话。因此语言研究中单靠直觉是危险的，只有通过全面深入的调查，才能正确把握自然语言的规律。

　　在旧的科学体系中，科学家们相信，自然界是由少数规则支配着，发现这些规则就可以解释一切现象。但是，近100年来的科学发展证明，自然界是五光十色、光怪陆离的，任何规律都不可能是万能的，只有在特定的条件下才起作用。经典力学的规律只适用于宏观客体的运动，而微观世界则需要量子力学的理论来阐释。物理学的规律也只能解释自然界的一部分现象，还有化学、生物等方面的属性需要其他学科来解释。当代科学的研究表明，自然界是各种类型的规律协同合作的结果。语言是人类认知和自然、社会现象相互作用产生的，它的规律也必然是多种多样的，不可能存在一种包打天下、统管全局的规律。因此以发现这类规律为目标的研究，必然是徒劳而无功的。语言是有血有肉、生动丰富的，而不是由几根骨头支起来的骷髅。只有树立正确的语言观，才可能取得丰硕的成果。

　　20世纪八九十年代兴起的认知语言学方兴未艾，但是其理论只是根据认知语言学对语言现象的观察分析而建立起来的，缺乏独立的认知心理学证据。这种现象有其历史的原因，认知心理学兴起于20世纪80年代，那时认知心理学尚没有建立起来，可资借鉴的研究成果还非常有限。可是到了今天，认知心理学已经发展成为一种完善的科学,给我们提供了关于语言的大量成果和研究数据,使得人们能够更科学地看待语言的本质。现在的成果就是我们学习、借鉴了认知心理学的最新研究成果之后对语言的本质所做的思考。

什么可以成为语言学假设的证据?主要有四种类型:一是历史资料,很多共时结论往往蕴含着一个历时过程,那么就需要从历史资料中寻找证据;二是语言共性,在一个语言内部可以自圆其说的假设,如果在其他语言中也能找到同样的证据,就会大大加强其说服力;三是语言的系统性,给一个语言现象做出解释时,需要照顾到它的左邻右舍,因为语言是一个有机的整体,各个部分都是和谐地存在于一个系统之中,任何一个语法形式都不是孤立的,都与其他形式密切联系着;四是心理实验证据,语言是一种认知心理现象,因此可以借助认知科学的实验结果来支持假说,也可以设计独立的心理学实验来验证假说。这四个方面的证据是相容的关系:得到证据的方面越多,假说就越可靠,其科学性也就越高。

科学研究既是一种艰苦探索,也是一段审美历程。不同的人对此有不同的感受,而不同的感受则来自不同的态度。如何从别人看来单调、枯燥而艰辛的科学研究活动中获得乐趣和精神奖赏,庄子的《庖丁解牛》故事给了我们很好的启发。首先,要乐于自己的行业。庖丁杀牛的一招一式都"合于桑林之舞",动刀的声音则"莫不中音",他是把别人认为艰辛的劳动作为音乐、舞蹈来享受。其次,要掌握对象的规律。他把牛的生理结构研究得非常透彻,因此可以做到"臣之刀十九年矣,所解数千牛矣,而刀刃若新发于硎"。而其他所谓好屠夫也要一年换一把刀，普通的屠夫则一个月就换一把刀。如果能够做到这两点，学术研究未尝不可以作为一种养生之道。每当我们发现司空见惯的语言现象背后的规律时，就释卷环顾，踌躇满志，神清气爽，大有一日不知瞌睡，二日不知劳累，三日不知肉滋味的感觉。此种感觉又生发乐趣，让人心甘情愿继续跋涉于扑朔迷离的语言现象之中，憧憬着那更加瑰丽多彩的景观。

科学探索的共同目的是寻找事物现象背后的规律。语言科学也不例外，它的首要任务就是找到纷纭复杂、司空见惯的语言现象背后的规律。每个人都感觉到说话是一种完全自由的个人行为，其实背后往往受各种各样规律的支配。人们对于规律的探讨并不纯粹是出于功利目的，往往来自追求审美的内在动机。审美和规律具有内在的联系，只有那些和谐、简洁和有规则的事物现象才能给人们以审美意识，不论是视觉还是听觉都是如此。先哲们对此有着精辟的论述，现摘录几则如下：

判天地之美，析万物之理。——庄子
数学不仅拥有真理，而且还拥有至高的美。——罗素
自然规律必须满足审美要求。——爱因斯坦

两千多年之前的庄子跟爱因斯坦具有高度的共识。根据庄子的观点，只有首先欣赏天地的美，才能分析探讨万事万物的规律。也正是因为此，爱因斯坦才把可供审美作为判断自然规律正确性的先决条件。这对语言研究也非常有启发，只有首先假定语言系统是美的、和谐的，才能更好地探讨语言规律。

特别感谢武汉大学张平文校长和文学院的同仁，他们于

2023年聘任我为兼职教授和博士生导师，联合培养汉语语言学方面的人才。在本书的研究和写作过程中，曾有多个学界朋友参与合作，特别值得提到的是王统尚、钟书能、邓云华、程杰、刘芬等教授专家，谨致谢忱。商务印书馆的周洪波、余桂林、朱俊玄等负责人，特别是白冰责编，他们为本书的出版付出了辛勤的劳动，特向他们致以崇高的敬意。

石毓智

2023年5月25日于武昌珞珈山

目 录

第一章　复杂系统科学对语言学的启迪 …………………… 1
第二章　语言研究的系统观 …………………………………… 19
第三章　认知语言学的功与过 ………………………………… 46
第四章　构式语法理论的进步与局限 ………………………… 74
第五章　超级构式与语法演化规律 …………………………… 94
第六章　语法构式与语法规则 ………………………………… 106
第七章　动宾与动补的混合构式 ……………………………… 124
第八章　语法系统对构式选择的制约 ………………………… 144
第九章　从汉英偏正结构看构式的设计原理 ………………… 157
第十章　从创新表达看语法构式功能 ………………………… 169
第十一章　数量语义特征对语法的制约 ……………………… 182
第十二章　语言学假设中的证据问题 ………………………… 201
第十三章　从脑神经科学看语法系统 ………………………… 228
第十四章　语法结构的合成性 ………………………………… 243
第十五章　语法与语音、词汇之关系 ………………………… 267
第十六章　语法规律的理据 …………………………………… 284

参考文献 ………………………………………………………… 303

第一章 复杂系统科学对语言学的启迪

一、引言

纵观过去一个多世纪以来语言学思想的演进，我们发现：任何有普遍影响力的语言学理论的提出，都不能是语言学家个人的闭门造车，而是必须植根于当时整个科学发展的大背景之下。只有这样，理论才会有生命力，才能影响久远，从而带来新的研究视角和方法。

20世纪初，索绪尔创立了结构主义语言学，标志着现代语言学的诞生。这种语言学理论的核心是：语言是个系统，系统内部的各要素之间相互制约。结构主义语言学思想的诞生不是偶然的，而是与当时的科学发展的大背景密切相关。那时物理、化学等经典科学日臻完善，使得人们对整个自然界的物质结构和运行规律有了清晰的认识。人们认识到：自然界不是杂乱无章现象的堆砌，而是由少数基本元素靠规则组成的一个系统，整个自然界是由规律支配的有序系统。

20世纪中叶，乔姆斯基（Chomsky）又提出了形式主义语言学，认为语法是一个独立于意义的抽象形式系统，句子是靠一定的规则生成的，这些规则生成了所有合乎语法的句子，而排除掉所有不合语法的句子。乔氏这一思想直接源于20世纪30年代数学界的一场形式主义思潮。在20世纪初期，数学陷入了一场危机，数学家们发现传统的数学概念不完善，公理和定理之间存在矛盾。为了解决这一危机，德国数学家希尔伯特提出了一个方案，把数学概念抽象成没有意义的符号，根据所设立的有限的规则，推演出所有的定律、公式，而且排除所有的矛盾。后来哥德尔提出并论证不完备定理，证明希尔伯特的方案是行不通的，尽管如此，该方案对数学发展乃至整个科学思想界的影响仍然极为深远。

20世纪80年代，认知语言学兴起，其基本思想是语言能力为人类认知能力的一种，人们开始探讨语言能力与其他认知能力之间的相互作用关系。这一语言学思想的提出也不是偶然的，也是由当时科学的大背景决定的。20世纪中期以后，特别是70年代以后，认知心理学发展成熟，科学界的研究兴趣逐渐转移到人类心智，开始出现了一门新学科——认知科学。随着认知科学的发展，人们开始对语言有了新认识，从而带来了新的理论研究视角。也就是说，认知语言学理论的建设是以认知心理学和认知科学的发展为基础的。

复杂系统理论（complexity system theory）方兴未艾，是一种新的哲学思潮，本章探讨这种新兴的科学思想会对语言学的未来发展产生什么影响。

二、不同复杂系统的共同特征

不论是自然界还是人类社会，处处都存在复杂系统，它们之间纵横交叉，相互影响，互为依存，形成更加庞大、更加复杂的系统。各种学科的研究对象都是一个复杂系统，数学是研究数量和图形，物理是研究运动变化，化学是研究物质结构，心理学是研究人类心智，诸如此类。自然界的不同领域也各自构成一个复杂系统，诸如气候、沙漠、河流、山脉等都是如此。而且不同的物种也都是一个复杂的系统，诸如人类、蚂蚁、蜜蜂等，无不如此。人类社会也是由各种各样的复杂系统构成的，比如交通、商品、通信等。

复杂系统理论旨在研究各种各样复杂系统的共同特征，探讨它们所遵循的共同规律。根据复杂系统科学的研究成果，任何复杂系统都具有以下三个主要特征，或者说具备以下三个条件，否则该系统就会失去功能而死亡。所以，它们也可以被认为是任何复杂系统所必须遵循的三个规律。

1. 新陈代谢。一个具有一定功能的活的系统必须是开放的，必须与外部其他系统之间进行信息或者能量交换。就拿人类来说吧，自身的生命体必须与外界进行能量交换，既要摄取营养，又要排除粪便，还要呼吸氧气，否则就无法维持生命。

2. 规律支配。任何复杂系统都是由各种层级且大小不同的构件组成的，这些构件的运作必须遵循一定的规律，否则整个系统就会陷入无序而导致最后崩溃。还拿人类为例，人类的循环系统、呼吸系统、神经系统、消化系统等都遵照一定的规则，一旦失序生命就难以维系。

3. 不对称性。任何复杂系统的各个构成部分之间必须存在不对称性，只有如此系统才能运作，从而保持活力和生命力。一旦某个系统内部的各个部分达到了完全对称或者平衡的状态，该系统就会失去生命机制。以人类的血液循环为例，如果心脏和全身的血管都充满血液，那么心脏就无法把血液送入动脉，静脉也无法把血液送回心脏，结果就会导致生命无法延续。血管里的血液流量必须存在不对称性，这样才能保证身体血液循环正常。

当然，复杂系统的特征不限于以上三个，这里所说的只是最主要的三个。下面我们将从这三个特征出发，来探讨语言系统的性质。

三、语言系统的新陈代谢及其原因

人类语言的一个共同特征是：每一种语言始终处于演化过程之中，没有一种语言是一成不变的。不论是语音、词汇，还是语法，都必然随着时间而变化演进（王力 1980）。语言变化包括两个方面：一方面，不断淘汰旧现象；另一方面，不断产生新现象。

词汇方面的变化最为明显，这方面的例子不胜枚举。旧事物消失了，表达相关概念的词汇也会逐渐退出历史舞台；新事物出现了，表达相关概念的词汇就会进入到语言中来。还有些概念的变化是语言内部的事情，与社会发展无关，它们往往是变成了相关的概念。比如，古代汉语"走"是"跑"的意思，现在变成了"行走"；古代汉语的"去"是"离开某地"的意思，现在变成了"到达某地"；古代汉语的"眼"指"眼球"，现在则指整个视觉器官。有些是概念意义一直都存在，只是改变了词汇形式，比如疑问代词"何"变成了"什么"，"唤"变成了"叫","食"变成了"吃",等等。导致词汇变化的因素很多,这是一个值得进一步研究的问题。

古今语音的变化也是很大的,包括声调的调值和调类、声母系统、韵母系统、音节结构等(王力 1980,1985)。从词汇的语音表现形式来看,古代汉语是以单音节为主,现代汉语则是以双音节为主。消失的语音特征有浊辅音,即声带振动的辅音,获得的语音特征有送气音、儿化韵等。

语法标记和语法结构的变化也十分明显。下面分别举例说明秦汉之前存在后来消失的语法现象,以及宋元以后出现的新语法现象。

1. 秦汉之前存在后来消失的语法现象(王力 1989;石毓智 2016)

   a. 疑问代词做宾语前置。例如:"吾谁欺?欺天乎?"(《论语·子罕》)

   b. "也"字判断格式。例如:"彼,虎狼也。"(《左传·哀公六年》)

   c. "于"字被动结构。例如:"臣诚恐见欺于王而负赵。"(《史记·廉颇蔺相如列传》)

   d. "唯"字强调格式。例如:"唯酒食是议。"(《诗经·小雅·斯干》)

   e. "之"字的结构助词用法。例如:"不虞君之涉吾地也。"(《左传·僖公四年》)

2. 宋元以后出现的新的语法现象(王力 1989;石毓智 2016)

   a. 动补结构的建立。例如:"他其实咽不下玉液金波。"(《西厢记》第二本第四折)

b. "把"字处置式的出现。例如:"我们且把这车子上包裹打开。"(《水浒传》五回)

c. 体标记"了""着""过"的产生。例如:"南朝已应付了三处。"(《乙卯入国奏请》)

d. 量词系统的最后形成。例如:"如一条死蛇,弄叫他活。"(《朱子语类·训门人》)

e. 动词拷贝结构的产生。例如:"姑娘们把我丢下了,叫我碰头碰到这里来。"(《红楼梦》四十四回)

一个不证自明的道理是:语言必须在使用中发展,一旦一个语言被中止使用,它也就死掉了。语言演化的必然性既来自语言系统内部各个子系统之间的相互作用,也来自语言系统与其他系统之间的相互影响。我们已有专文全面论证了语言系统与哪些系统具有相互影响的关系(石毓智 2017),下面只是简述我们的核心观点:

1. 语音、词汇和语法各自是个系统,三者共同构成一个语言系统;

2. 共同语言与方言构成一个系统,共时与历时构成一个系统,每个具体的语言构成人类语言系统;

3. 语言能力与人类的其他认知能力,诸如符号表证能力、联想记忆能力、空间辨识能力等,一起构成人类的认知系统;

4. 语言与社会文化历史传统构成一个系统;

5. 语言与人类生活的自然环境构成一个系统。

这里只简单谈一下语言能力与其他认知能力之间是如何互动,从而导致语言的新陈代谢的。语言必须在使用中发展,而语言使用必然受到人类认知能力的影响。最常见的一种认知能力就是识解（construal），指对于同样一种事物现象，人们从不同的角度去认识或者认识的步骤顺序不一样，就会导致不同的语言表达形式差异。古今汉语的被动形式经过多次的变化，重要原因之一就是不同时期人们对被动事件的识解角度不同。

  一个被动事件必然涉及三种元素：施事、受事和行为。人们可以从不同的角度来识解被动事件。不同历史时期的人对被动事件的识解角度不同，从而促使了被动标记的演化（石毓智 2006c）。首先，在一个被动事件里，施事和受事一般都处于同一地点位置，上古汉语里从空间关系来识解，结果地点介词"于"被用来标记被动句中的施事，这一用法在汉魏以后就消失了。其次，在被动事件中，受事也可以被看作"遭受"某种不幸的事件，因此原来表示遭受义的动词"被"语法化为被动标记。"被"是汉语历史上使用最久的被动格式，先秦开始萌芽，唐宋才发展完善，直到现代汉语才逐渐被新兴的其他标记替代而主要用于书面语。此外，在被动事件中，受事可以理解为"任凭""听任"事件发生，结果表示"任凭"意义的动词"叫""让"等在元、明以后发展成了被动标记，是现代汉语口语中最重要的被动标记。总之，导致被动标记演化的原因之一是人们对被动事件的识解角度不同。

四、语言规律的不同形态

  语言的设计原理是：设立有限的基本单位，按照一定的规则，生成无穷的表达形式。不论是语音、词汇还是语法，它们都受这一原理的支配。语言交际的本质是创新，这包括两个方面的意思,一是人们可以说出此前从来没有人用过的句子,二是人们可以听懂此前从来没有听过的句子。交际之所以能够顺利进行,其背后就是规律的支配。下面简单介绍一下我们归纳的语法规律的四种形态(石毓智 2010):

1.演绎规律

演绎规律是指前提真,按照一定的逻辑规则推出的结论也一定真。演绎规律具有逻辑上的严谨性和必然性,因此为人们所推崇。它的局限性是无法保证其前提的真假,其前提的正确性需要归纳、类比、甚至想象、推测等思维活动,因此演绎方法并不是自足的。语言中也存在演绎规律,下面分别列举英语和汉语的现象来说明。

所有英语由限定动词构成的句子都必须有主语,这一规则是没有例外的。由此可以导出适用于任何句子的结论:这个句子的谓语动词是限定形式,所以它必须有主语,否则将是不合法的。例如:

a. Nancy knows my parents.

*Knows my parents.

b. Nancy and David know my parents.

*Know my parents.

c. My daughter has prepared lunch today.

*Has prepared lunch today.

至于英语的限定动词句为什么必须有主语,还需要进行科学的论证。这跟英语动词的概念结构有关。

所有汉语中能够为程度词序列"有点儿—很—最"分别修

饰的形容词都能够被"不"否定。这一规则也是没有例外的，因此可以导出一个永真的命题：这个形容词可以被程度词修饰，所以它一定可以被"不"否定。同时，不能受程度词修饰的形容词也都不能被"不"否定。例如：

类型一：大—有点儿大　很大　最大　不大
　　　　中—*有点儿中　*很中　*最中　*不中
　　　　小—有点儿小　很小　最小　不小
类型二：热—有点儿热　很热　最热　不热
　　　　温—*有点儿温　*很温　*最温　*不温
　　　　冷—有点儿冷　很冷　最冷

能否加程度词与能否被否定之间存在内在的联系。自然语言的否定实际上是一种程度否定，"不"否定形容词的实际含义是"达不到某种程度"或者"比某个程度低一个量级"。比如"这瓶墨水不黑"是指黑的程度不高，而颜色仍然是黑的。那么就自然要求，凡是能够被"不"否定的形容词必须是能够分出大小不同的量级的。

2. 统计规律

人们对统计规律往往缺乏认识。我们曾经针对很多人做过一个试验，是问对下面一则天气预报的反应：

"明天有可能下雨，也有可能不下雨，下雨和不下雨的可能性各占50%。"

几乎所有的人都认为，这段话等于没说，什么信息都没有告诉我们。其实这段话传递了重要的信息。做这种预报的人既可能是一个滥竽充数者，也可能是一个高明的专家。到底属于哪一类人，单靠一次、两次或者少数次数的预报是看不出来的，但是通过大量的预报就可以看得出来。比如说这样预报了100次，有50次左右都是下雨了，或者50次左右没有下雨，说明这个人的预报是非常准确的，应为气象学的大专家。然而偏离50次太多的话，那就是乱预报了。50%的概率是非常高的。比如到某个地方游泳有50%的生命危险，没有什么人是敢冒这个危险的。气候受各种不确定因素的影响，很多时候无法做到100%准确，大多属于概率性的规律。

语言中也存在概率性的规律。我们为此也做过一个长期的试验，让过去几年教过的500个左右的学生分别用"介意、记得、铭记"这三个词造一个句子，结果显示，90%以上的人把"介意"用于否定句或者疑问句，几乎100%的人把"铭记"用于肯定句，"记得"则没有明显的规律。我们又对大量的反映口语的材料做了调查，99%的"介意"例子都是否定句或者疑问句。如果没有大量的统计，这种规律是无法发现的。英语中也有类似的现象，其动词mind、matter等也都是多用于否定结构。

3.功能规律

任何语法结构或者标记都有它的表达功能，也都有它的使用规律，语言中不存在没有意义的语法手段。比如汉语中指人的复数标记"们"，似乎名词有它没它都没什么关系，都可以表示复数。然而"们"真正的功能是表示特定范围内的全部成员，而且所组成的名词短语如果没有其他限定成分时，只能出现在谓语动词之前。这说明"们"不光有意义，而且还有特殊的语法功能。例如：

老师们大家都通知到了。	*我们都通知到了老师们。
同学们我都问过了。	*我都问过了同学们。

英语动词词缀-ing的语法意义是某一瞬间动作行为的进行状况，即它没有时间的延展性，因此它具有消除动词时间过程的作用。这一特征使得它具有把动词名词化的功能，因为名词的典型特征是非时间性质的。下面是有关的名词：

findings；filings；surroundings；writings；belongings

语言是一种交际工具，它的语法标记的设立往往是为了满足交际的明晰性。人类语言有一个明显的倾向性：凡是句子基本语序为SOV的语言具有宾格或者主格标记。形成这种现象的原因是，主语和宾语都出现在谓语动词之前，它们通常是名词，加上省略、话题化等语用因素会影响到对它们语法地位的判断，因而容易引起歧义。最值得深思的例子是甘肃的临夏方言，它因为受基本语序为SOV的藏语的影响，而大量出现SOV用例，为了交际明晰性的目的，该方言也出现了宾格标记"哈"。例如：

临夏方言	普通话
我这个人哈认不得。	我不认识这个人。
我他哈劝了半天。[①]	我劝了他半天。
他哈我劝了半天。	我劝了他半天。
玻璃哈打破给了。	玻璃被打破了。

[①] 临夏方言例参考马树钧（1982）。

"哈"标记其前的成分为动词的受事。有趣的是，临夏方言的受事主语也常用"哈"标记，比如"玻璃哈打破给了"。

4. 发生规律

新的语法现象不断产生，其产生过程往往遵循一定的规律。新的语法现象的产生往往跟高使用频率有关，新的语法现象最常出现在高频率的词上，两个高频率共现的词容易发生融合而改变其间的语法关系。下面以汉语动补结构带宾语来说明这一点。

有一条限制汉语动补结构带宾语的规律：凡补语是施事主语的属性的动补短语一般不能带受事宾语，比如不能说"她看累了书""他吃胖了肉"等。但是这一规则正在被打破，出现了两个例外：

他吃饱了饭。　　　　　他喝醉了酒。

打破这一规则的原因是，"吃"和"喝"都是高频率词，而且它们最常搭配的结果补语分别为"饱"和"醉"，这样长期高频率使用的结果使得"吃饱""喝醉"凝固成复合词一类的东西，因而可以带上宾语。目前这只是个别现象，但是随着这类"例外"的增加，原来的语法规律就会被打破，从而产生一个新的语法规律。

由于社会文化方面的因素，不同语言表示相同概念的动词所搭配的词语不一样，那么有关的句法行为也不一样。还以"吃"这一概念为例，"吃饱"和"吃病"的搭配在汉语和英语中截然相反，请看我们的统计结果：

吃+饱 2,180,000；　　　吃+病 16,900；

吃饱：吃病=130∶1

eat+full 51；　　　　　　eat+sick 507；

eat full∶eat sick=1∶10

汉语中"吃"跟"饱"的搭配频率远远高于跟"病"的，前者是后者的130倍；然而在英语中eat跟full的搭配频率远远低于跟sick的，后者是前者的10倍。英语中也有类似于汉语动补结构的格式，其情况恰好与汉语的相反，eat-sick可以自然运用其中，而eat-full则有问题（Goldberg 1995）。例如：

Mary ate herself sick.　　　　*Mary ate herself full.

五、语言系统的不对称性

语言系统的不对称性存在于各个方面和各个层次（石毓智 1992a；沈家煊 1999），我们这里只从语言演化的角度来看这个问题。假如一种语言在创立之初，所有的语法形式应有尽有，那么就没有给语言的发展留下任何空间，语法系统也就不可能发生演化了。语法系统的不对称性主要表现在以下两个方面：

1. 表达同一语法范畴的手段的多样性

古今汉语都有被动这一语法范畴，然而表达被动的语法手段则是多种多样的。虽然不能说被动手段是无穷多的，但是也很难确切知道其所有可能手段的数目。汉语史上出现的被动标记就有"见""于""被""为……所""叫""让""给"等，格式也有几十种之多（石毓智 2006c）。假如上古汉语里所有这些被动格式都已经具备，那么汉语的被动格式就不会随着时间而发展了。

2. 语法范畴的消失与出现

世界上没有一种语言拥有所有可能的语法范畴。这有两层意思：一是没有一种语法范畴是必须有的，因此有些语法范畴会随着历史发展而消失；二是在语言的发展过程中会不断产生新的语法范畴。如前文所述，动补结构、"把"字结构、体标记系统、量词系统等都是后来才产生的，秦汉之前没有这种现象。假如上古汉语都已具备了所有这些语法范畴，那么就不会有后来的发展。

六、语言系统的复杂性

语言系统的复杂性表现在各个方面，我们从三个方面来说明这个问题。

1. 语法标记的多功能性

语言中极少有像数学符号那种意义和形式单一对应的情况，同一语法标记往往具有不同的功能。比如"把"既可以表示处置（例如：他把椅子搬走了），也可以表示使成（例如：他把嗓子喊哑了），还可以表示称谓（例如：山西人把土豆叫山药蛋）等。又如"拿"既可以引进工具（例如：他拿毛笔写字），又可以表示对待（例如：他拿小王开玩笑）等。

反过来看，同一语法功能往往可以用不同的语法标记来表示。还拿被动格式为例，在现代汉语中就有"被""叫""让""给"四个，方言中的情况就更加复杂了。处置式的格式也有"将""把""拿""给"四个，它们的语体色彩不同，使用范围各异，出现频率有别，从而为处置表达提供了丰富的手段。

2. 语法格式的多功能性

同一语法格式往往具有多种表达功能。比如汉语的双宾结构既可以表达"取得"义（例如：我买了他一本书），又可以表达"给予"义（例如：我卖了他一本书）。类似地，汉语的存现句既可以表示"出现"（例如：他们来了一个客人），又可以表示"消失"（例如：他们家走了一个客人）。

同一表达内容可以选择不同的语法结构。以"物体传递"的表达为例，既可以用双宾结构来表达（例如：我送了老王一本书），又可以用处置式来表达（例如：我把书送给了老王），还可以用话题结构（例如：书我送了老王）等。

3. 语法系统内部的非均质性

笼统地说，语法是组词、造句的规律，然而语法规律的能产性悬殊，而且它们的使用频率也非常不一样。可以从能产性的角度给语法规律划分出以下三大类型：

其一，高度能产的语法规律。在现代汉语中，所有能够为数词自由称数的单音节量词都可以重叠表示遍指，比如"个个""张张""条条"等。这是一个高度能产的语法规律，没有例外。人们一旦掌握了这条规律，遇到新量词就知道该怎么使用，不需要一个一个来学习、记忆了。

其二，古汉语语法的化石。在现代汉语中，只有"人"和"事"这两个名词可以重叠成"人人"和"事事"表遍指，其他名词诸如"树""狗""书"等则不行。造成这种现象的原因是，在汉语量词系统尚没有出现的时候（约1500年之前），那时汉语存在一条语法规律：单音节的普通名词可以重叠表示遍指。在量词系统建立之后，这条语法规律的作用对象由普通名词转移到量词上。然而因为"人"和"事"是两个高频率词，它们就把古代的语法规律保留到了今天（石毓智 2011）。我们把这种个别词汇保留古代语法规律的现象称作"语法化石"。这种语法现象完全丧失能产性，学习的时候要单独记忆，一般词典都会注明这种特殊用法。

其三，刚萌芽的语法现象。动补结构带宾语是有规律限制的，凡是补语的语义指向为施事主语者都不能带宾语，比如不能说"*她吃胖了北京烤鸭""*她看病了武侠小说"等。然而在当代口语中出现了两个例外："他吃饱了饭"和"他喝醉了酒"，这两例中的补语"饱"和"醉"都是描写施事"他"的状况的，然而却分别带上了宾语"饭"和"酒"。造成这种现象的原因是，"吃饱"和"喝醉"高频率出现，以至于人们把它们看成一个复合动词那样的东西，结果就在其后带上了宾语。而且它们可带的宾语也不自由，比如"*吃饱法国西餐""*喝醉日本清酒"等就听起来不自然，甚至是不合语法的。任何新的语法现象产生初期都有这样的特征：它们不仅使用频率很低，而且还有很强的词汇限制，其能产性也是极低的（石毓智 2011）。

其四，语法格式的出现范围和使用频率的差异。"管"在表示称谓上与"把"功能相当，比如"山西人管土豆叫山药蛋"也可以说成"山西人把土豆叫山药蛋"，然而"把"字的其他用法都不能用"管"来替代。跟"把"字结构相比，"管"字结构的使用范围要小得多，使用频率也低得多。不难发现，动宾结构要比双宾结构的使用频率高很多。而有些语法结构则几乎没有能产性，比如表达朋友之间亲密无间的"咱俩谁跟谁"几乎每个成分都是由固定的词汇表达，这与上面谈到的语法化石和刚萌芽的语法现象类似。

七、理论意义

复杂系统科学的兴起给语言学研究带来很多启迪，既可以让我们反思当今各种语言学理论的得失，也可以启发我们发现新的研究课题。

首先，复杂系统的设计原理有助于认识人类语言的普遍规律，也可以帮助我们重新审视乔姆斯基所提出的"普遍语法"假设。乔姆斯基认为，普遍语法是由少数几条规则构成的一个封闭系统，它是人类生物进化的结果，是与生俱来的，也是全人类共有的，而且是一成不变的。人们习得一种语言的过程就是把所谓的这个"普遍语法"代入具体语言的"参数"的过程。那么这个所谓的"普遍语法"显然不符合复杂系统的第一个特征，即它不是一个开放的系统，不与其他系统发生能量或者信息的互动，其内部成员也不存在不对称性。按照乔姆斯基的理论，语言也就不大可能会发生演化。然而人类语言的普遍现象表明，任何语言都不是一成不变的，因而乔姆斯基的假说难以成立。

其次，认知语言学则认为语言是个开放的系统，不仅受人类其他认知能力的影响，还受社会文化等因素的影响。这些观点与语言作为一个复杂系统的特征是相符的，然而认知语言学派忽略了语言的规律性，特别是怀疑语言有严格的规律，这种观点也有失偏颇。语言作为具有交际功能的复杂系统，必然受规律的支配。

　　本章的分析表明，语言不仅受规律支配，还是一个开放的系统，而且内部存在各种不对称性。从这个角度出发，我们会对语言有一个全面认识，也会有很多新的研究课题。

第二章 语言研究的系统观

一、引言

语言是什么？不同的学者关于这个问题会有不同的认识，这不仅影响一个学者观察问题的视角，也影响其取得的学术成果及其重要性的不同。不同语言学流派的根本差别，源自不同学派语言哲学观的分歧。以乔姆斯基为代表的形式语言学派认为，语法是个独立的系统，是人类生物进化的结果，人们生来就有一个普遍语法，儿童在学习语言的过程中代入具体语言的参数，从而习得一种语言（Chomsky 1957）。认知语言学派则认为，语言是人类的一种认知能力，它与其他认知能力相互依赖、相互影响，同时语言又是一个开放的系统，受社会文化乃至自然规律的影响（Langacker 1987, 1991）。这种对语言的不同认识，决定了他们所采用的概念、研究方法和成果上的差别。

我们对语言的认知既与乔姆斯基学派有根本上的不同，又明显有别于国际上流行的认知语言学的观点。过去二三十年来，我们一直在走"向语言学习语言学"的道路，利用语言学的概念、理论，吸收一般科学的逻辑方法，通过对语言的大量调查，尝试揭示语言自身的规律。对于国际上各个语言学流派，我们既不刻意迎合又不排斥反驳，而是采用"拿来主义"，只要是有助于我们研究目标的一概不排斥。本章则是对我们过去近三十年研究语言的一个理论总结。

二、语音、词汇和语法所构成的系统

（一）语法化过程的普遍特征

语言的系统性首先体现在语音、词汇和语法三个要素的有机统一上。这方面最典型的例证就是实词的语法化，它往往涉及三个方面的变化：

第一，语音的简化或者弱化；

第二，语义的虚化或者抽象化；

第三，语法功能的获得与稳定。

现代汉语的实现体标记"了"是唐末宋初才出现的，它就经历了这三种变化。它的中古读音是 lieu[①]，调值为上声，在语法化的过程中，复韵母变成了央元音 [ə]，调值丢失而成为轻音。"了"原来是表达"完成"义的一个普通动词，可以独立做谓语动词，而它在语法化之后则只能附在其他动词后表达动作行为的实现或者完成。同时，"了"发展成为一个体标记后，使用范围大大扩大，出现频率大幅提高，表达动作、行为或者属性成为现实的抽象语法意义。类似地，英语的将来时标记 be going to 也经历了这些变化（Hopper & Traugott 1993）。它是由具体的行

[①] 拟音根据李珍华、周长楫（1999）。

为动词"go"变成了将来时标记，意义上抽象了，而且其使用范围也扩大了。在口语里，表达将来时标记时，它常被读成 be gonna，其语音形式出现了简化或者弱化。

（二）语音和语法的相互制约关系

1. 语音的变化诱发语法发展

语音与语法处于一个系统中，语音的变化会诱发语法的发展。汉语动补结构的产生与发展就是这方面的典型例证。魏晋南北朝时期，由于汉语语音系统的简化和新概念的增加，为了保证词汇的语音区别特征，双音化趋势越来越明显。这促使单音节动词和单音节补语在宾语缺省的情况下，逐渐失去其间的边界，最后融合成一个语法单位，从而使得原来出现于其中的名词宾语只能出现在整个动补短语之后。下面是中古时期的有关用例：

吹我罗裳开。（《子夜四季歌》）
唤江郎觉！（《世说新语·假谲》）

如上例所示，那个时期的宾语都是出现在动词和补语之间的，到了现代汉语则变成了"吹开我罗裳""唤觉（叫醒）江郎"等。其发展的过程为，"吹"和"开""唤"和"觉"等之间的宾语经常不出现，在双音化趋势的作用下，"吹开""唤觉"等逐渐变成一个不可分割的语法单位，类似于双音节的复合动词，此时宾语只能出现在其后（石毓智 2003b）。

现代英语语法系统的形成也是由于英语词汇的一个语音变化诱发的。根据 Barber（1993），从古英语到近代英语，英语词汇的最后一个非重读音节全面丧失，而原来这个词尾的音节负载着重要的语法信息，指示主格、宾格、人称等语法关系。因为这些语法标记消失了，英语就采用两种办法来补救：一是句子语序由原来的SOV和SVO自由选择而固定为SVO一种，目的是利用语法位置来区别主格和宾格，主语在动词前，宾语在动词后，而且主宾语也不能自由省略；二是介词等虚词的语法地位越来越重要，所表达的语法意义也就越来越丰富。也就是说，因为英语形态标记的丢失，它的整体语法特征正朝着汉语的方向发展，即主要依赖语序和虚词这两种语法手段。

2. 词汇的语音形式决定其语法表现

语音和语法的密切关系还表现在词汇的语音形式影响其语法手段上。词汇的语法表现形式取决于两个方面：一是概念内容，二是语音形式。汉语词汇的音节数目会制约其语法特征，以名量词重叠表遍指来说明，比如"人人""事事""个个""条条"等。然而这里有一个严格的语音限制，只允许单音节的名量词重叠成双音节的，所以"架次""嘟噜"①等就没有相应的重叠式。因此，下面一组时间名词的用法就不同：

年＞年年、月＞月月、天＞天天、日＞日日、星期＞*星期星期

时间名词类似于量词，可以直接受数词修饰，因此可以像量词那样重叠表遍指。虽然从意义上看，"星期"也应该可以重叠，但是因为它是双音节的，不符合名量词重叠的语音限制规则，所以没有相应的重叠式。

---

① 表示成串的东西，比如"一嘟噜葡萄"等。

对于汉语的动词和形容词，它们重叠式的最多音节数目限制是四个音节，单音节的可以重叠成双音节的（如"看看""大大"等），双音节的可以重叠成四音节的（如"商量商量""干干净净"等）。然而，两个音节以上的动词和形容词就没有相应的重叠式，比如可说"美化美化我们的环境"，却不能说"*机械化机械化我们的家乡"等。

英语词汇的音节数目也对其语法形式有制约作用。英语的形容词比较级和最高级有两种方法，一是用形态的手段，比较级加词尾-er，最高级加词尾-est；二是用词汇的手段，比较级加the more，最高级加the most。单音节的形容词只能采用形态手段，比如richer、richest等；双音节的情况比较复杂，两种手段都有；三个音节及其以上的形容词则只能采用词汇手段，比如the more beautiful、the most beautiful等。

3. 一种语言的语音系统决定其语法表现形式

汉语的语音系统有两个特点：一是具有声调，二是一个音节往往代表一个最小的有意义的语素，通常对应一个汉字。所以，声调和音节是汉语语法范畴的两种最重要的表现形式。上古汉语里存在一种普遍的语法手段，即用声调变化来表达"使成"（causative）范畴（王力1989）。例如：

夫如是，故远人不服，则修文德以来之。(《论语·季氏》)

上例的"来"是"使……来"之意，应该读去声。现代汉语仍部分保留上古汉语的这种声调用法，比如"饮"普通动词"饮酒"，读第三声yǐn；如果表示让牲畜喝水"饮牛"，则读第四声yìn。

英语是音素语言，所以常用一个没有任何词汇意义的音位符号来表达一个语法范畴。比如英语的音素-s就具有三种功能：名词的复数标记（three books），领有格标记（John's car），第三人称动词的现在时标记（he works now）。

　　一种语言的语法范畴主要采用哪种语音形式来表达，没有高下优劣之分，也没有发达与落后之别，而是取决于这个语言的语音系统。英语单独一个音素［s］就负载三种语法功能，它在具体的上下文中到底是什么用法，要靠使用语境来决定，因此很难说用音素表达语法范畴就比用声调或者音节表达语法范畴更清晰明确。

（三）语义与语法的相互制约关系

　　一种语言的语义系统在很大程度上决定了该语言的语法特征。不同语言的语义系统差别很大，这是因为不同民族观察认识世界的视角和方式各异。语义系统的差别主要表现在词汇概念内涵和外延的差别上，特别是概念数目的设立上，我们以与物体传递有关的动作行为的概念化来说明这一点。汉语是不分方向的，而英语是区分方向的，所以汉语的"借"对应英语的两个反义动词：borrow（借入）和lend（借出）。汉语的"小李借了老王一万块钱"就有歧义，一个意思是"小李的钱给了老王"，另一个意思则是"老王的钱给了小李"。因为汉语这类动词最常出现的句式就是双宾结构，结果使得汉语的这种结构也具有双重表达功能，既可以表示给予义，又可以表示取得义。例如：

　　小李买了小王一辆自行车。　　小李卖了小王一辆自行车。

上述两句话的意思正好相反：左边的例子表达的是取得义，指

"小李从小王那里买到一辆自行车";右边的例子则是给予义,指"小李卖给了小王一辆自行车"。

然而,英语的双宾结构则是方向性明确的,只有给予义的一方才可以用于双宾结构,要表达取得义时就要选择其他句型。例如:

John lent Mary 100 dollars.　John borrowed 100 dollars from Mary.

结果,英语中的双宾结构只允许给予类动词进入,比如"John sold Mary a bicycle."这句话,可以直接翻译成汉语而意思不变,就是"约翰卖了玛丽一辆自行车"。可是"John bought Mary a bicycle."就不能这样翻译,因为它与汉语"约翰买了玛丽一辆自行车"的意思正好相反,这句话的真正意思是:"约翰给玛丽买了一辆自行车。"也就是说,英语"buy"用于双宾结构所表达的意思仍然是给予义。

汉语的双宾结构所表达的意义是双向的,既可以表达物体从主语到间接宾语位移,也可以表达相反的位移方向;而英语的双宾结构所表达的意义则是单向的,只能表达物体由主语向间接宾语位移,而不能相反。我们认为,造成英汉两种语言的对应结构的语法功能不同的原因是其中动词的语义特征的不同,汉语表达物体传递的动词从古到今都是双向的,因而所出现的语法结构也是双向的;而英语的相应动词则是单向的,而且只有给予类动词才能用于双宾结构,因而有关的语法结构也只能表达给予意义(石毓智 2004)。

上面这种现象说明,一种语言动词系统的语义特征会影响其语法结构的表达功能,语义与语法之间存在相互制约的关系,两者共处于一个系统之中。

三、语法的系统性

（一）构词法与句法之间的关系

语法由构词法和造句法两部分构成，两者之间存在相互制约关系，共同构成一个语法系统。汉语的复合词十分丰富，占整个词汇的80%左右。复合词结构与句子结构基本一致，不同结构的复合词在语法功能上也不一样。我们用两个方面的例证来说它们之间的关系：一是内部结构为VO的复合词带宾语的限制，二是内部构造不同的形容词所采用的重叠形式不同。

英语的marry和help都是普通的及物动词，都可以带上宾语，比如"Tom married Lisa.""John helped Mary."等。然而汉语对应的动词"结婚"和"帮忙"则不行，要引入相关的人物，必须借用其他方式。例如：

*汤姆结婚了丽萨。 汤姆跟丽萨结婚了。 汤姆和丽萨结婚了。
*汤姆帮忙丽萨。 汤姆帮丽萨的忙。 汤姆给丽萨帮忙。

针对上述两个概念，汉语则采用迂回的办法加以表达，相关的人物名词要么用介词引入，要么作为宾语的定语出现。汉语之所以不能采用英语那种直接带宾语的方法，是因为"帮忙""结婚"等的两个语素之间都存在动宾关系，这类构造的复合动词之后大都不能再带一个宾语。

汉语的一部分双音节形容词可以采用AABB重叠式，比如"干干净净""冷冷清清""漂漂亮亮"等，然而只限于两个语素为并列关系的复合形容词。因而以下两种类型的形容词则都没有这种重叠式。

  a. 主谓结构：年轻—*年年轻轻、胆大—*胆胆大大。
  b. 偏正结构：热心—*热热心心、笔直—*笔笔直直。

上述偏正结构还可以细分为两类："热心"是定中结构，"笔直"是状中结构，而状中结构的复合词大都可以采用ABAB重叠式，比如"笔直笔直（的）""雪白雪白（地）""乌黑乌黑（的）"等。

（二）语法规则作用范围的普遍性

  语法规则是作用于某一类现象的，而不是局限于个别的例子。我们在这里以过去半个多世纪以来汉语学界的一个传统课题为例来说明，即关于"王冕死了父亲"这句话的分析。迄今为止，很多学者从自己的理论兴趣出发，提出了各种各样的假设，主要有徐杰（1999）的"非宾格动词"说、朱行帆（2005）的"轻动词位移"说、潘海华、韩景全（2005）的"话题基础生成"说、沈家煊（2006）的"糅合类推"说、黄正德（2007）的"中间论元"说等。但是，所有这些分析都存在一个问题，只关注这个特殊的用例。我们认为，任何成功的解释都必须照顾到以下与这个用例同类的现象：

  他家来了一个客人。 他们家飞了一只鹦鹉。
  他们今天走了三个人。 老王跑了一只狗。

  上述用例与"王冕死了父亲"都属于同一类语法现象，宾语是谓语动词的主体，主语则是失去或者获得宾语所指的事物。实际上，它们是汉语存现句的一种，即属于同一类语法结构。汉语这种现象在宋代以前也不存在，是汉语语法系统内部发展的结果。我们认为，任何成功的解释不仅要说明这一类语法现象，还要解释这一语法现象为何在宋朝以后才出现（石毓智 2007a）。也就是说，语法是个有机的整体，在分析任何具体的现象时始终要有一种系统观，所提出的假设都要照顾到它们的左邻右舍，而不能局限于一个孤立的例子。

（三）语法是一个具有交际功能的网络系统

索绪尔（1916）把语法比喻成一盘棋，以此来说明，任何具体的标记或者形式都不是孤立存在的，而是与其他成员共处于一个系统之中，相互关联，相互制约。这个比喻的优点是强调了语法的系统性，缺点在于它具有误导性，因为在行棋的特殊阶段，某些棋子是可有可无的，不影响整盘棋的输赢。这一比喻带来一个暗示，似乎某些语法手段是可有可无的。然而我们认为，任何语法手段都是这个有机体的一部分，都扮演着不可替代的角色。语法是一个具有交际功能的网络系统，这不是一个抽象的比喻，而是有具体的表现形式。我们把语法标记看作这个网络系统的一个"结"，同一个语法标记往往具有多重功能，由此出发可以把各种各样的语法结构联系起来，最后展现出一个系统。

第一，工具式与处置式的交叉关系。"拿"既可以引进工具名词，例如"他拿毛笔写字"，又可以表达处置义，例如"别人拿他开玩笑"。

第二，处置式与被动式的交叉关系。"给"既可以表示处置，例如"他给杯子打碎了"，又可以表示被动，例如"门给风吹开了"。

第三，处置式与双宾结构的交叉关系。比如处置式"他把书还我"可以变换成双宾式"他还我书"等。

第四，被动式与兼语式的交叉关系。"让"既可以引进兼语，例如"他让小王去办事"，又可以表示被动，例如"老李让汽车撞到了"。

第五，双宾结构与话题化结构相互转换。双宾结构"他还我书"可以变换成"书他还我了"等。

上述各种语法结构的关联只是举例性质的，可说明任何语法手段都不是孤立存在的，可以通过标记的多功能性来认识语法的系统性。

语法的网络系统还表现在另一方面，同一语法结构有核心功能和边缘功能之别。比如处置式的典型标记是"把"，表达对某一对象的物理处置，比如"他把桌子搬走了"涉及物体的位移。然而称谓则是"把"字的非典型用法，此用法可以用"管"表达，比如"山西人管土豆叫山药蛋"等。当谓语为"怎么样"等词语时，"把"与"拿"都可以用，比如"你能拿他怎么样"。然而谓语如果是非及物的惯用法时，只能用"拿"不能用"把"，比如"大家拿他开涮""别人拿他开玩笑"等就不允许换成"把"。也就是说，在表达处置上汉语有"把""拿""管"三个语法标记，"把"代表核心功能，而只在边缘功能上与"拿"和"管"交叉。总之，在表达处置这个语法范畴上，这三个语法标记协同合作形成一个小系统。

"语法是一个具有交际功能的网络系统"这一判断具有三层

意思：第一，每一种语法手段都具有不可替代的功能；第二，各种语法手段协同合作共同完成交际功能；第三，同一语法手段的多个功能之间，或者表达同一语法范畴的各个功能之间，具有核心与边缘之别。这如同一个渔网，中间位置网格的重要性高于边缘位置的，但是哪个都不能少，否则就会出现"漏网之鱼"。

（四）语法的共时和历时统一

索绪尔把语言的共时系统与历时系统对立起来，认为两者是相互独立而互不相干的，这反映了那个时代对语言认识的局限性。其实，不论哪种语言，绝对静止的、稳定的共时系统是不存在的，语言始终处于演化的过程中。所谓的"共时系统"都是该语言历史长河的一个片段，它是历史发展的结果，也是走向未来的一个片段。

语言是个有机的整体，这从演化的角度看得最清楚。语言发展的典型模式就是牵一发而动全身，就是一个局部变化会引起连锁反应，从而带来一系列的变化，结果往往会改变该语言的整体特征。这就像一个有机的生命体一样，局部发生了变化，会引起整体的反应。根据我们的研究（石毓智 2003b），现代汉语区别于古汉语的一系列重要的语法特征，都是来自动补结构的产生和发展。这些语法特征主要包括以下这些：

第一，处置式的产生，"将""把"等的语法化；

第二，被动式的多样化，"叫""让"等的语法化；

第三，新话题结构的出现，如"我昨日冷酒喝多了"（《老乞大》）；

第四，体标记"了""着""过"的诞生；

第五,"得"语法化为补语标记;

第六,动词重叠式的出现;

第七,"动作行为+结果状态"的句子组织信息原则的形成;

第八,谓语结构的普遍有界化。

共时和历时的统一还可以从一个标记的多种用法上看出来。现代汉语的"是"有以下四个主要的动能:

第一,表示判断,例如"王教授是四川人";

第二,焦点标记,例如"他是昨天到北京开会的";

第三,强调标记,例如"妈妈是要问这件事的";

第四,对比标记,例如"我倒不是害怕,是觉得这件事有点儿怪"。

"是"在先秦时是个指代词,在汉初发展出判断词的用法,尔后逐渐发展出其他三种用法。"是"发展成焦点标记后,改变了汉语的一个类型学特征,汉语疑问代词由先秦靠语序变化突显其焦点特征,变成了后来的靠词汇标记而不改变语序的方式(石毓智、徐杰 2001)。

四、共同语、方言和其他语言所构成的系统

(一)共同语与方言之间的系统性

共同语与其方言构成该语言的共时系统。普通话与方言的差别非常大,表现在语序不同、标记差异、范畴类别众多等方面。表面上看起来,纷纭复杂的方言现象似乎是随机的,杂乱无章的,其实它们与共同语之间也存在着系统的对应规律。这

种系统性可以从历史发展不平衡上明显地看出来。

前文谈到,汉语动补结构的产生带来一系列的变化,然而动补结构在不同方言中的发展速度是极不平衡的,这种不平衡会带来相关语法形式的差异。凡是动补结构不发达的方言呈现出以下结构特征(石毓智 2016):

第一,处置式不发达,其标记不固定或者零标记;

第二,体标记系统不成熟;

第三,仍保留中古可分离式动补结构;

第四,缺乏动词重叠式或其语法意义不一样;

第五,动补结构不能带宾语;

第六,谓语结构有界化程度不高。

方言中也具有一些不同于普通话的创新,反映了人类语言的共同特征,具有语言类型学上的意义。普通话用"V+了"表示动作的完成("我吃了午饭"),其相应的否定形式为"没+V"("我没有吃午饭")。其实这种表达既不对称,形式也复杂,肯定式是在动词之后加上一个"了",否定式则是在动词之前加上"没"。然而闽南话、客家话、广东话等很多方言的完成体表达则是既对称又简洁,肯定式用"有+V",否定式则是用"冇+V"。世界上很多语言都是采用来自领有的动词表达完成体的,诸如英语、西班牙语、葡萄牙语等都是如此,比如英语的例子:"I have eaten my lunch"(我没有吃午饭)和"I haven't eaten my lunch"(我没有吃午饭)。领有动词向完成体标记的发展,其背后有一个深刻的认知理据,两者拥有相同的概念结构。

完成体=过去发生的动作+具有现时的相关性

领有行为=过去某一时刻拥有+具有现时的用途

从跨语言的角度看，哪些词汇向哪些语法标记发展是有很强的规律性的，这是人类语言共性的一个重要方面。

（二）汉语与其他人类语言之间的共性

根据目前调查的结果，人类有6700余种语言，它们一起构成人类语言系统。表面上看来，人类语言千差万别，不学习这种语言就无法理解它。然而人类语言如同人类自身的生理基础一样，虽然不同民族的外表差别很大，然而他们却具有共同的生理特征。汉语和人类其他语言共同构成一个更大的系统，即人类语言系统。我们探讨汉语现象时，如果所提出的假设不仅能够解释汉语的有关现象，还能够解释其他语言的有关现象，那么这种假设就很可能是正确的。

结构助词"的"是现代汉语中使用频率最高且用法最复杂的标记，它的诞生是汉语发展史上的一件大事。很多学者对"的"来源提出了各种假设，具有代表性的有以下四家：

第一，吕叔湘（1943）的源于"者"字说；
第二，王力（1989）的源于"之"字说；
第三，江蓝生（1999）的源于方位词"底"字说；
第四，石毓智、李讷（1998）的源于指代词"底"字说。

王力和吕叔湘都是20世纪最杰出的汉语语言学家，那个时候还没有语法化的观念，人们习惯于在上古汉语里寻找现代语法标记的源头，如果发现两个功能相仿的语法标记，就会认为早期的这个形式就是来源。20世纪历史语言学家的这种思路无法回答这样的问题：上古汉语的"者"和"之"又是从何而来的？从语法化的角度来看，任何语法标记都是实词演化的结果。我们认为,汉语史上先后出现的这一组结构助词相互之间并没有来源关系,它们都是从自己指代用法中独立发展出来的。

"底"("的"的早期写法)在唐代及其以前是个指代词,相当于"这""那"或者"哪"。例如:

个人讳底?(《北齐书》)

竹篱茅舍,底是藏春处。(宋·无名氏《蓦山溪》)

在众多的假设中,我们认为我们的假设最有道理,原因是我们的假设不仅可以成功地解释汉语史上各个结构助词的来源,也可以解释人类语言的共同现象。"之"在发展成结构助词之前也是一个指代词,例如:"之子于归,宜其家室。"(《诗经·周南·桃夭》)这个例子中的"之"就是"这"的意思。英语中对应的关系从句标记that、which等也是指代词。更重要的是,现代汉语的指代词"这""那"在功能上与"的"交叉。例如:

谁喜欢吃你那糕!(《红楼梦》六十四回)

你知道我这病,大夫不许多吃茶。(《红楼梦》六十二回)

假模三道的,跟墙上贴那三好学生宣传画似的。(王朔《刘慧芳》)

你瞧那边站着那杨重没有?(王朔《一点正经没有》)

也就是说,我们关于结构助词来源的假设,不仅能够解释上古汉语的现象,还有现代汉语的佐证,更重要的是还得到其他语言的佐证。语言研究的一个普遍法则是,所提出的假设拥有的证据类型越多,就越可能接近真理。

(三) 人类语言的系统性

人类语言的系统性表现在很多方面，我们这里只举两个方面的例证：一是一种语言的句子基本语序对一种语言整体语法特征的影响，二是两种相关的语法手段不相容于一种语言。从整体上看，人类语言是一个系统，因为代入的参数不一样，就会导致一系列的差异，而句子基本语序的选择就是参数代入的差别。两种语法手段不相容于一个系统，也说明它们的系统性，只有一个系统内部的两个成分才会出现相互依赖、相互制约的关系。

所谓句子语序，是指主语、谓语和宾语的相对顺序。从逻辑上讲，这三种成分有六种可能的排列，然而人类语言最常见的语序只有两种，即SVO和SOV，前者如汉语、英语等，后者如日语、韩语等。一种语言基本语序的选择，势必会影响其语法演化的方式，从而决定其语法标记系统的整体面貌（石毓智2016）。这里所说的"整体面貌"包括以下三层意思：

第一，该语言的语法系统主要是采用分析式（periphrastic/analytical）手段，还是形态（morphological/inflectional）手段。

第二，语法标记系统的复杂程度如何。

第三，标记哪些句法成分。不论从历时的角度还是从共时的角度，都可以看出一种语言的基本语序与其语法系统之间的相互制约关系。

从共时的角度看，SVO型的语言往往没有丰富的形态标记，主要依靠分析式手段来表示各种语法范畴，充分利用语序而不是形态来标识句子的主要语法成分——主语和宾语。然而，SOV型的语言往往具有复杂的形态标记系统，倾向于用形态手段来表示各种语法范畴,比如它们通常有"主格"(nominative)和"宾格"(accusative)标记来标识句子的基本成分。这种类型学上的对立可以从交际功能的角度加以解释,道理简述如下:

对于SVO型的语言,句子的基本成分已经由语序加以明确表示,谓语动词之前的为主语,之后的为宾语,无须再借助于其他额外的标记来表示其语义角色。然而,SOV型的语言情况就复杂了,S和O不一定都同时出现,而且因为话题化等原因,S和O之间的语序常颠倒,因此如果不借助于其他语法标记就会造成严重的表达歧义,让人无法辨认哪个是施事,哪个是受事。因此,为了避免交际上的歧义,SOV型语言往往依赖形态标记来标识句子的基本成分。同时,SOV型语言的句末动词之后往往跟随与动作有关的成分,如时间词、否定词、能愿动词等,它们常常可以通过语音的弱化而成为动词的形态标记,结果这种语言具有丰富的动词形态标记。此外,动词之前的其他名词成分,如地点、工具等名词,也倾向于用格标记来表示其语义角色,结果就造成了这种语言具有丰富的格标记类型。

从人类语言共性的角度看,与名词直接相关的两个语法范畴就是个体量词和单复数。然而一种语言在这两种语法范畴之间只能选其一,而不能兼而有之。汉语选择了量词系统,英语则选择了单复数标记。这里所指的是普通名词的称数方法,不包括度量衡单位,如"一斤肉""一吨煤"等,也不包括容器或者集体单位,如"一碗水""一束花"等。在现代汉语里,只能说"三本书""五个人""两匹马",其中的量词"本""个""匹"等都是语法上的要求,不用就不合语法,没有什么实际的意义。而相应的英语说法则是 three books、five persons、two houses 等,复数标记 -s 是必需的。为什么会出现量词系统与单复数标记在一种语言中的相互排斥现象,这是一个值得进一步研究的问题。初步看来,个体量词和复数标记都是指示事物数量特征的,只是所表达的特征角度不同罢了,因为功能相似所以相互排斥。关于这一问题,汉语提供了一个很好的例证,"们"字可以加在代词或者指人的名词后,表达复数或者多数,但是永远不能与数词共现。例如:

三个同学	同学们	*三个同学们
五个老师	老师们	*五个老师们
两个孩子	孩子们	*两个孩子们

所以,要全面看待一种语言的语法特征,必须具有类型学的视野。不能看到英语有单复数标记,就简单地说"汉语缺乏单复数标记",更不能进一步得出结论说"汉语是一种缺乏形态的语言"。要全面认识这个问题,就必须明白因为汉语拥有量词系统,所以排斥单复数标记。

应该明白一个重要的事实:没有一种语法标记是全人类语言共有的,或者说所有语言所必需的。所以,不能拿任何一种语言的语法特征作为标准来衡量其他语言的语法是否完备。比如汉语的动词可以重叠表示动量小,如"看看电视""上上网"等,形容词也可以重叠或者加词缀表示程度加强,比如"干干净净""黑乎乎"等。英语的动词和形容词则不能重叠,然而其动词具有过去时标记 -ed,其形容词则有比较级 -er 和最高级 -est 的标志。一种语言具备哪些特征和不具备哪些特征,是受各种因素的制约的，没有好坏优劣之分。

五、人类语言能力与其他认知能力所构成的认知系统

我们通过对认知心理学最新研究成果的借鉴，特别是对当代语言学的反思，提出了"语言能力合成说"的假说（石毓智2008a）。这个假说的基本思想是，语言能力既不是天生的，也不是独立于其他认知能力的，它主要由以下七种更基本的认知能力组成：

第一，符号表征能力；

第二，数量识别能力；

第三，概括分类能力；

第四，记忆遇见能力；

第五，联想推理能力；

第六，声音形状辨别能力；

第七，空间时间感知能力。

上述构成"语言能力"的这七种基本认知能力，是人类能够创造语言和使用语言所必需的，缺一不可，但是并不限于这些能力，它们只是最主要的那几种。这就是为什么儿童必须在发展出这些最基本的认知能力之后，才能开始习得语言。实验心理学的证据表明，这些基本的认知能力都是婴儿在十个月之前自发出现的，即天生的能力，在这之后婴儿才会发展出说独词句的能力。

语言能力合成说的真正意义在于，认为人类的认知能力是分层级的。在这个层级系统里，语言能力不是处于最基层的，

而是处于第二层级的认知能力。语言能力是由更基本的认知能力协同合作的结果，而这些基本的认知能力并不是专门为学习语言而设的，它们还用来学习掌握其他各种各样的知识系统或者技术能力。也就是说，每一种基本的认知能力都具有多重的功能，诸如数学、音乐、绘画等方面的能力也都离不开它们。

根据认知心理学的研究成果，语言能力不是天生的，它是一种复合认知能力，由更基本的认知能力构成，而这些基本的认知能力则是天生的，是人类生物进化的结果。认知语言学虽然认为语言能力不是独立的，但对其与其他认知能力到底有什么样的关系语焉不详。我们的假说也澄清了认知语言学长期以来的一个含混不清的观点。

六、人类语言与社会文化联成一个系统

语言是交际工具，人们的任何交际行为都必须在具体的社会环境中进行。广义上讲，社会环境包括该民族的历史文化传统、饮食习惯、思维特点等。社会环境对语言最直接的影响就是词汇，我们这里只谈两个社会文化影响语法的例证。

表达"死"这个概念的动词在绝大多数语言中是不及物的，既不能带宾语[①]，也不能用于被动句。然而在日语中则有"这个小孩被他爸爸死了"的表达，原因是日本男士有这样一种倾向：遇到什么想不通的事就会选择绝路。在日本有父亲不管自己孩

[①] 汉语的存现句有"王冕死了父亲"，这并不是典型的动宾结构，而且在宋朝以前这种用法也不存在。

子的生活而自杀，让家人遭受痛苦磨难的社会现象，结果就有了日语这种表达。此外，日本社会的等级观念非常强，下层要对上层处处表现出敬意，这种现象反映在语言中就是敬语的语法标记非常发达。

　　动补结构是汉语中极为常见的一种现象。动补结构带宾语遵守这样的规则：凡是补语是描写受事名词情况的，那么这个受事名词就可以自由地在整个动补短语之后做宾语，比如"哭肿眼睛""笑疼肚子""打破杯子"等；然而，如果补语是描写施事主语情况的，动补短语之后就不能带受事宾语，比如不能说"*他看病了书""*他吃胖了烤鸭"等。遇到这种情况则要用其他语法结构来表达，最常见的就是动词拷贝结构，比如"他看书看病了""他吃烤鸭吃胖了"等。但现代汉语中出现了两个例外，它们的补语是描写施事主语的情况，然而其后可以带上受事宾语：

　　他吃饱了饭。　　　　　　他喝醉了酒。

上述两个例子的补语"饱"和"醉"都是描写施事主语的情况，但是分别带上了宾语"饭"和"酒"。造成这种现象的原因是："吃"是最常用的动词，其最自然的结果就是"饱"，因为"吃饱"一起出现的频率极高，久而久之，人们就把它看成一个复合动词，在其后带上宾语了。与其他很多民族不同，中国有一种"醉酒"文化，劝酒方式五花八门，目的是从灌醉某个人中获得快乐，因而"喝醉"也是一种常见的现象。同样，它也被看作一个复合动词，因而也就可以带上宾语。

　　饮食文化不同，对语法的影响也会不一样。根据戈德博格

（1995），英语的动补结构有如下的限制：

a. Mary ate herself sick.
b.*Mary ate herself full.

英语动补结构也可以带宾语，然而这个宾语是位于动词和补语之间的。与汉语不同的是，英语的eat（吃）跟补语sick（病）之间可以带宾语，然而跟补语full（饱）却不行。因为英美的饮食习惯是，能吃冷的不吃热的，能吃生的不吃熟的，所以由于吃饭而带来的肚子不舒服甚至闹肚子的现象较常发生，特别是在冰箱这些保鲜技术发明之前更是如此。结果，在英语中"eat+sick"共现的频率是"eat+full"的十倍左右（石毓智 2011）。这种使用频率的差别直接决定了上述句子合不合语法。

七、语言与自然现象所构成的系统

人类语言的语法规则也与所生存的自然环境密切相关，很多语法规律是自然规律在语言中的投影（石毓智 1992a）。人类所生存的自然环境通过人的认知折射到语言中去，往往表现为各种语法规则。自然环境包括两个主要方面——时间和空间，下面就每个方面各举一个例证说明自然规律对语法规则的影响。

（一）时间一维性对语法规则的影响

时间从过去到现在再到将来不断线性演进。时间是抽象的，看不见摸不着，它的存在只能通过运动变化才能体现出来。每种语言都有各种各样的语法标记来表达时间信息，这些标记一般都是与动词结合在一起的。因为时间是一维性的，同一个时间区间会有多个动作行为发生，那么在计量时间信息时，只能选取其中的一个动作行为来标识，其他动作行为的信息都依赖这个动作行为来指示。这种规则表现为：如果一个句子内部包含两个或者更多发生在同一时间位置的动词，只有一个动词可以带上具有时间信息的语法标记，否则就会违背语法规律。例如：

a. I saw him play basketball yesterday.
  *I saw him played basketball yesterday.
b. 我看过他打篮球。
  我看他打过篮球。
  *我看过他打过篮球。

在上述英文用例中，see和play是发生在同一时间的，只有see用过去时，play的时间信息靠过去时saw体现出来，不能两个动词同时都采用过去时形态。汉语的体标记"过"也具有指示过去的时间信息的作用，在上例中"看"和"打"是同时发生的行为，它们只能其中一个带上"过"，否则就不合语法。

上述是时间一维性对共时动作的语法规则，时间的这一属性还对语言演化具有深刻的影响。所有现代汉语的介词都是从普通动词语法化而来的，而介词常常是引进地点、工具、与事等。那些常用于引进地点等信息的普通动词，因为经常在句子中做伴随动词，它们的时间信息由核心动词来表达。久而久之，这些伴随动词就退化掉了与时间信息有关的语法特征，从而变成了介词。现代汉语的介词与动词最根本的语法功能差别在于，动词可以带上具有时间信息的语法标记，比如"我们比过了""我们比了比"等，而介词则不可以，比如"他比小王高"中的介词"比"就不能重叠或者加"过"或者"了"等。

（二）形容词的有标记和无标记

任何客观存在的物体都具有三维属性，这制约着人类语言的一条重要语法规则。所谓形容词的有标记和无标记现象，是指具有反义关系的一对形容词，在特殊的句式中，一方的词义被中性化，涵盖相对一方的语义范围。比如"小王有多高"问句照顾到了从"矮"到"高"的所有的高度，这种现象就叫作形容词的无标记现象。

不同语言的形容词的有无标记用法遵循着一致的规则：在一对具有反义关系的形容词中，只有表示数量程度"大"或者"多"的一方才可以具有无标记的用法，而相对的量小或者量少的一方则没有这种用法。这一规则是全人类语言所共有的，下面以英语和汉语为例来说明这一点。左栏的用例都是无标记的，右栏的用例都是有标记的。

How tall is John?	How short is John?
How high is the building?	How low is the building?
How wide is the table?	How narrow is the table?
How deep is the well?	How shallow is the well?
约翰有多高？	约翰有多矮？
那栋楼有多高？	那栋楼有多低？

那张桌子有多宽？　　　　　那张桌子有多长？
那口井有多深？　　　　　　那口井有多浅？

上述使用规则是由事物的三维属性决定的。任何客观存在的物体都具有长、宽、高这三维属性，也就是说该物体的三维属性具有"一定量"，即不能等于"0"，否则该事物就不存在了。这个蕴含的"一定量"照顾一对反义形容词量小的一方，加上句子里出现的量大一方，结果就形成了无标记的语义特征。拿"那栋楼有多高"例句来说明，它预设该楼是客观存在的，因而它具有一定高度，这个"一定高度"照顾到了"低"的语义范围，再加上句子里出现的"高"的语义范围，结果从下到上的所有高度都问到了。

八、结语

本章根据我们自己的研究经验，提出了语言研究的系统观，这也是我们关于语言本质的哲学思考。这既有认识价值，也有方法论上的指导意义。我们的语言系统观包括五个层级或者方面：

1. 语音、词汇和语法各自是个系统，三者共同构成一个语言系统；

2. 共同语言与方言构成一个系统，共时与历时构成一个系统，每个具体的语言构成人类语言系统；

3. 语言能力与人类的其他认知能力，诸如符号表证能力、联想记忆能力、空间辨识能力等，一起构成人类的认知系统；

4. 语言与社会文化历史传统构成一个系统；

5. 语言与人类生活的自然环境构成一个系统。

语言研究的系统观可以拓宽研究视野，既有助于发现新的有价值的研究课题，也有助于提高论证的科学性。中国语言学界与欧美语言学界的差距，不在于是否提出了某种新概念或者新理论，而在于对语言最本质问题的认识上的差距。

第三章 认知语言学的功与过

一、引言

认知语言学理论在20世纪90年代初才成型，它一出现就引起了国内语言学界的极大兴趣，而且在过去短短的十年左右，已经在中国语言学界蔚为壮观，形成了一支庞大的研究队伍，产生了大批的学术成果。根据我们对国内过去10年2700余种人文社会科学方面的核心和专业期刊的统计，跟认知科学或者认知语言学有关的论文就有1300余篇。专门讨论认知语言学的文章数量已经远远超过其他任何当代语言学理论框架下所做的汉语研究论文。这跟在美国语言学界的情况形成了鲜明的对比，在美国，乔姆斯基的理论被视为主流语言学，认知语言学还只是众多"旁门别支"中的一个，以乔氏理论为研究理论框架的人员和论著远远多于后者。在这种认知语言学热的背后，我们应该冷静思考一个问题：这门新兴学科跟以前的其他学科相比，有什么进步？同时，它又有哪些局限或者偏颇之处？对这些问题的思考，可以避免使我们对认知语言学的"热度"达到"发烧"的地步，因为发烧过度就是"发昏"，其结果往往造成人力和物力的极大浪费。

一种理论可以从各个角度来评说。既可以拿这种理论跟其他的相比较，也可以就这种理论体系的内部来看其逻辑是否严谨。但是这只能停留在语言学自身的研究层次上，很难看到一种理论的真正价值。几乎没有例外，一个语言学家要建构自己的语言学理论，必须立足于自己的母语之上，比如乔姆斯基的理论主要是根据英语，兰盖克（Langacker）的认知语言学也是建立在英语的事实之上，英语对我们来说是外语，可却是他们的母语。这是因为，语言观的形成需要对一种语言的精深感悟，而第二语言的学习很难做到这一步。同样的道理，我们要认识一种理论的功过是非也必须立足于自己的母语。我们通过英语来介绍这些理论是可以的，但是要想通过英语来评说这种理论的功过，难度就非常大，因为他们提供给我们的都是能够支持他们观点的语言事实，然而一种语言系统是极度复杂的，其他语言事实如何我们不得而知。所以本章以我们自己对母语的研究经验，来评说认知语言学的优缺点。

　　本章所讨论的认知语言学主要是兰盖克提出的理论系统。这样做的理由主要有以下几点：首先，兰盖克是认知语言学最早、最主要的创始人，他提出的认知语言学理论是最系统的，也是最有影响的。这方面的一个例证是：通行的普通语言学词典对"认知语言学"的介绍，几乎全部是根据兰盖克的理论；介绍代表人物时，通常只有兰盖克一人。其次，属于认知语言学阵营的不同学者或者学派，尽管他们具体的研究课题或者研究领域不一样，但是他们拥有一致或者相近的学术理念和语言观，比如认为语法是一个开放的系统，语法和语义密切相关，语言能力是人的认知能力不可分割的一部分，语法受人的认知活动的影响,等等。因此我们的评说大都也适合于其他学者的学说。最后,我跟兰盖克学习过两次认知语言学,跟他讨论过许多汉语的具体问题,对他的理论比较熟悉。

下文讨论中对兰盖克思想的介绍主要来自三个方面:(1)他的几部代表作(1987,1991,2000);(2)他的授课讲义(2001);(3)他的学术报告以及跟他本人的讨论。因为本章主要是介绍我们个人对这个理论系统的体验,而不是要全面介绍其理论系统,所以无可避免地带有强烈的个人色彩,甚至是个人的偏见。任何人理解一个新东西,都必然会受已有知识和研究背景的影响,我们也不例外。还有,本章只讨论自己在学习和研究这一学科时的最深切的感受,并不求面面俱到。

此外,还有一个概念问题需要澄清。乔姆斯基的形式语言学派也讲认知,认为他们的理论跟认知科学是相关的。认知科学的专著介绍人类的语言认知能力时,一般只谈到乔氏学派的假说,很少提及兰盖克的工作。但是这两位语言学家对于认知在语言中的地位持极不相同的看法。乔氏学派所谈的认知主要是一种语言哲学观,认为句法是一个自足的系统,是与生俱来的一种能力,后天的语言习得是把已经在大脑中存在的系统规则带入具体的参数。认知心理学论著在介绍乔氏的思想时,一般也都会提醒人们,乔氏的观点还只是一种假说,尚无任何心理实验基础。兰盖克则反对句法系统的先天说,认为语法是在使用的过程中形成的,一些语用格式因为使用频率高而固定下来成为一种语法格式。兰盖克所关心的是人们日常的思维活动,包括观察视点、认知顺序、想象等具体的认知活动对语法的影响。因此,兰盖克所依据的认知概念和规则,大都是一般心理学或者认知科学的基本内容,已有坚实的心理实验基础,而且在我们的日常思维活动中也能感受到它们的存在,所以比较好理解和接受。

二、认知语言学的"功"

我于1993—1996年期间曾师从兰盖克完成了语言学硕士的学习;2001年美国语言学会举办的暑期班期间,我又旁听了兰盖克的"认知语言学导论"课。有了这段"切肤之感",再加上我自己的学术理念跟认知语言学比较接近,在长期从事汉语研究的过程中,又经常参阅兰盖克及其他认知语言学家的论述,我感觉认知语言学跟其他语言学流派相比,有以下优点值得我们借鉴:

(一)确立语义和句法之间的"一对一"影射关系

认知语言学的一个最基本的理论主张是:语义和句法之间存在一对一的映射关系。这一论断包括以下两层意思:

第一,任何两个同素不同构的语法格式必然有不同的语义值,任何不同的语义结构都对应于不同的语法结构;

第二,任何语法标记都有自己的语义值。
这一点跟乔姆斯基的转换生成语法理论形成了鲜明的对比。转换生成语法理论强调结构之间的变换,只注意变换前后的格式的合法性,但是不注意变换前后的语法格式的语义值是否一致。此外,形式主义语言学派重视线性结构,但是很大程度上忽略了语言中存在的丰富多彩的语法标记。具有讽刺意味的是，形式主义语言学派一方面对这些活生生的语法标记视而不见，另一方面为了在理论上自圆其说，又人为地制造了很多"零标记"。

我们觉得这一认知语言学的原则是很有道理的。迄今为止我们还没有发现两个不同的语法结构表达的语法意义是完全一致的，也没有找到任何语法标记是不负载语义值的。下面以两种现象来说明这一点。

下述两个格式似乎是完全等义的（详见石毓智 2002）：
（a）S+（给+N）+VP；（b）S+VP+（给+N）。
例如：

（1）a. 小王的妈妈给他寄了一个包裹。
　　　b. 小王的妈妈寄了一个包裹给他。

如果考察的范围扩大一点，就会发现"给"字短语出现在谓语动词之前时，强调其引进的名词是一个"受益者"（benefactive）；出现在谓语动词之后时，强调其后的名词是物体达到的"终点"（telic）。比如在下面两种情况中，"给"字短语就不能在谓语动词前后自由变换。

（2）a. 后卫把球踢给了守门员。
　　　b.？后卫给守门员踢了一个球。
（3）a. 后卫又给杨晨传了一个漂亮的球。
　　　b.？后卫传了一个漂亮的球给杨晨。

例（2）中，大家关注的是球的运动路线，守门员是球达到的终结点，而不是受益者，因此"给守门员"出现在谓语之前就不对头。例（3）的情况则不同，是指后卫的传球恰到好处，杨晨可以充分发挥自己的球艺把球射入大门，此时的杨晨是一个受益者，因此"给"字短语用于谓语动词之前最好，用于之后则不合适。由此可以看出格式（a）和格式（b）是不等值的，前者强调动作的受益者，后者则强调物体运动的终结点。

再以复数标记"们"为例说明任何语法标记都有自己的语义值（石毓智 2002a）。对于汉语的代词系统，"们"具有稳定的意义——表示复数，比如"他"和"他们"是不同的。然而普通指人的名词似乎有没有"们"无关紧要，都可以表示复数。例如：

（4）a. 老师我都见到了。
　　　b. 老师们我都见到了。

两句话中的"老师"都可以指复数。其实有没有"们"是不一样的，光杆名词不加"们"单复数都可以，而且可以自由地出现在谓语前后，比如可以说"我见到了老师"。但是，光杆名词加了"们"之后，只能表示复数，还表示一个有定的含义，指特定范围的多数，只能出现在谓语动词之前，比如不能说"我见到了老师们"。以"们"为语素的复合词"人们"也有类似的限制，不能用作宾语："*我看到了人们"。有些语法标记的意义我们尚一时无法准确概括，但是随着我们研究的深入，一定能够确立它们的语义值。

（二）认知过程对句式选择的影响

把动态的认知过程引入语法分析，是认知语言学的又一个鲜明特点。同样一个对象，由于认知视点的不同，会影响人们选择不同的句式去表达。认知语言学把这种认知视点变换与语言结构的选择之间的相互作用现象叫作"诠释"（construal）。比如面前放了一个半杯水的杯子，不同的人因为观察的角度不同，就会选择不同的句式。例如：

（5）a. the glass with water in it.　　　里边有水的杯子。
　　　b. the water is in the glass.　　　水在杯子里边。
　　　c. the glass is half-full.　　　　　杯子半瓶是满的。
　　　d. the glass is half-empty.　　　　杯子半瓶是空的。

对同一个客体的四种不同表述，反映了不同的认知诠释。上面的四种表述分别对应下面的四种图案。（a）的观察视点是杯子自身；（b）的观察视点是水；（c）的观察过程是从杯底往上看；（d）的观察过程则是从杯口往下看。这种不同的认知视点或者过程，影响到了句式的选择或者表述的方式。

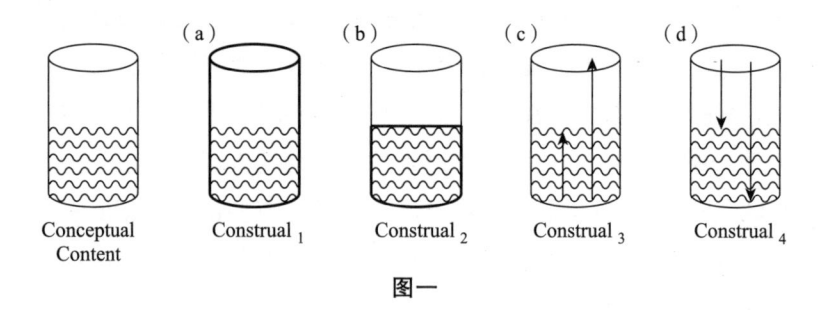

Conceptual Content　　Construal$_1$　　Construal$_2$　　Construal$_3$　　Construal$_4$

图一

现在来看一下汉语语法中的一个传统节目。在20世纪50年代，人们对下面两个句子的主语到底是什么争论不休：

（6）a. 台上坐着主席团。

b. 主席团坐在台上。

那时人们争论的焦点是,(6) a 中的主语到底是"台上"还是"主席团",最后也没有讨论出一个结果来。吕叔湘(1979)认为,这是一个语义相同而结构不同的例证。然而在我们看来,这两句话反映了不同的认知过程,第一句的认知视点是在台上,第二句的认知视点则是在主席团上,即它们的语义值明显有别。这也反映了认知语法理论的进步之处;结构主义语言学有时是忙于分类和贴标签,而忽略一些实质性的东西。

(三)语义的抽象图式(schema)与词类意义的概括

认知语言学还具有高度的概括性,能够成功把握不同词类的本质特征。比如名词和动词的区别到底在哪里,传统的英语语言学并没有解决好这个问题,有的定义过宽,有的则过窄。形式主义语言学则想当然地拿来就用,不加深究。其实两个词类之间有很多值得深入研究的问题。兰盖克的划分如下:

名词表征一个三维空间的离散个体。

动词表征一个一维时间空间的过程。

名词的图式为(a)、(b)、(c),动词的图式为(d)。

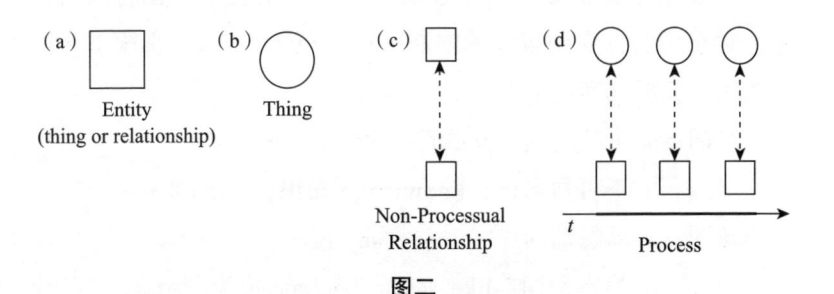

(a) Entity (thing or relationship)

(b) Thing

(c) Non-Processual Relationship

(d) Process, t

图二

上述的区分也适合于汉语的情况。不仅如此，这还可以解释动词的名词化问题（nominalization）。动词的名词化问题实际上是把一个动作行为概念的"时间过程"消除掉，并投射到三维空间中去，变成一个非时间性的离散个体。这些分析无疑加深了我们对名词和动词这两个词类的认识。

（四）洞察跨词类之间的共性

如果说乔姆斯基的学说是"线性"语言学，那么认知语言学则是"非线性"语言学了。两个学派关注的问题常常是互补的。传统结构主义语言学的分析结果常常是语言符号的分类，那么认知语言学常常关注这些类别之间的联系。认知语言学常能在其他学派司空见惯、习以为常的地方表现出高超的洞察力。这方面的一个精彩例证是兰盖克关于名词和动词之间存在平行语法现象的分析。

传统语法里有可数名词与不可数名词之分，在英语中表现为能不能自由地加复数标记-s，在汉语中则表现为能不能直接用数量词修饰。两类名词分别对应动词中的"静态"动词和"动态"动词。相应地，动态动词一般可以跟发生次数的词语搭配，而且可以用于各种时态，静态动词一般不跟发生次数的词语搭配，时态用法也受到很大的限制，比如英语的like（喜欢）一般不能用于完成体和过去时。

名词：a. 可数名词：pen 笔、car 车……

b. 不可数名词：knowledge 知识、water 水……

动词：a. 动态动词：look 看、say 说……

b. 静态动词：like 喜欢、become 成为……

动词和名词的典型数量特征都是"离散性"的，它们都可以用数量词称数。在英语中，它们的称数系统是平行的，从构词上可以看出两个称数系统之间的内在联系：

名词：one, two, three, …

动词：once, twice, three times, …

这种分析无疑深化了人们对语言的认识。形式学派注重语言符号的线性特性，对这些问题则无能为力，他们经常用 [±N] 或者 [±V] 作为一对区别特征来描写一些句法现象，其实两个词类之间并不是水火不相容的，其间具有平行的句法表现。在这类非线性问题上，认知语言学就更具有解释力和洞察力。

（五）语法范畴的认知过程的图解方法

语言中的很多语法范畴是极其复杂的，很难用语言表达清楚，也很难用抽象的符号准确表达出来。同一种语法范畴，不同民族因为认知视点的不一样，会表现出这样或那样的差别。认知语言学经常利用图解的办法，准确而简明地把一个复杂的语法范畴系统地表达出来。时体系统是每一种语言最复杂的语法范畴，下面是兰盖克对英语时体系统的图解。

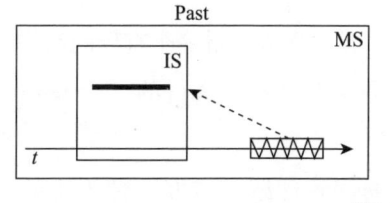

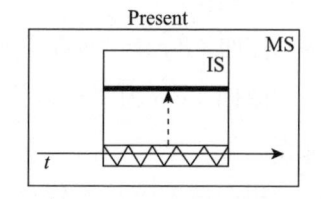

图三

上面左图刻画的是英语中的"过去时"，右图是"现在时"。

内有弹簧曲线的方框代表人们的认知视点。简单地说，英语的"过去时"为站在现在看过去发生的一个完整的动作，"现在时"则是现在看到的某一动作发生过程中的一点。再看兰盖克是如何描写更复杂的"时"和"体"的搭配使用：

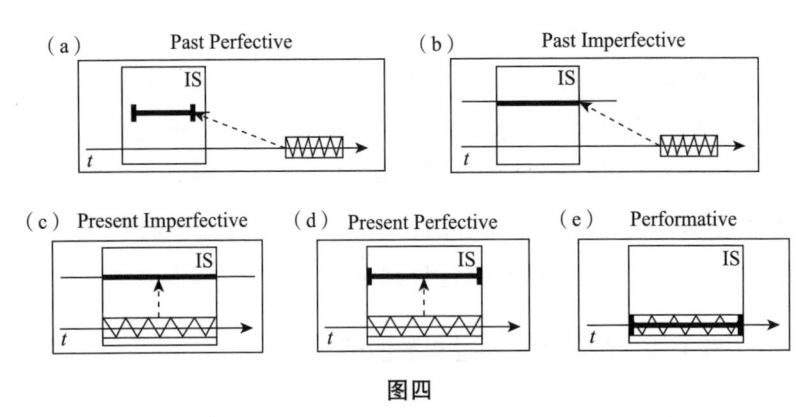

图四

图四（a）为"过去完成体"，是站在现在看过去发生的一个有始有终的动作。

图四（b）为"过去未完成体"，是站在现在看过去发生的一个没有边界的动作。

图四（c）为"现在未完成体"，是站在现在看一个没有界的某一动作。

图四（d）为"现在完成体"，是站在现在看一个有界的动作。

图四（e）为"行事体"，观察者现时所执行的一个有界的动作。

用图解的方法不仅可以帮助读者理解、掌握一种语言的复杂的时体系统，而且也可以揭示不同时、体之间的内在联系。

图解法是兰盖克认知语言学的一个重要表现手段。在使用"认知语言学"这个说法之前,他在20世纪80年代初曾经用"空间语法"(space grammar)来命名自己的学说。所谓的"空间语法"主要是指利用图示来表述一些语法规律。但是他后来发现响应的人不多,就改为现在的"认知语法",这才引起人们的普遍注意。但是这种图示法也带来了一些非议,有人认为图示法不严谨,不像形式主义语言学那样科学,因为形式主义语言学派常常借用一些数学符号来表示他们的规则。兰盖克在一次课堂上专门对这种意见进行了辩驳,认为他只是选择了不同的表现手段,他也可以毫不费力地把认知语言学的规律表现为符号公式。我对这种现象的理解是,认知语言学关心的是语言结构、认知过程和语义特征之间的相互关系,跟形式主义语言学派的语言符号的"线性代数"相比,认知语言学属于数学中的立体几何。立体几何就必须依赖于图解法,才能帮助人们理解线性数学公式的几何基础。也就是说,认知语言学的表现方法跟其学科内容是密切相关的。

(六)对语言的共性和历史的成功解释

各种语言学派都尝试解释语言的共性,但是都有自己的局限性。形式主义语言学派主要对句法结构感兴趣,认为存在一个"普遍语法"(universal grammar),具体的语言是这个普遍语法代入"参数"(parameter)的结果。类型学则用统计的办法,寻找一种语言不同语法格式之间的对应规律。语法标记是形式主义语言学派的一个研究"盲点",语法标记的来源更是他们不会考虑的问题。其实,语言之间的共性不仅表现在结构上,而且也表现在相同语法范畴的标记往往是由共同的词汇虚化而来的。

对于这些问题，认知语言学常常可以给出成功的解释。下面以兰盖克对完成体标记的来源为例来说明这一点。

世界上很多语言的完成体的来源都是表"领有"含义的动词，比如印欧语言的就有英语、葡萄牙语、西班牙语、法语等，汉语的有普通话的否定式、闽方言、客家话等。例如：

（7）a. I have finished my homework.

b. I have not finished my homework.

（8）你有冇讲过？（直译：你有没有说过？——福建莆田话）

其有冇去呢？（直译：他有没有去？——福建莆田话）

上述语言共性，是因为"完成体"和"领有动词"的语义结构具有平行对应关系。

领有动词	完成体
过去某一时刻拥有某物	过去某一时刻发生了某动作
现在仍具有用途	具有现时的相关性

"完成体"的语法意义为"发生在过去而且具有现时相关性的动作行为"。语言发展史揭示，普通词汇语法化为某种语法标记，具有很高的规律性，它们之间的演化关系的背后往往存在认知理据。

我们个人的研究经验表明，认知语言学的思想不仅对解释共时的语言共性有帮助，而且对解释语言的演化也非常有启发。相比之下，形式主义语言学派在历史语言学中几乎派不上什么用场。也有人曾经尝试利用形式主义语言学派的思想研究语言的发展历史，但都是依靠一个又一个"假设"过活，一接触语言事实就寸步难行。

(七)注重概念化对语法的影响

认知语言学认为,语法是词语概念内容的结构化。这深刻揭示了语义和语法之间的"血肉"关系,也可以理解为语义在一定程度上决定了语法。这也是揭示语言的共性和个性的重要窗口。这一点与形式主义语言学派的语言观形成了鲜明的对立,乔氏认为,句法是一个自足的系统,是人类的一种先天机制,后天的语言习得就是代入一些参数,主张语义跟句法脱钩,语义是语言表达的某一阶段代入的东西。兰盖克的这一观点直接挑战了形式主义语言学派的哲学基础,因为概念化是一种认知活动,是人的思维对现实现象概括的结果,反过来决定句法结构。这说明一种语言的句法结构根本不是"自主"的,它受制于人们的认知和现实现象。

现在用我们自己研究中的例子来说明认知语言学这一论断的洞察力。一种语言的概念化方式往往是成系统的、有规律的。不仅不同民族的概念化方式不一样,而且同一个民族的不同历史时期的概念化方式也是不一样的,这会导致不同语言的语法差异和同一语言不同历史时期的语法差异。

先看古今汉语概念化的差异对语法的影响。古人对动作行为的概念化常常包括动作的结果,因此一个单纯的动词具有动作和结果两层意思;现代汉语则不同,是把动作和结果分开来概念化,一般用一个动补短语来表达古代的一个单纯动词的意义。而且动补短语后带宾语受各种因素的制约,为了在句中安排受事名词又引起了其他结构变化。例如:

(9) 弛：把弓弦放松。

　　乃弛弓而自后缚之。(《左传·襄公十八年》)

　　→于是把弓弦放松，从后面把他绑住。(现代汉语)

(10) 折：把东西弄断。

　　无折我树杞。(《诗经·郑风·将仲子》)

　　→不要把我的杞树弄断。(现代汉语)

上述两例表明，以前的单纯动词现在则用动补结构表示，以前的普通述宾结构现在则用"把"字结构来表示。我们发现，动词的概念化和语法之间存在反比例关系：概念内容越复杂，语法结构则越简单；概念内容越简单，语法结构则越复杂。

再用一个例子来说明英语和汉语概念化的差别对两种语言语法的影响。表示物体由甲向乙转移和由乙向甲转移，英语分别用两个不同的动词表示，汉语则往往用一个动词表示，因此汉语为了避免表达上的歧义，常常需要利用介词来区别物体转移的方向。以汉语的"借"为例，它有"借给"和"借自"两个意思，英语则分别用两个动词表示：borrow（借自）和 lend（借给）。这样就使得两种语言有关词语的表层结构不一致。

(11) a. I lent him 100 dollars.

　　　我借给他了100块钱。

　　b. I borrowed a car from him.

　　　我从他那儿借到了一辆车。

英语可以是简单的动宾结构，汉语则需要介宾短语或者动补结构来表示。与这种概念化有关的另外一个重要现象是，因为涉及物体由甲向乙转移的动词经常用于双宾结构，也引起了两种语言双宾结构的语法意义的差别。跟汉语这类动词概念化的特点相似，汉语双宾结构的意义也是双向的，"取"义和"给"义动词都可以用于其中；然而英语的双宾结构一般是单向的，只有"给"义动词才可以用于其中。

（12）"给"义：他送了我一本书。　　他还了我五块钱。
　　　"取"义：我买了他一辆车。　　他偷了人家一本书。
（13）He sent me a book.　He repaid me 5 dollars.
　　　*I bought him a car.　*He stolen somebody a book.

英语的 I bought him a car. 也可以说，但意思是"我买了一辆车给他"，跟汉语的"我买了他一辆车"意思正好相反。

　　从上面的简单例示中，我们已经可以看出概念化与语法的密不可分的关系。这是一个揭示语言共性和个性的重要视角，具有广阔的发展前景。

（八）提供自然的、符合人们语感的分析

　　认知语言学所依据的例证都是活生生的自然语言，分析往往让人觉得自然，结论让人觉得符合人们的语感。然而个别人有一种错觉，似乎越抽象、离我们直观越远的东西才越科学。科学的方法是从现象中抽象出规律，但抽象并不是目的。真正的科学规律，包括最抽象的科学——数学，它们的现实基础都是具体的、明白易懂的。认知语言学的这一特色跟形式主义语言学派形成了鲜明的对立，形式主义语言学派的学者所依据的例子，有不少是为了使自己的理论自圆其说而自造的，或者是

根据自己的理论推出来的、从来没有人说的例子。这些例子是否合乎语法本身就成问题，要用来解释语法理论就更没有落脚点了。我们研究语言的目的，是为了揭示语言本身的规律，任何脱离这一目标的语言研究都会迷失方向。真正的语言规律，面对语言事实应该是左右逢源，而不是捉襟见肘的。真正的语言规律，应该是符合我们的语感，可以揭示我们日常语言的应用，而不应该是抽象形式的游戏。我们认为，认知语言学的这一特点是它能够很快被汉语学界接受的原因之一。

三、认知语言学的"过"

认知语言学也有它的局限性。认知语言学是传统结构主义、特别是形式主义语言学的反动，它弥补了这些学派的一些缺点，同时它也走向了另一个极端，抛弃了其他学派的合理的地方。根据我们的研究体验，认知语言学存在的以下问题值得我们注意：

（一）忽略语法的系统性

结构主义语言学认为，一种语言的各种语法结构相互制约，组成一个有机的整体。形式主义语言学派继承了这种精神，不幸的是走向了极端。我们认为这是对语法的正确概括。兰盖克虽然也承认各种语法结构不完全是各自为政的，但是他过分强调不同语法结构之间的独立性，很大程度上忽略了语法的系统性。这是与认知语言学的第一个优点密切相关的，即认为语法结构和意义之间存在"一对一"的映射关系。在认知语言学的论著中，绝少看到谈多个结构之间的关系的，然而揭示不同结构之间的相互关系是把握一种语言语法的关键所在。

一种语法的不同结构之间到底是什么关系，单在共时这个平面上不大容易看出来。如果用历时的眼光来看这个问题，就很容易明白这一点。不同的语法结构之间具有相互制约的关系，形成一个有机的整体。历史发展中，常有"牵一发而动全身"的效用。下面用我们自己关于汉语判断句产生后所带来的影响，来说明语法的系统性。

（14）驾，良邑也。(《左传·襄公三年》)

（15）不善不能改，是吾忧也。(《论语·述而》)

（16）客人不知其是商君也。(《史记·商君列传》)

（17）未闻孔雀是夫子家禽。(《世说新语·言语》)

先秦没有判断词"是"。例（14）是那时的判断格式，句末语气词"也"是一个必须的语法标记，主语之后有一个停顿；例（15）中的"是"为指代词，回指其前的话题，判断词"是"就是在这种语用结构中语法化出来的。例（16）、（17）是早期的判断词用法。"是"由指代词演化成为判断词，引起了汉语语法的一系列变化，主要包括以下这些（详见石毓智、徐杰2001）：

1. 导致旧有的判断格式消失；

2. 引起旧有指代词系统的改变；

3. 限制了句末语气词"也"的使用范围；

4. 加强了汉语的SVO语序；

5. 增加了新的焦点标记手段；

6. 导致了上古汉语的语序疑问手段的消失；

7. 引起疑问代词系统的变换。

这一系列的变化改变了从先秦到魏晋汉语的整体面貌。过分强调结构之间的独立性，就会到导致研究"只见树叶，不见森林"。

（二）完全否定结构之间的可能"转换"关系

转换生成语法理论特别注重不同结构之间的变换关系。认知语言学则走另一个极端，完全否定不同结构之间的可能变换关系。形式主义语言学强调语言生成的"多层性"，强调表层结构是由各种看不见的层次按照一定规则生成的。但是，表层语法结构的背后是否真的存在这些层次，生成的规则到底是什么样子，缺乏心理实验基础和科学依据。语言的层次观是乔氏理论的灵魂，他的理论的各种发展，都是由这一观点派生出来的。很多形式主义语言学派的学者对语法结构的生成分析，都像是"画箭头"的游戏，缺乏说服力。认知语言学在这一点上也是与形式主义语言学派针锋相对的，认为语言是"单层"的。认知语言学不承认结构之间的变换，那也就否认了句子成分的"位移"（movement）或者"提升"（raising）。然而，根据我们的观察，自然语言自身的确存在不同结构之间的变换关系。下面以话题结构和与之对应的陈述句之间的关系来说明这一点。

古今汉语都有这种话题结构，把句子中的一个成分移到句首，使其话题化。先秦汉语有一个规则，被话题化的成分移走之后，原来的位置要用"之"回指。例如：

（18）夏礼，吾能言之。（《论语·为政》）

因此我们有理由认为，《论语》这句话是由一般陈述句"吾能言夏礼"转换而来的。现代汉语也有类似的情况，工具名词被移

到句首话题化之后,原来的位置常常用"它"来回指。例如:

(19)我用这把刀切菜。→ 这把刀,我用它切菜。

因此,我们认为陈述句结构和话题结构的地位是不平等的,前者是一种无标记结构,后者是一种派生结构,目的是为了表达某些语用功能。

我们主张对这些有实在根据的不同结构之间的变换进行研究。而这却是认知语言学研究上的一个盲点。

(三)忽略语法系统对认知的反作用

我们应该辩证地看待认知与语言的关系。在语言创立时期和新结构的产生过程中,认知主要作用于语言;语言一旦形成,就具有相对的独立性,也会影响到人们认识世界的方式。比如不同的民族由于认知视点的不一样,语法范畴的设立也不一样,那么就会影响到使用者观察世界的方面或者角度的不同。下面我拿英语和汉语的名词数量的表达为例来说明语法范畴对认知的影响。

英语的语法中有单复数标记,复数在名词后加-s,单数为零标记。我在美国学习了七年,母语为英语的人在单复数的使用上可以完全不犯错误,我们中国学生却经常在这上面犯错误,不管是说话还是写作都是如此。这并不能说明我们中国人经常分不清"一"和"二"的区别,而是我们的语法中没有这个范畴,所以在认识世界的时候,如果没有表达需要,就不会去关注事物的数量的多少。然而以英语为母语者,语法中有单复数的范畴,他们使用语言进行自我表达时,必须关注事物的数量特征，而这纯粹是为了满足合乎语法的要求。久而久之，这种对事物数量特征的认知成了一种内化的感知活动，在认识世界的时候就会不自觉地关注事物的数量特征，因此就很少在单复数的使用上犯错误。

　　反过来，英语中没有量词的语法范畴，那么以英语为母语者学习汉语时，就感觉到掌握汉语量词十分困难。假如我们看到地上有纸，就会不假思索地根据纸的形状、大小，选择一个合适的量词来称数，比如"一张纸、一条纸、一片纸、一星儿纸"等。我们已经论证了，制约形状量词使用的背后是数学函数，根据维数的多少和各个维之间的比例来选择合适的量词（石毓智2001）。一和二的区别是幼儿园低年级的数学问题，函数则是中学的数学问题。我们中国人也已经把这种量词选择的数学能力内化了，变成一种不自觉的认知活动，因此在语言使用中会毫不费力地选取合适的量词。我们在认识事物的时候，必须关注事物各个维度之间的比例关系，这是汉语语法的需要，否则就无法称数事物。然而母语为英语者没有传递信息的需要时，就不会关注各个维度之间的比例，那么他们在使用汉语的量词时就会感到十分困难，结果就经常出错。

　　数量范畴是一个比较简单的语法问题。任何两种不同语言的语法差别是深刻而复杂的，那么这些差别如何影响两个民族的人的日常认知活动，是一个值得深入谈论的问题。

（四）过于强调语法系统的开放性

　　兰盖克的认知语言学的另外一缺陷是，过分强调语法系统的开放性，而忽略了它的相对独立性。他认为，新的语法格式的产生,就像新词汇的出现一样,大家都这样用了,形成一种格式,固定下来就是语法格式。如果兰盖克的话是对的,那么一种语言的语法的发展就会是这个样子:可以产生任何类型的结构,新结构的产生是杂乱的,不可预测的,新的语法结构的数目将会像词汇一样不断膨胀。然而,根据我们对语言史的研究经验(石毓智、李讷 2001;石毓智 2003b),新结构的产生受到很多条件的限制,新结构的类型要与该语言的语法特点相容,新结构产生的时机受当时语言状况制约,一个新结构的产生会打破原来语法系统的平衡,引起连锁反应,导致语法发展的高潮,而这些变化是语法系统内部结构调整的结果,而不是交际的语用格式固定下来的。

现在我们以"有没有+VP"的格式的出现为例来说明这一点(石毓智2000a)。这种格式在普通话中的使用只有七八十年的时间,最近一二十年趋于活跃。例如:

(20)你有没有觉得我和以前不一样?(王朔《痴人》)
(21)我这话有没有冒犯你?(冯骥才《一百个人的十年》)
(22)看看有没有发现过可疑的人。(陈放《天怒》)

有人会觉得这是受南方方言影响的结果,因为他们的完成体的肯定式为"有+VP",否定式为"没有+VP",其正反问句为"有没有+VP"。表面上看来这种说法很有道理,这给人一个感觉,语法结构跟词汇是一样的,不同方言之间可以借用。但是仔细考察就会发现问题,为什么会不早不晚这个时候借?还有,这些南方方言最常用的正反问句格式为"有+VP+没有",普通话为什么不借呢?更重要的是,陈述句的"有+VP"是这类方言最常用的格式，为什么没有影响到普通话？其实，这种问句格式在北方话中的出现，跟汉语历史的发展和现状密切相关。首先是正反问句的发展过程，在早期只有"有+NP+没"，比如"有辘轳没？"（《老乞大》），直到19世纪末期才出现了"有没有+NP"的问句格式。只有在这种问句中，"有没有"才有可能结合成一个语法单位，再由带名词宾语扩展到带动词短语或者说修饰动词。其次，也与汉语正反问句的内部发展趋势密切相关。根据邵敬敏（1996）的调查，过去几十年汉语的正反问句有下列发展趋势：

（23）你会下围棋不会？→ 你会不会下围棋？
　　　你能完成任务不能？→ 你能不能完成任务？

即助动词的肯定式和否定式，由原来的被谓语动词隔开的格式，变成一起出现于谓语动词之前的格式。那么"有没有+VP"的格式实际上是跟汉语正反问句的发展相一致的。也就是说，这种新的正反问句的格式出现并不是一个孤立现象，从历史上看，它与动词"有"和"没有"的正反问句发展有关；同时，它也与当代的正反问句变化的总趋势有关。

　　总之，我们的研究经验告诉我们，新语法结构和新词汇的产生过程有着本质的区别。伴随着新现象和新事物的出现，新词汇可以不断涌现出来。然而语法是一个系统，具有极大的稳固性，新结构的产生受制于语言的发展方向和当时的语言状况。我们觉得，缺乏语法的系统观念是认知语言学的最大缺陷之一。

（五）过于强调语法与语义的相关性

在兰盖克的认知语言学中，语法语义就像一个万花筒，无边无际，似乎什么样的语义都是语法问题，什么样的语义都能在语法上得到表征。但是，从人类语言的普遍性的角度来看，用语法手段表示的语义范畴是非常有限的。他认为，语法和语义构成一个"连续统"（continuum），没办法把两者截然分开。这也是因反对形式主义语言学派而走向了另一极端，形式主义语言学派主张句法系统和语义相分离，认知语言学则干脆把语法和语义看成浑然一体的东西。我们认为，语法和语义固然密不可分，任何语法结构和标记都有表义的功能，但不能反过来说任何语义问题都是语法问题。这是认知语言学常常被人看作语义学而不是语法学的原因之一。兰盖克在一次学术报告中诉委屈："有人说我的认知语法学实际上是语义学而不是语法学，然而我每天吃饭和做梦都想的是语法问题。"在我们看来，有人把认知语言学看作语义学，也不一定是纯粹的误解，跟兰盖克自己的学术主张和研究兴趣也有关系。

语义是一个无边无际的东西，任何可以作为我们认知对象的东西，都是语义问题。然而语法是一个有限的系统，包括结构类型的有限性和语法标记的有限性。我们以动词的语法范畴为例来说明这一点。跟动作行为概念有关的语义特征是没有穷尽的，但是只有为数非常有限的若干个语义特征才会表现为语法手段。Bybee等（1994）对世界上的多种语言进行了调查，发现最常见的动词语法标记依次为：

1. 最常见的语法范畴：体（aspect）、时（tense）、态（voice）。

2. 次常见的语法范畴：数（number）、人称（person）、性（gender）。其他动作行为的语义特征则很少表现为一种语法手段，绝大部分则根本就没有与之对应的语法手段。

因此，我们认为，尽管语法和语义密不可分，但语法是一个相对稳定的、独立的系统，语法给我们提供了有限的手段来表达无限的意义，绝大部分的语义问题跟语法没有关系。

（六）在语音研究上无能为力

任何一门学科都有它的适用范围，也都有它的局限性。根据我们个人的感受，认知语言学派和形式主义语言学派在适用范围上呈互补分配。形式主义语言学派在句法和语义上整体上是失败的，扭曲、曲解语言的现象比揭示语言的规律要多得多（当然也不排除个别合理的地方），但是在语音学上却一枝独秀，因为语音的本质属性就是形式的。相对地，认知语言学在语法和语义研究上整体上是成功的，虽然有这样那样的局限性，但是在语音上几乎完全派不上用场。记得我1993年在圣迭戈学习的时候，兰盖克就在考虑如何把认知语言学的思想推广到语音研究上，可是直到现在还没有见任何系统的研究发表。兰盖克推出了"认知语法学"，Talmy（2000）又推出了厚厚两卷的"认知语义学"，但是我怀疑将来有人也能够推出什么"认知语音学"之类的东西。

不仅如此，认知语言学在解决语法和语义问题时，得心应手，左右逢源，但是几乎见不到探讨语音和语法相互关系的问题的研究。实际上，语言的三个部分——语音、语义和语法——相互制约，形成一个有机的整体。语法和语音也是密切相关的，这方面的一个典型例证是，代词的句法行为总是跟普通名词的有差别，比如法语的人称代词做宾语要出现在主语和谓语之间，普通名词则是在谓语动词之后；上古汉语的人称代词用于否定结构时，要移到谓语之前，普通名词则不需要。这跟代词的语音形式有关，它们多为一个较短的轻音词，因此在句法上则表现为附着成分（clitic），因为受句子组织韵律结构的影响，它们表现出了与负载重音的普通名词不同的句法行为。

语法和语音的关系也是一个重要的问题，但是基本上不在认知语言学的研究视野之内。

（七）烦琐而随意的"图解式"

让我们用两句话来概括乔姆斯基的形式主义语言学派和兰盖克的认知语言学派的表现风格的差别：

形式主义语言学派栽树，认知语言学派盖楼。

形式主义语言学派的论著都少不了树形图，认知语言学派则有很多类似建筑图形的东西。树形图本身的画法要简单得多，因此学员很快就学会"种树"，而且只要不太笨，很快就会掌握爬树的本领。然而，认知语言学的"建筑图"要复杂得多，关键是没有一定的程式规矩，让学者无从下手。我们看一下兰盖克的"构图"创意。

下面这个建筑图的东西，是为了说明这么一句话的语法结构和语义关系：

（24）Alfred hit Bernard before Charles arrived.

直译：在查尔斯到达之前，阿尔夫里碰见了伯纳德。

大家会感觉到，这句话并不复杂，如果是一个更复杂的句子，不知道兰盖克会如何画？其复杂程度，我们也无法想象，但起码一张普通的纸是容纳不下的。而且画这种图案的困难程度比画树形图不知要高多少倍。不仅制图者需要专业的训练，看图者也需要专门的训练。即使有再多的必要，这种图示法也会使一个初学者望而生畏。据说，乔姆斯基在创立形式语言学的时候，研读过数理逻辑和其他数学分支，所以他后来理论的表现形式总带有数理逻辑的影子。不知兰盖克是否专修过建筑制图，以至于下面这张图酷似一张大楼的图纸。

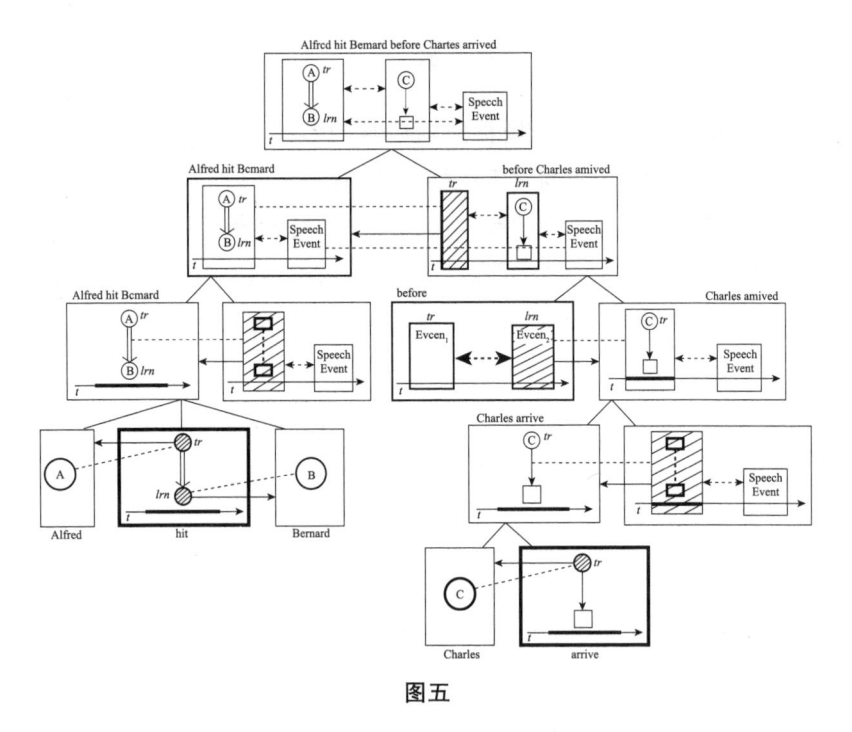

图五

不管怎么说，这种繁复而笨拙的图解法，是认知语言学表现手段上的一个缺陷。而且它具有很高的随意性，即使搞懂了这个句子的图解，仍然无法知道其他句子的画法。这是对认知语言学的学习和传播十分不利的一面。

四、结语

本章主要是根据我们对汉语研究的经验，从整体上考察认知语言学这门新兴学科的优点和局限性。不同的学者有不同的研究经验，对这门学科自然会有不同的感受。总之，任何一套研究理论都有它的长处和短处，我们应该取其长而避其短。任何研究方法都不能包揽天下，狂热和盲从必然导致人力和物力的巨大浪费，影响学科的健康发展。

母语是一个理论家建立起理论大厦的基石，母语也是我们鉴别一个理论优劣的试金石。如果我们脱离了汉语来看外国的理论，就只能停留在对理论的评介上，很难知道一种理论好在什么地方，差在什么地方。借鉴和吸收国外理论的终极目的，还是在于帮助我们研究好汉语。

第四章 构式语法理论的进步与局限

一、引言

构式语法（Construction Grammar）理论创立至今只有短短二十几年的时间，但它已经发展成为一种相对比较完善的语言学理论，有自己系统的语言观和一套分析语言现象的程序，而且在国际语言学界已经产生了相当大的影响，也开始引起我们中国语言学界的高度重视。国际上也已经成立了构式语法学会，迄今为止已经在美国、芬兰、日本等国家召开过四次国际研讨会。国际上最重要的语言学杂志，诸如 *Language*、*Studies in Languages*、*Cognitive Linguistics* 等，已发表了相当数量的以构式语法理论为理论框架的论文。这种学术思潮很自然地影响了中国，介绍和应用这种理论的文章最近五六年来陆续见于国内重要的语言学刊物上，其中有代表性的如沈家煊（1999，2000）、张伯江（1999）、董燕萍和梁君英（2002）、徐盛桓（2003）、陆俭明（2004）等。摆在我们面前的一个课题是，如何来消化、吸收这一理论。本章尝试通过跟其他语言学流派的对比，特别是基于我们长期以来对汉语的研究经验，对这一理论进行全面的评估。检讨其得与失，一方面是为了供我们借鉴时参考，另一方面也有助于我们自己的语言学理论建设。

与构式语法理论创建有关的代表性人物有菲尔墨（Fillmore）、凯伊（Kay）、莱柯夫（Lakoff）、戈德博格（Goldberg）、克罗夫特（Croft）等，其理论阐释除了见于他们的文章外，还集中反映在以下三部著作中：

（a）Adele Goldberg. 1995. *Construction Grammar.*

（b）Charles Fillmore, Paul Kay, Laura A. Michaelis, and Ivan A. Sag. 2003. *Construction Grammar.*

（c）William Croft. 2001. *Radical Construction Grammar.*

尽管用这一理论框架进行研究的不同学者的具体观点不尽相同，但是他们具有共同的学术理念。这是本章主要讨论的对象。此外，构式语法研究领域最有代表性的学者首推戈德博格，因此她的观点是本章的讨论核心。

二、构式语法理论创立的历史背景

构式语法理论的产生不是偶然的，只有把它放在当代语言学发展这个大背景下才能了解这门学说产生的历史原因，也才能更好地帮助我们理解和应用其理论观点。构式语法理论创立的历史背景可以从以下三个方面来看。

（一）构式语法理论是对乔姆斯基的形式语言学理论反思的结果。因此只有了解乔氏学说，才能懂得构式语法理论的理论主张。比如形式主义语言学派认为语法是多层的，表层结构的背后还有深层结构（deep structure）、逻辑形式（logic form）、语音形式（phonetic form）等，它们通过各种规则生成表层形式，不同的语法结构之间可以转换，等等。而构式语法理论则认为语法是单层的（mono-stratal），不同的语法结构具有不同的语义值或语用功能，其间不存在变换关系。在研究对象上，构式语法理论也与形式语法理论形成互补，形式语法理论一般只关注那些最常见、最一般的语法结构，而构式语法理论则认为语法结构不论常见与否，都有相同的理论价值，因此具有一样的研究价值。

（二）构式语法理论是在认知语言学这一背景下产生的，因此它通常被看作认知语言学的一个分支。可是表面上看来，构式语法理论跟典型的认知语法学所讨论的语言现象和采用的分析方法差异还是比较大的，那么两者的共同点在什么地方呢？主要是因为它们具有共同的语言哲学观。认知语言学的一个基本哲学观为：

　　语法本质上是一种符号，由小的符号单位构成大的符号单位，单个的词和复杂的语法结构本质上都是一种符号，词和语法结构之间没有截然的界限。语法结构是人们长期使用语言而形成的"格式"（pattern），相对独立地储存于语言使用者的大脑之中（详见Langacker 1987，1991）。

上述观点可以帮助我们理解构式语法理论关于construction的定义：语法结构是任何语义和形式的结合体，而且形式和意义的某些方面不能直接从构式的构成部分或者其他业已建立的构式中推出来（Goldberg 1995：4）。该定义实际上把各种大小的语言单位都囊括进来，包括最小的音义结合体——语素和各种复杂的句式。虽然提出构式语法理论的学者没有明确指出他们对construction定义的根据，但是该定义的理论基础是兰盖克的认知语言学。其实戈德博格等对construction的定义不仅打破了目前语言学界对该概念的内涵的界定，也与兰盖克对于该概念的理解不相一致。后文将讨论构式语法理论对这一概念的扩大所带来的问题。

（三）构式语法理论的创立与其创始者的研究背景密切相关。构式语法理论创建的大本营是加利福尼亚大学伯克莱校区，其中两个创始者菲尔墨和凯伊都长期工作于此，另一主要创始者戈德博格则是该校毕业的博士。菲尔墨是"格语法"的创始人，后来他跟他的同事又提出了"框架语义学"（frame semantics），它与构式语法理论的关系十分密切，被认为是当代语言学说中的一对"孪生姐妹"。构式语法理论秉承了菲尔墨长期以来"重视语法形式背后的语义问题"的学术思想。构式语法理论的提出也与他们的具体研究兴趣有关，比如Fillmore、Kay和O'Conner（1998）详细研究了英语惯用语let alone的句法和语用特性，探讨其中的规律和系统性；戈德博格（1995）则详细探讨了英语的几种比较偏僻的结构的表达功能，诸如"动补结构"（resultative construction）等。惯用语和这些低频率的语法结构比较容易确定它们的形式特征和语义值，因此很自然地引发出形式和意义之间关系的思考。这是构式语法理论产生的经验基础。

三、构式语法理论的进步

（一）戈德博格对构式语法理论优越性的评估

首先让我们看一下构式语法理论的创始人是如何评价自己

理论的优越性的。下面是戈德博格（Goldberg 1995）所指出的构式语法理论的优越性。

1. 避免动词的不合理的义项。动词的很多用法是由结构赋予的，而不是自身固有的。例如：

（1）He sneezed the napkin off the table.
（2）She baked him a cake.

其中，动词 sneeze 是不及物动词，在例（1）中的带宾语用法是由整个动补结构所决定的。例（2）的 bake 也是一个普通的行为动词，它的"给予"义是由所在的双宾结构所赋予的。

2. 避免循环论证。乔姆斯基的"管辖和约束"（GB）理论存在循环论证问题，比如认为一个句子的论元结构是句中动词可带论元数目的投射（projection），而他们在确定动词的论元数目时，又是根据动词在句子中带论元的多少。例如：

（3）a. The horse kicks.
    b. Pat kicked the wall.
    c. Pat kicked the football into the stadium.
    d. Pat kicked Bob the football.
    e. Pat kicked his way out of the operating room.

上述用例的 kick 可以带不同数目的论元，如果单从动词出发，就会得出结论：有多个不同论元结构的 kick，不同的句式是不同 kick 投射的结果。GB 理论的分析既烦琐，不解决问题，又陷入循环论证之中。构式语法理论则认为，kick 实际上只有一个，它的多种用法是由不同的句式决定的。

3. 保证动词语义的经济、简单。例如：

（4）a. She slides the present to Susan/to the door.
　　 b. She slides Susan/*the door the present.

可能有人认为上述两句话的 slide 并不相同，因为第一句话中 Susan 和 door 都可以用，而第二句话中只有 Susan 可以用。然而从构式语法理论的角度看，这种差别是由两个不同的句式决定的，动词 slide 则只有一个。

4. 保留语言结构的复合性（compositionality）。如果承认结构独立意义的存在，就可以保留复合性，即一个表达式的意义来自词汇意义和结构意义的总和。这样可以避免形式主义语言学派所认为的句子的句法和语义分别独立地来自主要动词的投射。

5. 具有关于句子理解试验的基础。来自儿童语言的习得的证据显示，构式意义确实是存在的。

（二）构式语法理论的进步

我们基本上同意戈德博格对构式语法理论优越性的评估。下面主要根据我们自己的研究经验，从不同的角度谈谈我们所理解的构式语法理论的进步。

1. 进一步印证了认知语言学的基本原则

认知语言学的一个基本原则为：语法形式和意义之间存在着一一映射关系。认知语言学认为，不同的语法形式一定有不同的语义值。类似地，构式语法理论认为不同的表层形式之间必然存在语义或者语篇上的差异。比如下面两个句子的含义并不一样，（5）a可以理解为"因为Zach太忙，Liza帮他买了一本书"，（5）b则只能理解为"Liza有意给Zach买了一本书"（Goldberg 2003）。

（5）a. Liza bought a book for Zach.
　　b. Liza bought Zach a book.

既然不同的结构具有不同的语义值，它们之间就不是一个纯粹的形式推演问题。而从这个角度看转换生成语法理论，可以发现该理论的两个缺陷：一是无法解释他们认为两种具有派生关系的句式的不同语义值是从何而来的；二是在确立哪一个是基础形式、哪一个是派生出来的形式上，具有很大的随意性。

2. 具有建立在经验事实上的直观性

构式语法理论主张从大量的经验事实上归纳结构，概括其语义值。认为语法形式就是表层所看到的，不存在隐含形式（underlying form），也不承认零形式（即没有语音形式的语法标记）的存在。这样可以把分析建立在直观而可靠的经验事实之上，提高了研究的客观性、科学性和准确性。而乔姆斯基学派则认为，表层形式背后还有各种隐含形式，而且还存在各种零形式，虽然利用这种无法证实的假设和看不见的东西，可以使其理论花样繁富，但是大大增加了分析的随意性，而相应地降低了分析的客观性和准确性。

3. 不同使用频率的结构得到了同样的重视

乔姆斯基学派认为语法是一个演绎系统，可以靠少数几条规则推演出无数合乎语法的句子，他们所感兴趣的一般是各个语言使用频率最高的结构，认为它们是语言的核心（core），而把其他比较少见的结构看作边沿性的（peripheral）而加以忽略。构式语法理论则认为，结构不分核心和边沿，具有同样的理论价值，都值得认真研究。而且，构式语法理论把研究的重点放在较偏僻的结构上，这在很大程度上弥补了形式主义语言学派研究上的空缺。比如戈德博格（1995）详细探讨了以下结构：

（6）a. Pat sliced the carrots into salad.　　　（致使移动）
　　 b. Pat sliced Chris a piece of pie.　　　　（双宾结构）
　　 c. Emeril sliced and diced his way to stardom.（路径结构）
　　 d. Pat sliced the box open.　　　　　　　（结果结构）

4. 对语言共性的成功解释

乔姆斯基学派也承认语言共性的存在，但是采用了一种"先天说"，认为人类具有一种与生俱来的普遍语法（universal grammar），给各种语言先验地设立了原则，但是这种假设迄今既未找到生理基础，又未发现心理现实性，流为一种不可知论。然而构式语法理论则认为，语法是一个开放的系统，可以用可观察到的经验事实来说明不同语言的共性，一些语言之外的因素起着重要的作用，诸如交际功能上的要求、临摹性原则、学习和理解的限制等，都是导致语言共性的因素。比如不同的语言都有双宾结构的原因是，物体传递是每个民族经常进行的日常活动之一，这种事件结构反映到语言中去就成了双宾结构。

5. 研究的对象明确而具体

这一点比兰盖克的认知语法理论有所进步。认知语法理论认为语义和语法形式密不可分，语义在很大程度上决定了语法结构。原则上说，这一原则是没有错的。但是兰盖克过分强调语义在语法中的作用，使得他的语法学似乎成了语义万花筒，语法和语义杂糅在一起，反而使所研究的语法对象被模糊了。构式语法理论的研究对象和手段非常明确，先确立一个语法结构，然后归纳分析它的语义值，那么意义只限制在具有稳定形式的语法意义上，从而把语法意义和形式的探讨置于可控制的范围之内。

6. 符合儿童语言习得的过程

构式语法理论主张语法结构的学习观，不论是高度能产的结构，还是高度限制的结构，人们只有通过模仿和记忆才能掌握其形式和意义之间的关系，而不可能仅靠一些规则就可以推出。这一点很符合儿童语言习得的过程（参见石毓智2005a）。还可以通过跨语言之间的对比来说明。比如跟下组英文例子中相对应的汉语动词"喷嚏""笑""共付"则没有与英语相应的用法：

（7）a. He sneezed his tooth right across the town.

b. She smiled herself an upgrade.

c. We laughed our conversation to an end.

d. They could easily co-pay a family to death.

即使各个语言都有的最常见的动宾结构，小孩子也不可能仅仅通过V+N抽象格式学会它，因为它具有很强的约定俗成性，小孩子必须通过长期学习才能掌握。以汉语的动词"吃"为例，它的很多动宾搭配是相对应的英语动词eat所不允许的。例如：

（8）a. 他喜欢吃食堂。

b. 小的时候吃父母，长大以后就吃自己。

c. 你吃大碗，我吃小碗。

d. 靠山吃山，靠水吃水。

7. 可以把语法看作一个动态变化过程

乔姆斯基理论的一个缺陷是，假定语法是一个静止的抽象系统，这就无法解释语言发展史上的一个普遍现象：新的语法结构不断出现，旧的语法结构逐渐消亡，语法系统始终处于一个动态变化过程中。构式语法理论虽然不直接关心语法的发展问题，但是它的基本理论观点与语法的发展特性是相容的，可以用来解释语言的发展史。比如构式语法理论认为不同语法结构的能产性悬殊，有些是高度能产的，有些则只限于个别词汇的搭配。任何一个共时语法系统都是该语言长期发展的结果，既有发展成熟高度能产的语法结构，也有完全失去能产性的历史语法规律的化石，还有刚刚萌芽的语法现象。刚产生的语法形式都毫无例外地具有很强的词汇限制性，而且使用频率也极低。石毓智、李讷（2001）已举了这方面的大量例证。下面以现代汉语的一个例子来说明这一点（详见石毓智 2003a）。

动补结构带宾语有一个严格的规律：如果补语是描写主语的属性或者状况的，一般不能带宾语，要引入宾语只能用动词拷贝结构，例如：

（9）a. *他吃胖了烤鸭。　　　他吃烤鸭吃胖了。

　　　b. *他做累了功课。　　　他做功课做累了。

　　　c. *他学病了日语。　　　他学日语学病了。

但是现在这条规律出现了两个"例外":"他吃饱了饭"和"他喝醉了酒",因为其中的补语"饱"和"醉"分别是描写句子主语的状况的,然而却带上了宾语。产生例外的原因是"吃"和"饱"与"喝"和"醉"两对词高频率共现,久而久之,人们把它们看作复合词一样的东西,结果就在其后加上宾语。这种用法只限于这几个特定词汇,宾语名词也只能是"饭"和"酒"同义类词中意义最一般的名词。虽然目前"吃饱饭"这种用法完全没有能产性,但是随着时间的推移,该类用法的数目可能会逐渐增多,最后变成一个能产的语法结构,从而打破旧有的语法规则,成为一条新的语法规则。

8. 可以成功解释语法化的诱因

构式语法理论不仅可以解释新结构的产生,而且可以说明普通词汇向语法标记的发展过程。语法标记一般是来自普通词汇,一个常见的现象是,语法标记与其原来词汇的词性发生了本质的变化。根据我们的考察,词性的变化都与发生语法化的结构密切相关,即一个语法标记的某些属性来自其语法化的结构。下面以汉语判断词"是"的语法化过程来说明(详见石毓智、李讷 2001)。

判断词"是"具有动词性,可以受副词修饰,可以带宾语,然而它则是来自名词性的指示代词,相当于"这"。指示代词"是"语法化的环境是,回指前面的复杂结构,同时又做所在句子的主语。例如:

(10) 闻义不能徙,不善不能改,是吾忧也。(《论语·述而》)

"是"的这种用法经常出现在前后都是名词短语的结构中,例如:

(11)故善抚民者,是乃善用兵者。(《荀子·议兵》)

例(11)的抽象格式为"NP+是+NP",这正好与动词常出现的格式是一样的。汉语是SVO语言,而做主语和宾语的词类通常是名词,因此动词常出现的句法格式为"NP+V+NP"。在动词最常出现的结构的类推之下,"是"逐渐由名词性成分变成一个动词性成分。由此可见,语法结构是独立存在的,它可以对用于其中或者类似的结构中的词语产生影响,赋予它们新的语法性质。"是"的语法化过程完成于先秦,下面是它早期的判断词用例。

(12)客人不知其是商君也。(《史记·商君列传》)

四、构式语法理论的局限性

构式语法理论也存在不少局限性。下面根据我们的研究经验和对语法性质的理解,讨论这一理论存在的问题。

1. 对"construction"概念定义的不合理扩大所带来的后果

在普通语言学中的标准定义中,construction必须是由两个或者两个以上的元素构成的结构体,即使认知语言学的代表人物兰盖克也是这样理解的(1987:409)。构式语法理论的学者把这一概念扩展为,语言中任何意义和形式的结合体,即把construction等同于语言单位,结果把复杂的语法结构、词、甚至语素一视同仁。比如戈德博格(2003)认为construction包括以下各种类型:

（a）语素： anti-, -ing
（b）词： anaconda, and
（c）复合词： daredevil, shoo-in
（d）惯用语： going great guns
（e）语法结构： He gave her a Coke.

构式语法理论的学者做上述概念扩展可能是为了提高自己理论的解释力，不想让人觉得其理论只适用于语法结构的分析。但是这种扩展掩盖了本质上极不相同的两类语言现象，也不利于对语言问题的探讨。下面以词和两个词构成的语法结构之间的差异加以说明。

第一，词的形式是语音，语音跟其所表达的意义之间完全是约定俗成的，没有相互作用的关系；然而语法结构则是有意义的词构成的，词义对整个结构的表达有着重要的作用。而且语法结构往往是有现实理据的，比如双宾结构是物体传递事件在语言中的投影，词的语音形式则一般没有这种理据。

第二，语素和词的语音形式是固定的，不能随便为其他音素所替代；然而语法结构是能产的，允许各种新的组合和搭配，即其中的成分可以为其他合适的词所替换。

第三，一种语言的词的音义结合方式是开放的，然而语法结构的数目则是封闭的。

第四，在语言习得中，词需要一个一个记忆，然而句法结构则不需要，只要掌握搭配规则，就可以造出各种新的表达。

从构式语法理论的研究实践中也可以看得出来，对construction的概念扩展并没有带来实际的效用。迄今为止，构式语法理论得到成功应用的场合,全部是两个或者更多词构成的语法结构,没有见到任何该理论对于由一个元素构成的语素或者词的合理分析。

2. 烦琐而不反映语言使用者的理解过程

构式语法理论对construction概念的不合理扩展,还带来分析上的另一个问题:分析十分烦琐。比如"What did Liza buy the child?"这样一句简单的话,就涉及10种以上的结构。下面为戈德博格(2003)的分析:

a. *Liza, buy, the, child, what, did* constructions(i.e. words)。

b. Ditransitive construction.

c. Question construction.

d. Subject-Auxiliary inversion construction.

e. VP construction.

f. NP construction.

构式语法理论没有解决的一个问题是,上述这众多的"结构"如何相互作用产生整句话的意思。我们也很难想象,人们理解一个句子的过程会如此之复杂,涉及这么多具有独立意义的结构及其关系。

3. 尚未解决语法结构的多义性问题

构式语法理论的一个基本观念是,语法结构跟词汇一样具有"本义",通过引申机制可以表达多种相关的意义,形成一个语法结构的语义网络(Goldberg 1995,2003)。这一观点看起来很有道理,然而实际情况是不是真的如此,或者说多大程度上可信,尚需要严格论证。在构式语法理论框架内的研究,尚未见任何关于某一语法结构历史发展过程的探讨。一些单纯基于共时现象对语法结构意义的推测，也往往与历史事实不符合。比如张伯江（1999）根据对现代汉语的观察，认为汉语的双宾结构的原型义为："施事者有意地把受事转移给接收者，这个过程是在发生的现场成功地完成的。"但是这一说法并没有得到历史事实的支持。以最早的文献甲骨文为例（以下根据向熹1993、张玉金2001），那时候的双宾结构尚未定型，可以有各种语序：

（a）V+间接宾语+直接宾语
（b）V+直接宾语+间接宾语
（c）间接宾语+V+直接宾语
（d）直接宾语+V+间接宾语

在汉语双宾结构尚未定型的甲骨文时期，已有至少以下三类动词可以用于双宾结构之中：1."给予"类：畀等；2."取得"类：乞等；3.其他：作、以等。例如：

（13）（a）贞：丁畀我束？（合集15940）
（b）甲午卜：惠周乞牛多子。（合集3240）

我们认为，语法结构的类型是非常有限的，然而表达的语义类型则是多种多样的。那么从一开始就可能是，一个语法结构就应该是多功能的，而不可能是早期是语义单一的结构，后来引申出其他用法。

4. 无法解释一个构式的跨语言的差异

构式语法理论尚没有解决好的另一个问题是，一个构式的意义是如何来的，因此无法解决两种语言对应的语法结构何以表达功能会有差别。徐盛桓(2003)从常规关系中尝试探讨一个构式意义形成的理据。我们认为,不同语言对应结构之间的差异与该语言的概念化方式也有关系,即结构中的词语对整个结构语法意义的形成是有一定的决定作用的。比如,石毓智(2004)分析了英汉两种语言的双宾结构,英语的双宾结构是单向的,客体只能从主语向间接宾语移动;然而汉语的双宾结构则是双向的,客体既可以从主语向间接宾语移动,也可以相反。这种差异与两种语言概念化表达物体传递的动作行为有关。英语这类动词的方向很明确,不同的方向则用不同的动词来表示,汉语这类动词的方向则是中性的,可以表示两个相反方向的动作行为。比如汉语的"借"对应于英语的一对反义词 borrow 和 lend,汉语的"借"这类动词经常用于双宾结构的结果使得该结构也有了可以表达双向义的功能,英语只有 lend 一类词才能进入双宾结构,结果该结构的意义则只能表示"给予"。

5. 适用的结构类型有限

构式语法理论强调,结构有独立于其构成成分的功能和意义。这个道理虽然明显,但是真正实践起来就会遇到很多困难。只有那些使用范围和用例有限的结构,才比较容易概括出它们的结构意义。比如戈德博格(1995)只讨论了英语中四种不很常见的结构:

a. The caused-motion construction;

b. The resultative construction;

c. The way construction;

d. The ditransitive construction.

　　结构越是常见、越是普遍，就越难概括出它的结构意义。比如汉语和英语的基本句式都是SVO，怎么样概括它的结构意义，怎么样确定哪个是它本来的结构意义，哪个是它通过"比喻"或者"隐喻"引申出来的结构意义，这几乎是一件不可能的事情。人们要表达的语义关系是纷纭复杂的，而一个语言的语法结构是非常有限的，这就决定了一种语言在产生的初期，一个抽象的结构就必须担负起表达多种语义关系的任务。所以我们今天对很多常见的语法结构根本无法明确概括出其"独立的结构意义"。

　　上述原因也可以解释这种现象，迄今为止对"结构语法"所做的成功分析多是在比较偏的、少用的语法格式上。

6. 缺乏语法的系统观

　　语法是一个整体，不同的语法结构之间存在相互作用、相互依赖的关系，它们共处于一个和谐的有机体中。这一点被构式语法理论在相当程度上忽略了。该理论重视不同语法结构各自独立的语义表达功能，但是不同结构之间的关系是什么，则没有进入它的研究视野。语法是一个有机的整体，可以从语法的发展史上看得很清楚，语法发展进程中经常有一种牵一发而动全身的现象，一个地方发生了变化，可以引起一连串的变化。比如根据石毓智（2003b）的研究，动补结构在唐宋之际的建立，促使处置式、动词拷贝结构、体标记"了""着"和"过"、动词重叠等语法结构和标记得以产生和发展，从而改变了汉语的语法面貌，形成了现代汉语的语法系统。

7. 确立语法结构的标准不明确

以什么样的标准来判断两个语言组织是否属于一个语法结构，构式语法理论并没有给出明确的标准。构式语法理论在确立结构时，比较重视线性特征，即各个成分之间的组合关系；然而同样的线性结构标记不一样时，是否属于一个语法结构，构式语法理论并没有处理好这个问题。语言中的一个常见现象是，同一类语法结构往往具有不同的语法标记，它们到底属于同一个语法结构，还是分别属于不同的结构，这是一个值得认真对待的问题。拿现代汉语的被动格式来说，就有"被""让""叫"等标记，它们具有强烈的共性，又有鲜明的个性，在结构、功能和使用频率上都不一样。"被"多用于书面语，可以省略宾语，表示不如意的事情；"让"和"叫"一般见于口语，一般不能省略宾语。例如：

（14）a. 老张被车撞倒了。　　　老张被撞倒了。
　　　b. 他让敌人抓住了。　　　*他让抓住了。
　　　c. 这事叫你说着了。　　　*这事叫说着了。

如果把这些都看作一个被动结构，就会掩盖它们在结构和表达功能上的差别。由此可见，结构的确立并不是一件轻而易举的事情。

8. 语言哲学观模糊不清

根据戈德博格（2003），构式语法理论认同乔姆斯基的这一语言哲学观：语言是一个认知系统。这种说法十分笼统，而且可能导致跟自己的其他理论主张相矛盾。乔姆斯基认为"语言是一个认知系统"是有特定的含义的，即人具有一个与生俱来的普遍语法,它是一个抽象的、自主的形式系统,为语言先验地设立组织原则,后来带入具体语言的"参数"就转变成具体的语言。如果构式语法理论的观点也是如此,那么就跟它的一个基本观点相矛盾:语法是一个开放的系统,各种结构的形成是有理据可言的,受交际要求、临摹原则等限制。我们觉得,构式语法理论的创立者与其跟某一大理论一比高低,还不如老老实实地建设好自己的理论,解决好各种具体的问题。

另外,戈德博格(1995:7;2003)多次声称,构式语法理论跟乔姆斯基的学说一样,也是"生成"(generative)的,即尝试解释为什么语法允许无数合法的句子,而排除无数不合法的句子。这是构式语法理论不成熟的又一表现。"生成"的观念是与乔姆斯基"原子主义"的语言哲学观密切相关的,它借自数学的概念,指一个点如何通过运动生成一条线,一条线又如何生成一个面,如此等等。乔姆斯基学派也是沿着这个分析路线,先把语言切分成最小的特征,然后解释它如何按照一定的规则生成大的结构。然而构式语法理论则是采取语法"完型"(gestalt)观念,认为整体特性大于部分之和。也就是说,构式语法理论的哲学观是与乔姆斯基的"生成观"相对立的。

五、结语

本章首先讨论了构式语法理论产生的历史背景,指出它是对乔姆斯基语言学反思的结果,并直接承袭了认知语言学的理论,同时也是建立在自己长期的研究实践之上的。

构式语法理论的进步主要表现在：进一步印证了认知语言学关于语法和语义关系的基本原则，其分析具有建立在经验事实之上的直观性，不同使用频率的结构得到了同样的重视，对人类语言的一些语法共性进行了成功的解释，研究对象明确而具体，也符合儿童语言的习得过程，同时也可应用于历史语言学研究中，比如可以把共时语法系统看作一个动态的变化过程，可以成功地解释一个词汇语法化的诱因。

构式语法理论也存在明显的局限性，主要为：对construction概念的不合理扩大掩盖了两类性质不同的语言单位之间的差异，从而也造成了句子分析的烦琐，尚未解决语法结构的多义性问题，无法解释一个构式的结构意义形成的原因，适用的结构类型也很有限，缺乏语法的系统观念，确立语法结构的标准不明确，而且其语言哲学观模糊不清，摇摆不定。

检讨一种新的语言学理论的得与失，必须考察它产生的历史背景，及其与其他语言学理论的关系。此外，更重要的是，要立足于对我们母语的研究经验，看它哪些方面有利于研究的深入，哪些方面有不足。立足于母语，就可以在各种学术思潮中站稳脚跟，从而避免如无根的飘蓬随风乱转的现象。

第五章　超级构式与语法演化规律

一、引言

人类语言的重要特性之一是始终处于变化的过程之中。国际历史语言学界的一个长期争议的问题是，语言的演化是遵循一定的规则的还是完全随机的？根据迄今为止的各种理论假设，普遍认为语言的演化是随机的和无法预测的，一种语用现象说的人多了就会被固定下来成为一种新的语法格式，小孩子习得语言的偏差积累到一定程度也会导致语言的变异（Langacker 1987：59—60；Hopper & Traugott 2003：71—98；Aitchison 2003；Bybee 2006；Lightfoot 2003）。然而，汉语语法三千多年的演化史告诉我们，语法的变化遵循严格的规则，而且具有必然性、规律性和可预测性。语法形式的兴替、结构和功能嬗变的背后由一种叫作"超级构式"（Super Construction）的结构规则支配着。

句子以上的构造是复句或者篇章组织，这是逻辑学和篇章语言学关心的问题。句子层面最高层次的结构单位是基本语序，诸如SVO、SOV等语序；句子之下又可以分出各种具有特定意义的功能结构，诸如被动、比较、地点、工具、处置等结构。基本语序是语言类型学的研究重点，而各种功能结构则是当今主要语言学流派探讨的对象。当代最主要的两个语言学流派——转换生成语言学和认知功能语言学,他们所探讨的最大语法单位就是这些各种功能结构。下面是两个学派的代表性学者对英语被动式的结构描写:

(1) NP_2–Aux+be+en–V–by+NP_1(Chomsky 1957: 43)
Subj aux VP_{pp}(PP_{by}).(Goldberg 2006: 5)
SBJ be-TNS VERB-en by OBL.(Croft 2001: 5)

不论是生成语言学,还是认知语言学,都是把被动式看作最大的语法结构体,再没有探讨被动构式之上的更大语法结构体,也无人把被动式与比较构式、工具构式、地点构式等这些主动句看作同一种结构来研究。

根据戈德博格(1995:4)的经典定义,任何构式都必须具有结构形式和意义功能这双重属性。我们所确立的超级构式也是如此,以本章所分析的现象为例,它具有以下三个特征:

1. 所存在的语言层次:它是位于基本语序和功能构式之间的一种语法单位,以被动式、比较式、工具式等为其构成元素;

2. 结构形式特征:以谓语动词中心为参照点,根据介词短语的分布位置来确定其结构类型;

3. 功能语义特征:根据介词短语是否为动作行为相关的结果语义特征来确立超级构式的表达功能。

汉语语法演化史表明,超级构式的变化会引起所有下一层级的各种功能构式的发展,从而使得语法发展具有高度的规律性和方向性。下面我们以汉语被动句的发展为主要线索,来分析说明一个历史时期的超级构式决定该时期各个具体功能结构的特点。

二、上古汉语的被动构式及其超级构式

跟现代汉语相比，先秦汉语的被动结构具有两个突出特征：一是被动助词"见""被"等只能出现在谓语动词之前，但是不能引入施事名词；二是如果需要表达施事，则必须用介词"于"在谓语中心之后引入。下面是那个时代两个完整的被动句用例：

（2）吾常见笑于大方之家。(《庄子·秋水》)
（3）万乘之国被围于赵。(《战国策·齐策》)

先秦汉语被动句的这些特征不是偶然的，而是SVO语言的共同结构特征。根据戈德博格（1966）所总结出的人类语言共性，所有SVO语言蕴含这样两个结构规律：一是助动词（Auxiliary verb）出现在谓语动词之前，二是介词短语（PP）出现在动宾之后，即这类基本语序的语言拥有以下结构特征，即其超级构式：

（4）SVO>S Aux VO+PP

英语是一个很好的例证，其被动、比较、地点、工具等构式都是在谓语中心之后，用介词短语引入有关名词，其助动词be、have等只能出现在谓语动词之前。例如：

（5）The window was broken by a child.　——被动句
　　　Tom had broken the window with a stone.　——工具结构

> Tom is taller than John. ——比较结构
> Tom has done his homework in the dining room.
> ——地点结构

跟英语一样，除了被动句以外，先秦汉语的比较结构、地点结构、工具结构等也是在句末用一个介词短语引入有关的成分。例如：

（6）季氏富于周公。(《论语·先进》)
（7）(萧何)种瓜于长安城东。(《史记·萧相国世家》)
（8）百工为方以矩，为圆以规。(《墨子·法仪》)

上古汉语的上述语言类型学的共性被后来的一系列演化所打破，由此而引起一系列汉语偏离典型SVO语言的特征。

三、句子组织信息原则的变化对超级构式的影响

动补结构的产生是汉语史上的一件大事，由此给汉语语法带来一系列深刻的变化（石毓智、李讷 2001：80—125）。动补结构的语义关系是"动作+结果"，受这一语义结构的影响，汉魏以后逐渐形成了一个新的句子组织信息原则：表达动作结果属性的介词短语仍然留在谓语中心之后，而那些不表达结果属性的介词短语则只能出现在谓语之前。由此而产生了下列汉语的新超级构式：

（9）PP$_{伴随特征}$+VP.
　　VP+PP$_{结果特征}$.

让我们用现代汉语的例子来说明这一点。比如，"在沙发上跳"和"跳在沙发上"的意思截然不同，"在沙发上"用在"跳"之前表示动作发生的地点（伴随特征），用在"跳"之后则表示动作主体达到的终点（结果特征）。此外，因为被动、比较等结构中的介词短语都是非结果特征，在（9）这种超级构式的作用下，这类结构中的介词短语后来都被限制在谓语动词之前出现。这个不是简单的介词短语从谓语之后移到谓语之前，而是被在谓语动词之前新语法化而来的语法标记所取代。上述所举的上古汉语的例子的对应的现代汉语句子如下：

（10）万乘之国被赵国围困。　——被动句
　　　季世比周公富。　　　　——比较句
　　　萧何在长安城东种瓜。　——地点句
　　　工匠用圆规画圆。　　　——工具句

在汉魏时期，汉语的被动构式发生了一系列的重要变化，诸如只能在谓语之后引出施事的"于"字被动式走向式微，先秦最典型的"见"字被动式因没有发展出在谓语之前引入施事的功能而遭淘汰。在谓语之前引入施事的"为……所"构式在汉代成为优势被动句，尔后"被"字在其语法化为被动标记大约600年后的魏晋时期发展出一个新功能，可以在谓语动词之前引入施事。这些变化的背后就是新的句子组织信息原则作用下而产生的超级构式所作用的结果，因为被动句里引入施事的介词短语并不表示动作的结果，所以被逐渐限制在谓语动词之前出现（唐钰明1987）。也就是说，新超级构式决定了"见"字

被动式消亡的命运,导致"被"字被动标记功能的演化,促使"为……所"被动式的繁荣(王统尚、石毓智 2019a)。下面是魏晋时期最常见的两种被动式的用例:

(11)高祖击布时,为流矢所中,行道病。(《史记·高祖本纪》)
(12)亮子被苏峻害。(《世说新语·方正》)

王力(1989:272)认为"被"字发展出在谓语之前引入施事的功能是其发展成熟的标志。其实,这不是被动句发展的成熟度问题,先秦的"见"字一样是个成熟的典型被动标记,因为受那时超级构式的制约,所以只能在谓语之后用"于"引入施事名词而已。也就是说,这种变化并不是被动句内部发展问题,而是整个语言的超级结构变化而带来的子变化。

四、处置式的产生对被动构式的影响

在唐宋以后产生的处置式,在结构上与被动构式相同,在功能上与被动构式互补:处置式是在谓语之前用介词短语引入一个受事名词,而被动式则是在谓语之前引入一个施事名词,两者的抽象格式可以描写如下:

(13)处置式:Subj+Pre+NP$_{受事}$+VP
　　　被动式:Subj+Pre+NP$_{施事}$+VP

处置式有一个重要的结构特点,即受事名词必须出现,否则就不合语法。根据我们的考察,处置式自产生之初到现在都是遵循这一结构规则。下面用现代汉语的例子来说明处置式这一用法。

（14）他把电脑修好了。　　*他把修好了。
　　　他把大门上了锁。　　*他把上了锁。

由于处置式和被动式之间的结构和功能上的紧密联系，唐宋以后处置式的广泛使用给被动句带来了类推效应，要求谓语之前的被动标记也必须引入施事名词。这可以说是对汉魏后新产生的被动构式的进一步限制，由此而给近代汉语被动式的发展带来三个突出的变化。

1. "叫"和"让"被动式必须引入施事名词

根据语言类型学的研究成果，有些语言的被动式是排斥施事名词的（如Latvian、Kutenai等语言，参见Keenan & Dryer 2007），也有些语言的被动式的施事名词是可有可无的（如英语等），迄今没有发现一种语言的被动式是要求施事名词必须出现的。然而过去两三百年来发展出来的两个被动标记"叫"和"让"具有语言类型上的独特特征，语法上要求施事名词必须出现，否则句子就不合语法（吕叔湘等1999）。例如：

（15）他让事情耽误住了。　　*他让耽误住了。
　　　他叫人看见了。　　　*他叫看见了。

上述用例中的"事情"和"人"是不传递什么信息的，它们的出现纯粹是语法的要求。这有点儿类似英语的假主语（dummy subject）there和it，因为英语语法要求每个包含限定动词的陈述句都必须有主语，结果就出现了下面的语法现象。

（16）It is raining.　　　*Is raining.
　　　There comes a car.　　*Comes a car.

我们认为，现代汉语这两个最典型的被动标记"叫"和"让"的使用特点，是由于处置式影响下所产生的超级构式所作用的结果。

2．"吃"字被动句在近代汉语的兴衰

动词"吃"由摄取食物的意义引申出"遭遇"义（如"吃箭""吃杖"等），在宋代发展成被动标记，成为宋元时期仅次于"被"字式的重要被动标记。根据我们对《水浒传》的统计，"被"字式约占80%，"吃"字式约占20%（王统尚、石毓智2019a）。下面是那个时期的有关用例：

（17）似此往来，通有数十遭，后来便吃杀了。(《水浒传》四十六回）

（18）我吃那王婆打了，也没出气处。(《水浒传》二十五回）

上述第一个例子的被动标记"吃"后没有施事名词，第二个例子则带有施事名词。

值得注意的是，到了明代初期，"吃"字被动式突然消失，即使在方言里也找不到它的踪迹（江蓝生1989）。我们推断，导致"吃"字被动句消亡的原因是由处置式带来的超级构式作用的结果，该超级构式要求被动标记后必须出现施事名词，而"吃"字被动标记不满足这一要求，加上它相对于历史悠久的"被"字标记又处于弱势地位，所以首先被淘汰。

3．"被"字被动式走向式微

如上所述，新产生的超级构式要求被动标记之后必须出现施事名词。然而"被"字原来是不能引入施事的，魏晋时期才发展出引入施事功能，可能是由于这个原因，它始终没有发展到必须引入施事的阶段。结果，因为不能满足该时期超级构式的要求，其使用范围从元明至今大大萎缩。王力（1989：272）指出，"被"字被动式在当今的北京话口语中基本消失，只用在正式的报告和书面语里。我们对曹志耘（2008）所提供的资料进行了统计，下表是最常见的前四个被动标记在各个方言里的分布：

被动标记在方言中的分布

"给"字被动标记	"叫"字被动标记	"被"字被动标记	"让"字被动标记
250	214	71	40

上表显示，"被"字被动句在方言中只有12%左右（71例）的使用率，它在其他方言中则完全消失。被动标记在不同方言的具体用法，更能揭示从近代汉语到现在的发展趋势。黄伯荣等（1996）汇编了不少方言的被动句使用特点，我们就本章所讨论的问题，选取三个特征制成下表。"+"表示必须有，"−"表示没有，"±"可加可不加。

汉语方言被动标记的用法特点

方言点	典型被动标记	"被"字标记	施事名词
洛阳话	叫	−	+
淮阴话	给	−	±
呼和浩特话	叫、让	−	+
烟台话	叫	−	+
枣庄话	叫	−	±
上海话	拨	−	+

续表

方言点	典型被动标记	"被"字标记	施事名词
温州话	喊	-	+
武义话	让	-	+
义乌话	约	-	+
金华话	等	-	+
鄮县话	给	-	+
汝城话	拿	-	+
闽南话	互	-	+

显而易见，当今广大方言的被动式有两个显著特点：一是绝大部分方言不再用"被"字式，取而代之的是其他被动标记；二是必须使用施事名词，否则被动格式就不合语法。现代方言的被动标记表面上看起来很复杂，但是有着共同的使用规律，即受制约于一个共同的超级构式，并明显有别于上古和中古汉语的被动句。不论是现代方言的被动结构，还是古汉语的被动结构，它们都是受各自同时代的超级构式所制约。总的来看，绝大多数方言的被动标记都要求施事名词必须出现，也有部分方言的被动式没有这样的要求，即施事名词可有可无，然而没有一种方言的被动标记是像先秦的"见"字那样不能引入施事的。

五、结语

汉语语法演化史提供了充分的证据说明超级构式的存在。

超级构式是一个集合，它以被动、比较、工具、地点等具体功能结构为其元素。它的形式特点由谓语动词和介词短语的相对位置而定，语义特点则根据行为和结果的表达来确立。超级构式的特征与变化始终影响着这些具体功能构式的结构特性与语法功能。本章的分析表明，汉语史上被动构式的三次重大变化的背后都是相关时代超级构式作用的结果，它们之间的相互关系概括如下：

（一）先秦时期：助动词性质的被动标记"见"等在谓语之前不能引入施事，只能用介词"于"在谓语之后引入施事名词。这是SVO语言的典型特征，即助动词出现于谓语之前，介词短语在谓语之后引入施事、地点、工具、比较项等。

（二）汉魏至唐宋：被动标记只能在谓语之前引入施事，"被"发展出了在谓语之前引入施事名词的功能。这是因为汉语新的句子组织信息原则的产生，要求那些非结果性质的介词短语只能出现在谓语之前，所以被动结构与比较、地点、工具等结构发生了平行的变化。

（三）明清以来：被动标记"叫"和"让"等必须引入施事，出现了语言类型学上独有的特征。这是因为处置式的产生带来了超级构式的特点，处置式的标记"将"或者"把"必须引入受事名词，因为它与被动式在功能上互补，这样在其影响下使得近代汉语产生的被动标记也必须引入施事名词。也就是说，被动式和处置式共同属于一个超级构式。

超级构式这一语法单位的确立具有重要的理论意义。从这个角度来观察语言现象，我们可以看到语法发展的必然性和规律性，同时也可以发现一个共时语法系统的和谐性。被动式是当今各大语言学流派研究的核心议题,然而实际上一种语言的被动式与主动式(诸如地点结构、工具结构等)不是相互对立的,而是属于同一超级构式(Kiparsky 2013)。当代语言学理论的研究对象一直是以被动构式等作为最大的结构体,如果把最大的结构体提升到超级构式,一定会带来重大的理论突破。

第六章　语法构式与语法规则

一、引言

语言运用的本质特征是创新，人们可以理解以前从来没有听到的话，也可以造出以前从来没有见过的句子。这个创新的背后一定是由严格规则所支配的，这种规则是交际双方的内化语法。下面就引用两个我们自己所搜集到的现实语言的真实例子来说明这个问题。

构式语法理论的创始人之一戈德博格（1995：3）运用一个经典例子来说明构式意义的独立存在，即 Pat sneezed the napkin off the table，其中的动词 sneeze（打喷嚏）本来是个不及物动词，是不能带宾语的，可是在这句话中却变成了一个及物动词，带上了受事宾语 napkin，整个句子的意思也跟及物动词的句子相似，表达引起受事名词所指事物的状态变化。以构式语法理论研究语法的学者认为，其所在的动补结构临时赋予了不及物动词 sneeze 这些语义句法特点。可是，即使在认知语言学派内部，不同学者对此也持不同的看法。兰盖克（2000）认为这是说明构式具有独立的意义和功能的很好的例证，而 Boas（2005）经过大规模调查发现，现实语言中并没有这样的用例，认为这是语言学家为了说明其理论而自己造的句子，并对上述用例的合法性提出了质疑。碰巧，我在美国有线电视新闻网（CNN）一个娱乐节目里看到下面这个句子：

The magician sneezed his head off.（CNN title, March 31, 2012）

这句话描写了一位魔术师如何利用人们的视觉偏差，让人们产生他一打喷嚏就会把脑袋从脖子上震下来的错觉。迄今为止，看过这个视频节目的人已有2000多万人次，可是没有人认为上述这个例子不合语法，也没有人理解不了这句话的意思。上述例子中的sneeze与戈德博格所举的例子是同一用法，我们认为，人们之所以能够造出这样的例子，并没有任何理解上的困难，原因就在于这样的句子符合英语动补结构的使用规律。类似的例子还有：

a. John sneezed the foam off the cappuccino.（Goldberg and Jackendoff 2004）
b. Miriam sneezed the fly out of the cup.（Boas 2003）
c. Collin sneezed his neighbors sick.（Boas 2003）
d. Chuck sneezed his dog to madness.（Boas 2003）
e. Joe sneezed his keyboard wet.（Boas 2003）

现在，让我们再看一个汉语的例子。根据《纽约时报》2010年3月9日的一篇报道，一位蒋姓中国留学生在纽约机场送其女朋友返回加利福尼亚，当其女友过了安检门后，这位蒋同学看到安检人员离开岗位，就跨过护栏与女友拥抱亲吻。此一行为被发现后，机场安全部门下令所有的飞机停飞，所有安检过的人必须出来接受再检查，所有的行李都必须再搬出来安检一遍，结果导致整个机场关闭了四个多小时。这则新闻立刻在世界各地的媒体和网络世界炸开了锅，特别是一夜之间下述这个例子就出现了20余万条：

> 中国博士吻瘫了美国机场。

在这个事件没有发生之前，根本不可能有上述表达，此前可能很多人甚至觉得上述例子荒唐不可接受。然而结合上述所描写的真实事件，谁都觉得上述表达再自然、贴切不过了，也没有什么人不能理解它。这种语言表达的创新背后一定有一个强大的规则在支配着。

更重要的是，英汉两种语言的动补结构所遵循的规律也是相通的。模仿汉语的这个句子，我们自造一个英语例子如下：

> Dr. Jiang kissed the New York airport paralyzed.

相信母语为英语者结合语境不难理解上述句子，因为它在形式上也是符合英语动补结构的构式的。

二、决定英汉动补结构及物性的规则

不论是英语还是汉语，其动补结构都存在着及物与不及物之别，也就是能否带宾语的差别。本章不拟全面讨论汉语的动补结构，只拿汉语最常见最基本的动补结构为例来说明问题，即补语是单纯的形容词或者不及物动词的，有的动补结构可以带宾语，比如"吃完了饭""哭红了眼睛""笑掉了大牙"等，这就是所谓的及物性动补结构。而有些动补结构则不能带宾语，比如不能说"*看累了书""*吃胖了烤鸭""*听睡了音乐"等。英语动补结构也有类似的分别，只是其宾语所出现的位置与汉语有所不同，汉语的宾语是放在整个动补结构之后的，而英语的宾语则是放在动词和补语之间。下面的构式里，字母"S"（subject）代表主语，"O"（object）代表宾语，"V"（verb）代表动词，"R"（resultative）代表结果补语。

1. 英语的及物性动补构式：[S V O R]。注意，下述例子在英语文献中，不同的学者把它们归入不同的类别，并给予不同的名称，而在我们看来，它们都属于英语动补结构家族成员中的一个小类。

   a. Fred watered the plants flat. (The resultative construction, Goldberg 1995)

   b. Bill belched his way out of the restaurant. (The way construction, Goldberg 1995)

   c. Willy got the plants flat. (The causative construction, Boas 2005)

   d. Tom drank the afternoon away. (The time-away construction, Jackendoff 1997)

   e. Mary ate herself sick. (The fake object, Boas 2005)

   f. John danced mazurkas across the room. (The location construction, Rappaport & Levin 2001)

2. 英语的不及物性动补构式：[S V R]。迄今为止，探讨英语动补结构的文献很多，但是一般都是把分析的重点放在及物性这一类，而下面的不及物动补结构很少被提及，更缺乏系统的研究。从下面的分析可以看到，所谓的动补结构的及物性和不及物性，其实是在同一规则作用下的两种变式。所以，必须把它们结合起来分析，才能找到现象背后的规律。

  a. The pond froze solid.（Goldberg & Jackendoff 2004）
  b. Bill rolled out of the room.（Goldberg & Jackendoff 2004）
  c. Tom got angry.（Goldberg 1995）
  d. She jerked awake.（Goldberg 1995）
  e. He coughed awake.（Goldberg 2006）
  f. Patamon coughed himself awake.（Goldberg 2006）
  g. The fly buzzed into the room.（Goldberg 2006）

  判断英语的动补结构比汉语的要困难一些，原因是英语的动补结构与表示地点、方式、工具的状语的抽象形式是一样的，这些短语都是位于宾语之后的句尾位置。为了弄清这一点，先谈一下汉语的有关情况。根据石毓智（2016：333—346），汉语在历史上形成了一个组织信息的原则，就是结果性成分仍然留在谓语中心之后，而表示伴随性特征的成分则必须移到谓语中心之前，结果产生这样的信息组织原则："伴随特征+V+结果特征"。这个变化影响到很多基本句型的改变，比如被动句、地点短语、工具短语、比较结构等，它们在上古汉语跟英语的语序是一样的，都是位于句尾位置，而后来在这一组织信息原则的影响下，汉魏以后逐渐移到谓语之前。例如：

（萧何）种瓜于长安城东。（《史记·萧相国世家》）
——地点介词短语

治人者食于人。（《孟子·滕文公上》） ——被动式

百工为方以矩，为圆以规。（《墨子·法仪》）
——工具介词短语

季氏富于周公。（《论语·先进》） ——比较结构

然而，在现代汉语里，只有表示结果的介词短语才可以出现在谓语动词之后，非结果的成分则只能置前，比如"小明在床上跳"和"小明跳在床上"的意思差别很大，前者表示"跳"行为发生的地点（伴随特征），后者则表示"跳"行为所达到的终点（结果特征）。根据现代汉语语法规则，只有表示结果的成分才可以出现在谓语动词之后。形容词的情况也是这样，"快跑"和"跑快"是不一样的，前者可以用于祈使句，表示行为的方式（伴随特征），后者则用来表示行为的结果，比如"他跑快了"（结果特征）。

然而，英语中的结果补语和地点状语等所占据的句法位置是一样的，因此语序形式无法把它们区分开来。比如前文的例子 Pat sneezed the napkin off the table. 中的 off the table 是结果补语，而在 Mary read newspapers in the dining room. 中的介词短语 in the dining room 则是地点状语。更麻烦的是，同一个介词短语在不同的句子里既可以充当结果补语，又可以担任地点状语，比如 John put the table in the dining room. 中的 in the dining room 则是结果补语，表示物体达到的终点。句尾形容词或者副词的情况也是如此，比如 Tom watered the plant flat. 中

的形容词flat是结果补语，而Bill handed in his homework late.中的形容词（副词）late则是状语。所以说英语中结果补语的判定必须借助语义关系，单纯依靠语序形式特征无法做出明确判断。

在汉语里，结果特征成分和伴随特征成分存在句法分布上的对立，那么可以借助于英语的对应汉语句子的语序，来鉴别英语介词短语是否属于结果补语。凡是英语的介词短语的对应汉语翻译仍然是置于谓语动词之后的，那么它们就是结果补语，比如John put the table in the dining room.一句的汉语表达为"约翰把桌子搬到了客厅"，"到客厅"出现在"搬"后，由此可以说明英语原句中的in the dining room是担当结果补语的。下面为Goldberg & Jackendoff（2004）一文中归入动补结构的例子，可是它们对应的汉语表达中的有关介词短语则只能出现在谓语动词之前，所以这些英语例子中的介词短语宜看作地点状语，而不是结果补语。例如：

  a. Pat ran from the river. 帕蒂从河边跑来。
  b. Bill drank from the hose. 比尔从喷口喝水。

汉语中的语义指向概念[①]对探讨英汉动补结构带宾语的规律很有帮助。在语法形式上，补语和动词构成一个直接成分，而

---

 ① 朱德熙（1982：125—139）明确提出这一概念，并对汉语的包括动补结构在内的各种语法现象进行了分析。马真和陆俭明（1997）也运用这一概念对动补结构带宾语的规律做出了初步概括。而Goldberg（2006：227）则用"补语的主体"（the host of RP）来描写同样的现象，为了便于中文读者理解，我们则采用汉语学界的术语。

在语义上补语则可以描写句子中各个成分，比如"吃完"的"完"描写受事（宾语）的状况，"吃病"则是描写施事（主语）的状况，"吃晚"则是描写动作行为自身的发生时间。补语的语义指向决定整个动补结构的及物性，概括起来有如下三条规则（石毓智 2010：77—90）。

规则一：当语义指向为受事时，有关的受事名词可以用作整个动补结构的宾语，这种动补结构就是及物性的。例如"吃完饭""哭红眼睛""笑疼肚子"等。

规则二：当语义指向为施事时，动补结构之后不能再带任何名词宾语，这种动补结构就是不及物性的。例如"吃病（*饭）""做累（*作业）""看晕（*数据）"等。

规则三：当语义指向为动作行为自身时，动补之后也不能再带任何名词宾语，这种动补短语也是不及物性的。例如"吃晚（*早餐）""叫早（*小孩）""说慢（*事情）"。

要正确理解上述规则，必须纠正一个似是而非的观念。Li（1993）和沈家煊（2004）都认为"张三骑累了马"有三个解读：一是"张三累了"，二是"马累了"，三是"张三和马都累了"。如果情况真是如此，那么我们的上述规则就有问题，需要修正，因为根据上述规则预测，如果补语"累"指的是主语"张三"，那就不能带宾语"马"，即根据上述规则一、二可以推出只有第二种解读是正确的，第一和第三个解读是不可能的。然而，语言研究者必须有这样的警觉，单凭语感会出现判断失误，我们对北京大学语料库进行了调查，当"累"做补语时，只有两种结构存在，一是动补后面不带任何补语，二是如果必须带补语，则使用动词拷贝结构，即同一个动词重复两次，第一次引入受事名词，第二次再引入补语。下面是该语料库出现的例子：

  a. 选手们骑累了，便直立身子小憩一会。
  b. 人们做活做累了，便钻到这凉簌簌的林子里。
  c. 却常常使我想到干活干累了，敞开衣襟，抖掉一身热汗。
  d. 看书看累了，他们就去陪娘说一会儿闲话。
  e. 昨晚看资料看累了，所以做了这么一个梦。
  f. 看电影看累了，我也不想吃肉。

  我们也确实发现了"骑累"这种动补用例（如上述例a），但是全部是指施事主语的，无一例是可以带上宾语"马"的。马真和陆俭明（1997）也认为，当"累"做补语时，其语义指向总是主语。由此可知，上述Li（1993）和沈家煊（2004）的观察分析是有问题的。

  这里要说一说英语的相关表达。英语没有汉语的动词拷贝结构，当补语的语义指向主语，而且动词代表具体的行为动作时，就要用一个反身代词置于动词和补语之间，做动补结构的"假宾语"（fake object, Goldberg 1995：180）。这个"假宾语"类似于英语的"傀儡主语"it和there，因为英语的每个陈述句都需要有主语，否则就不合语法，所以实在确定不了主语时，就用这两个词来替代，它们不传递任何信息，目的是为了满足语法要求。英语动补结构中的这个假主语往往是必需的，去掉它句子就可能变得不合语法了。例如：

  a. Mary ate herself sick.（Goldberg 1995）

*Mary ate sick.

c. We yelled ourselves hoarse.（Goldberg & Jackendoff 2004）

　* We yelled hoarse.

d. Heiko danced himself to exhaustion.（Goldberg & Jackendoff 2004）

　*Heiko danced to exhaustion.

然而，必须认识到问题的另外一面，语言总是在使用的过程中缓慢地变化着，那么新出现的语言现象很可能有悖于已有的语法规律。上述规则确实存在例外，迄今为止我们只发现了两个案例——"吃饱饭"和"喝醉酒"，它们的补语都是指向施事主语，但都可以再带上一个宾语（石毓智 2000b）。为了保证分析的客观性，我们只用自然语言出现的真实例子。下面是从北大语料库搜集到的部分用例。

1. "吃饱"带宾语的用例

a. 这种人吃饱了饭，无所事事，恨不能拿你解闷算算命。
b. 都是吃饱了饭没事干的人硬编的煽情。
c. 秦腔迷遇到秦腔迷能不唱几句，吃饱了饭就唱不成了。
d. 恐怕这种菜只有当客人吃饱了饭以后才能拿出来！
e. 他就和这位中队长一块儿吃饱了饭。

2. "喝醉"带宾语的用例

a. 有一天，两个军官喝醉了酒。
b. 不一会，有个吕家子弟喝醉了酒，不告而别。

c. 自己竟喝醉了酒，沉睡得一夜不起。
d. 玛莎见他喝醉了酒，坚持由她开车。
e. 上次你就是喝醉了酒，把一辆停着的黄色轿车误当成岗亭爬了上去。

其实，"吃饱饭"和"喝醉酒"是惯用语或者词汇性质的东西，其宾语只能是最一般的概念"饭"或者"酒"，而不能为其他具体名词所替代，比如不能说"*吃饱了馒头""*喝醉了啤酒"等。我们认为，造成这种现象的原因是动词和补语的高频率共现，致使"吃饱"和"喝醉"凝固成复合词动词一类的东西，故而可以带上"饭"或者"酒"做宾语。换句话说，"吃饱饭"和"喝醉酒"从整体上是惯用语之类的现象，而句法规律是支配临时的搭配，两者不在一个语言层次上，所以说它们并不是真正的例外。

三、动补结构所揭示的语法结构规律

关于动补结构的探讨，具有重要的理论意义，不仅可以揭示句法与语义之间的关系，而且可以洞悉语法的组织原理。

构式的存在是毋庸置疑的，但是构式在语法中所扮演的角色到底是什么，这仍然是一个有待进一步探讨的问题。根据构式语法理论，构式的定义为任何意义和形式的结合体（form-meaning pairing），而且构式的某些特性不能从其内部成分推出，或者构式的成分共现率足够高（Goldberg 2006：5—9）。构式语法理论的学者认为，构式具有自身的意义或者功能，它们不仅可以确立动词的具体义项，而且可以改变动词的论元结构（argument structure）或者语法性质。下面是Goldberg & Jackendoff（2004）所确立的英语动补构式的形式与意义：

英语动补结构的形式：[S V O R]
英语动补结构的意义：X cause Y to become Z.

那么，一些不及物动词进入上述构式后，就被赋予动补构式的特征，从而可以带上宾语，而且具有致使语义特征（causative）。比如前文所举的sneeze可以用于Pat sneezed the napkin off the table.，不及物动词sleep可用于John slept the whole afternoon away.等。

迄今为止，构式语法学家的注意力都是放在动词与整个构式之间的相互作用上。打个比喻，这种观点是把构式看作铸造业中的"模具"，动词就像液态金属（如钢水、铁水等），前者决定后者的形状和功用。而且构式语法理论不承认语法结构是根据规则形成的，如果他们面对这样的问题：构式的意义到底是从哪里来的？这些学者往往只能诉诸约定俗成等无法解释的语用因素（Goldberg 1995：4；Goldberg & Jackendoff 2004；Boas 2005）。Langacker（2013: 219）把各种语言学流派的"规律"（rule）分为三大类：

1. 转换生成语言学的"规律"（rule）：语法结构是根据一组有限的短语规律，遵照一定的生成规则，由深层结构转换成表层结构；

2. 优选语言学中的"过滤"（filter）规则：语法外在形式是由种种条件限制相互作用而产生的最优形式；

3. 认知语言学的"格式"（schema）：语法结构是由语音和

语义构成的符号，词汇义和结构义没有本质差别，都是来自语言使用中的约定俗成。

总之，认知语言学（包括构式语法理论）是把构式看作刚性的"模具"，它们的形式和意义都是约定俗成的，一般都具有不可预测性。

然而，我们的观点则不同。尽管我们承认构式语法理论的合理性，语法构式确实是客观存在的，但是我们的观点与其有着本质的差别，认为构式的构造遵循严格规律，构式不是模具，而更像是化学公式。比如水的化学公式为：H_2O。构式语法学者的观点是，独立存在这样一个抽象的形式：$X_0+O=$水，其中的变量X_0被H_2代入其中就被赋予"水"的物理性质。这是人们观察的误差，而真实的情况则是，两种化学元素H_2和O结合产生化学反应，结果导致物质"水"的产生。表面上看，这两种观点看似接近，但是实际上有着本质的差别。

根据我们的分析，不是抽象构式赋予动词语义和句法功能，而是动词与补语的语义关系决定了整个构式的形式和意义。拿前文所举的例子来说明，是动词sneeze和补语off the table决定了它们的语法性质和选择什么样的构式，前者是一种行为，后者是该行为所导致的结果，它们合起来才具有及物性，要求带上有关受事宾语。换句话说，动词和补语就如同两个化学元素，它们结合产生"化学反应"，就会带来有关物质的产生。如果去掉这些补语，或者把这些补语换成其他介词短语，整个句子就可能变成不合语法的。例如：

a. *Pat sneezed the napkin.

*Pat sneezed the napkin on the table.

b. *John slept the whole afternoon.

*John slept the whole afternoon on the beach.

c. *Mary drank the afternoon.

*Mary drank the afternoon fast.

我们的分析还有另一个优点,就是动补结构的及物性构式和不及物性构式,是在同一规则作用下所产生的两种变式,如此一来语法则变得简单有序。

动补的不及物构式:SVR;动补的及物构式:SVOR(英语)& SVRO(汉语)。根据前文所概括出来的规则,当补语的语义指向主语时,则采用不及物构式,呈现为不及物构式;当补语的语义指向受事名词时,则表现为及物构式。

英语和汉语的不及物构式都有自己的变式。如前文所述,在汉语中可以选择动词拷贝结构,比如"她干活干累了""他吃北京烤鸭吃胖了"等。在英语中,如果主语是有生命的,而且动词是具体的行为,则可以选择反身代词宾语,如Mary ate herself sick等。然而如果主语是非生命的,或者动词是抽象的,则不能用这种宾语结构。例如:

a. Tom coughed awake. ——具体行为和有生命主语

Tom coughed himself awake.

b. The pond froze solid. ——非生命主语

*The pond froze itself solid.

c. James became angry. ——非具体行为

*James became himself angry.

关于及物性的动补结构，不论其中的动词是及物的还是不及物的，该动词能否与宾语直接搭配，有关的受事宾语都只能看作整个动补结构所带的，而不是其中动词独自所带的。其中的宾语都是必需的句法成分，去掉它们句子则变得不合法了。

1. 动词是及物的，可支配受事名词，但该宾语仍是整个动补短语所赋予的。

  a. Pat watered the plant flat.   *Pat watered flat.
  b. John kicked the box open.   *John kicked open.

2. 动词是及物的，但不能支配受事名词，有关宾语只能看作整个动补结构所带。

  a. They drank the pub dry.
   *They drank dry.
  b. The professor talked us into a stupor.
   *The professor talked into a stupor.

3. 动词是不及物的，有关宾语只能看作整个动补结构所带。

  a. Mary cried her eye red.
   *Mary cried red.
  b. They laugh the poor guys off the stage.
   *They laugh off the stage.

汉语中也存在与英语平行的现象，但是对于宾语的限制则有所不同，如果动词和宾语之间具有动作和受事的关系，宾语往往可以省略，比如"他喝光了酒"可以说成"他喝光了"

等。然而，如果动词是及物的，但不能直接支配受事，宾语一般不能省略，比如前文例子"江博士吻瘫了美国机场"就不大能说成"江博士吻瘫了"。特别是当动词是不及物的，宾语的省略就更加困难，比如"他笑疼了肚子"就不能说成是"他笑疼了"。

四、约定俗成与规则支配

英汉动补结构都存在约定俗成与规则支配的双重属性。其约定俗成性主要表现在动补结构格式的语序与规则的例外上。古今汉语的动补结构的语序发生了如下的变化：VOR > VRO。也就是说，中古汉语动补结构的语序跟今天的英语一样，都是把结果补语置于宾语之后。例如：

女乃唤婢云："唤江郎觉！"（《世说新语·假谲》）
数日中，果震柏粉碎。（《世说新语·术解》）
宣武移镇南州，制街衢平直。（《世说新语·言语》）
周仲智饮酒醉，嗔目还面。（《世说新语·雅量》）

我们详细探讨了各种导致古今动补结构语序变换的因素，包括双音化趋势、动词和补语的共现频率、适宜的句法环境等（详见石毓智 2003b：46—65）。这种语序的变换是在长期使用中约定俗成的，一旦形成就不能随意违背，比如现代汉语就不再能说"*吻美国机场瘫"等。然而，虽然动补搭配能否带宾语有严格的规则，然而语用因素可能导致例外的产生，如前文指出的"吃饱饭"和"喝醉酒"就是如此，由于其中的动词和补语高频率共现，它们已经结合成一个复合词一类的单位，故而可以带上宾语。这种例外是一种惯用语，即词汇性质的，其中的宾语名词不能换为其他名词。

英语动补结构的典型语序是VOR，然而由于语用的因素也出现了例外，在当代英语口中也出现了VRO语序的用例。例如：

　　a. He cut short the speech.（Boas 2005）
　　　He cut the speech short.（Boas 2005）
　　b. Break the cash open.（Boas 2005）
　　　Break open the cash.（Boas 2005）

如上例所示，cut short和break open这两个动补短语都有两种语序，即宾语可以插在它们中间，也可以出现在整个动补结构之后。这里只是举例性质的，这类现象到底有多少，是什么因素导致它们的语序变化，这些问题有待于进一步的调查研究。至于英语的动补结构是否会经历汉语动补结构那样的语序变化，现在还很难预测。

五、结语

本章详细探讨了英汉动补结构的使用规律。虽然我们的分析与构式语法理论的精神是一致的，即强调整个构式的功能，然而我们的观点又与这种理论有着本质的区别。

迄今为止，在构式语法理论框架里，认为整个动补结构拥有独立的意义和功能，它们可以改变用于其中的动词的语义和语法功能。这种理论着眼于单个动词与整个构式之间的相互作用关系，同时过分强调构式的约定俗成性，而忽略了其组织规则。

而我们则认为，动词不是与整个动补构式发生关系，首先是动词和补语的语义关系决定其整体的语法性质，即所构成的动补结构是及物的还是不及物的，然后进而决定整个构式的结构形式，即是采用不及物构式还是及物构式。我们的分析表明，动补结构的运用遵循严格的规律。

用一个形象的比喻来说明我们的分析与构式语法学流行观点的差别，构式语法理论是把构式看成刚性的模具，其中的成分被动地受模具形状的制约；我们则是把构式看成化学反应式，其中的成分积极参与形式的构造，并进而决定整个构式的性质。

第七章 动宾与动补的混合构式

一、引言

构式语法理论的一个悬而未决的问题是：结构与语义匹配的类型到底有多少种？特别是，其间的关系到底是什么？根据石毓智（2008b）等学者的研究，形式和意义之间的匹配关系是复杂的，不是一对一那样简单的关系。本章所讨论的现象如下例所示，做谓语的动宾结构"踢洞"之前还有该行为的另一个受事名词"门"。

他把门踢了一个洞。　　——处置式
门被他踢了一个洞。　　——被动式
门他踢了一个洞。　　——话题结构
门踢了一个洞。　　——受事被动句

上述现象也被称为"保留宾语"结构，即动词之后带一个名词宾语，谓语之前又出现一个受事名词。本章将论证，上述现象不属于任何特定的句型，既不是处置式的问题，也不是被动式或者其他句式的问题。汉语中存在一种兼具动宾和动补双重语法性质的构式，其形式是动宾关系，其语义关系则与普通的动补结构相同，即"动作+结果"。这种语义关系允准增设一个受事论元，然而汉语有这样一个语法规则，在动宾结构之后不允许再带其他受事宾语，在这条语法规则的限制下，这个新增设的受事论元必须以某种语法手段出现在谓语动词之前。

新的科学思想的提出，往往会全面推动学术研究的进步。美国控制论专家加利福尼亚大学Zadeh（1965）提出"模糊集合"（fuzzy set）这一概念，引起了数学思想史上的一次深刻革命，受其影响，出现了模糊数学、模糊逻辑等新的学科，并已在生物学、地理学、环境科学、控制论、人文科学等领域得到了广泛的运用。这一概念也颠覆了古希腊以来传统逻辑学的一条基本规则——排中律。这条逻辑规则要求，不允许出现这样的判断："X既是Y又不是Y。"然而现实世界则存在着大量的模糊不清的中间状态。数学中的普通集合来自传统逻辑的排中律，下面为普通集合与模糊集合的定义区别。

普通集合：在普通集合里，一个集合必须有明确的界限。对于一个集合，要么属于既定的集合，要么不属于既定的集合，二者必居其一。例如，$A=\{x: x^2=4\}$，那么，只有+2、-2属于这个集合，即$+2 \in A$、$-2 \in A$，其他的数不属于A。这就是说普通集合，在逻辑上遵循排中律，在集合运算定律中有一条互余律：$A \cup \bar{A} = 1$，$A \cap \bar{A} = 0$。

模糊集合：模糊集合与普通集合的根本区别是，模糊集合的界限不明确。例如，秃头人的集合就是一个模糊集合，因为"秃头"概念的外延是模糊的，到底几根头发算秃头，没有一个明确的界限。Zadeh是从一个对象属于某既定集合的程度——隶属度（0≤隶属度≤1）来定义模糊集合的。对于模糊集合的隶属度可以在［0，1］之间。

普通集合代表的是传统的二值逻辑，而模糊集合则代表的是多值逻辑，两者的区别可以用下图表示：

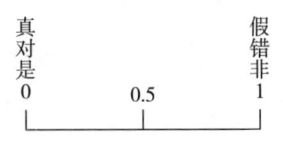

```
真            假
对            错
是            非
0      0.5    1
|——————|——————|
```

在传统逻辑里，对于一个既定判断：要么是真，要么是假；要么是对，要么是错；要么是是，要么是非：两者必居其一。一旦出现"模棱两可"的判断就被认为是犯了逻辑错误。然而根据模糊集合而建立的多值逻辑，则是可以在［0，1］之间取值，"1"代表"完全属于"，"0"代表"完全不属于"，"0.5"则代表"一半属于一半不属于"，等等。

二值逻辑只能解释现实世界的一部分现象，因为现实世界还存在着大量模糊的中间状态。比如正常人的头发有四万根左右，但是找不到这特定的一根头发，在它脱落之前是"非秃头"，脱落之后就变成了"秃头"，即从正常发量到秃头是个程度问题。现实生活中，真正一根头发没有的人是极为罕见的，被归入"秃头"者的头发数量是不一样的，即是不是"秃头"对头发数量并没有严格的标准。现实世界的这种现象比比皆是，诸如晴天与阴天、好人与坏人等概念都属于模糊集合；同样，中间状态也是自然语言的普遍现象。

二、自然语言中的模糊现象

长期以来,语言学的研究自觉不自觉地受传统二值逻辑的束缚,总是想方设法给某种语言现象以确定的分类。与模糊集合相关的概念是"典型理论"(prototypical theory),这已在语言学中得到了应用,比如袁毓林(1995)以此来处理汉语的词类划分问题,然而这种思想尚未引起普遍的重视。典型化理论还是在一个集合内部观察现象,而模糊集合则是在不同集合之间探讨问题。

首先,名词和动词之间就存在中间模糊状态。动词一般都可以受副词修饰,能加"了"等体标记,而名词一般都不可以。然而有一类蕴含时间循环或者时间顺序的名词,则具有动词的这些语法特征(石毓智 1992b)。例如:

今天已经元旦了。　　　都大人了,还跟小孩一般见识。
他已经大学二年级了。　你都教授了,连这个都不知道。

"元旦"背后蕴含着一年这个时间周期的变化,"大人"是从小孩来的,"大学二年级"必须经过"大学一年级"这个时期,"教授"是从此前的较低职称晋升上来的。一般的动作行为都有时间性,在这一点上"元旦""大人"等名词与动词具有共性,所以它们才有动词的语法特征。也就是说,具有时间发展性质的共同语义特征决定了这些名词与动词的共同语法表现。

其次,汉语的形容词和动词之间也存在很多中间状态,所以如何给这两类词划界是个长期困扰汉语学界的问题(吕叔湘

1984：481）。朱德熙（1982：55）认为形容词的最典型特征是前面能够加"很"，动词的典型特征是后面能够带"宾语"，给形容词和动词设立出以下两个区别标准：

凡是受"很"修饰而不带宾语的谓词是形容词。

凡不受"很"修饰或能带宾语的谓词是动词。

那么，如何处理"想、怕、爱、喜欢、害怕、关心、赞成、同意、怀疑、羡慕"等这些心理词语？它们既可以受程度词修饰，又可以带宾语。例如：

她很想爷爷奶奶。　　　他很怕老师。

她非常关心别人。　　　我十分赞成你的观点。

心理动词在同一个用例中具有动词和形容词双重属性，这与兼类词不同。兼类词指一个词具有两种或多种词类的用法，但是它们在同一个句子则只能表现出其中一种词类的语法特点。比如"丰富了我们的生活"中的"丰富"是动词，可以带宾语，但是这里不能为程度词修饰；而"我们的生活很丰富"中的"丰富"是形容词，可以受程度词修饰，但不能再带宾语。"丰富"这种词属于兼类词，不是同时具有动词和形容词的双重属性，这与心理动词不同。

朱德熙先生设立的标准，就是想方设法对每个词做出个明确的分类。按照朱先生的标准，"想""怕"等是动词。其实，这是语言学家给词做的人为分类，而语言自身则客观存在位于动词和形容词之间的中间模糊现象。从多值逻辑的角度看，客观上存在动词和形容词的混合词类，可以说它们对于动词和形容词的隶属度都是0.5。然而在二值逻辑思维方式的束缚下，人们强行把它们归入某个词类,结果造成扭曲语言现象的结果。

这样就自然引出一个问题:有没有像心理动词那样的语法结构,它们兼有两种不同语法结构的性质?回答是肯定的。下面就来讨论由动补和动宾构成的混合构式。

三、动宾结构和动补结构的语法性质

动宾结构和动补结构是汉语的两种基本语法构式。跟其他语言相比,汉语的动宾搭配的语义关系特别丰富,比如有动作和其作用对象(打篮球)、动作和工具(吃大腕)、动作和依赖对象(吃父母)、动作和结果(挖坑)、动作和原因(打扫卫生)等。这些语义关系是开放的,很难穷尽它们的类型。同时,汉语语法存在这么一条规则,整个动宾结构不允许再带其他名词宾语[①],这一点可以很清楚地从动宾复合动词上看出来。为了便于理解,可以跟英语做个简单对比。下面用例中的这些动词的概念义是及物性质的,本来可以带一个受事名词宾语,因为其内部构词是动宾结构,受汉语语法规则的限制,这个受事成分只能以别的方式出现,要么作为第二个语素的定语形式出现,要么在谓语之前用一个介词引入(石毓智 2010:59)。

我帮过王老师的忙。*我帮忙王老师。I helped Teacher Wang.
约翰跟玛丽结婚了。*约翰结婚玛丽。 John married Mary.
我跟王老师见了面。*我见了面王老师。I met Teacher Wang.

---

① 双宾结构属于特殊情况,其层次关系本章不做深入讨论。

我要与李经理通个话。*我要通话李经理。I want to call Manager Li.

"帮忙"从意义上涉及一个受事，然而因为构词上的限制，这个受事不能直接出现在其后做宾语（*帮忙王老师），汉语就采用两种迂回的办法引入这个受事：一是做名词语素"忙"的定语，如"我帮王老师的忙"；二是用介词"给"在谓语之前引入，如"我给王老师帮忙"。而英语相应的动词help等都是单纯词，直接在其后加上受事宾语就行了，例如：I helped John.。

动补结构的典型意义是某种动作导致某人或某物有某种结果，往往涉及人或物的某种变化，整个构式具有致使意义（causative）。因此，该结构的整体功能相当于一个及物动词，可以带上一个受事宾语。注意，这个宾语不是动词单独赋予的，而是整个动补短语所允准的。先看英语中的类似现象，其动补结构可以带上一个附加宾语，因此一些原本为不及物的动词如果用于动补结构，其后就可以有宾语出现（Goldberg 1995：180）。例如：

He cried himself asleep.
The hammer pounded us deaf.
The alarm clock ticked the baby awake.
Frank sneezed the tissue off the table.

上例中cry是不及物动词，本来是不能带宾语的，但是在与asleep组成动补结构后就可以带上宾语himself，这里的宾语出现在动词和补语之间。英语还存在另一种现象，动词虽然是及物的，但是不直接支配所带的宾语，如上例的us并不是pound（敲打)的宾语,而是整个动补结构"pound...deaf"所带的宾语。

汉语动补结构也具有跟英语一样的平行现象。可是与英语相比,汉语动补结构的使用范围要广得多,出现频率也高得多(钟书能、石毓智 2017)。汉语动补结构带宾语具有高度的规律性,如果补语指的是施事主语的状况,一般不能再带宾语,比如不说"*他吃胖了烤鸭",因为补语"胖"指的是施事主语"他"的属性。可是如果补语指的是受事的状况,动补短语就可以带各种受事名词做宾语,这可以分为以下三种具体情况:

1. 动词为及物的,动作行为直接作用于受事。补语为不及物动词或者形容词,一般不能直接跟宾语单独搭配。例如:

打碎了一个杯子。　　洗净了一件衣服。
吃光了苹果。　　　　修好了电脑。

2. 动词为及物的,但是动作行为不直接作用于受事。补语为不及物动词或者形容词,一般不能跟宾语单独搭配。例如:

吃坏了肚子。　　　　喝穷了一家子。
看花了眼睛。　　　　说破了嘴。

3. 动词为不及物的,补语也是不及物性质的,两者都不能单独与宾语搭配。例如:

哭肿了眼睛。　　　　哭湿了枕头。
笑疼了肚子。　　　　走坏了一双鞋。

上述后两类用法,只能理解为整个动补短语带宾语。其实,第一类用法也可以做这样的分析,即"一个杯子"是"打碎"

整个动补短语的宾语,虽然"打"和"杯子"之间存在动作和受事的关系。

钟书能和石毓智(2017)在汉语中确立了一种特殊的动补结构,动词表达普通的行为动作,补语则是数量名词短语,表达因为某种动作行为而导致有关人物失去某种东西或遭遇某种事情。例如:

这顿饭吃了我八百块钱。　　这辆车修了我一个月工资。
这封信写了我一个晚上。　　那把椅子坐了我一屁股水。
这道题做了我三个小时。　　那只蚊子叮了我一个包。
小王高我一个头。　　　　　小王多我一把椅子。

上述用例的谓语中心与数量补语构成一个有机的整体,两者缺一不可,去掉补语句子就不成话了,比如不能说"*这顿饭吃了我""*这封信写了我""*小王高我"等。这与普通动补结构带宾语的情况是平行的,比如"哭湿枕头""笑疼肚子"等都不能去掉补语而成立。

上述现象很好地说明语义与语法的相互作用问题。语义上要求某个成分出现,而语法形式又排斥这个成分,在这两种相互矛盾的力量的作用下,语言就采用某种迂回的办法来引入有关成分。

四、动补结构和动宾结构的混合构式

所谓的动补结构和动宾结构混合构式,是指这样一种语言现象:其语法形式是动宾结构,然而其语义关系则是动补组合。

这可以用下述形式来刻画：

语法形式：VP+NP

$$>VP_{行为}+NP_{结果}$$

语义关系：行为+结果

这里的"结果"应该从广义上去理解，包括形状、位置、外观、类属、组成部分等方面的变化。

就动宾结构所表达的语义内容来看，动作和其作用的对象分两种情况：一种是相对完整自足的事件，一般不涉及第三个事物，比如"吃苹果""看小说""打篮球"等；另一种是必须涉及第三个事物，比如"打洞""挖坑""浇水"等，它们必然影响到另一个事物。

上面讲到，动补结构的整个构式表达"致使义"，意义上相当于一个及物动词，可以带一个受事论元。那么对于"VP行为+NP结果"这种构式而言，它的语法形式属于动宾结构，按照汉语语法规则，其后又不能再带其他受事宾语；然而它的语义结构属于动补结构，允准一个受事论元。那么，汉语就采用其他语法手段来安排这个受事论元，因为语用表达上的差别而选择不同的具体句型，但是有一点是共同的，它们都必须出现在谓语之前。

这种动宾与动补所组成的混合构式与普通动补带宾语构式之间具有平行变换关系。"她哭湿了枕头"可以根据语用需要分别变换为处置式（例如"她把枕头哭湿了"）、被动式（例如"枕头被她哭湿了"）、话题结构（例如"枕头她哭湿了"）、受事主语句（例如"枕头哭湿了"）等。因为"哭湿"之后没有其他名词宾语，所以可以直接带"枕头"做宾语。同样，"VP行为+NP结果"混同构式所允准的受事名词可出现在所有这几种句型中。下面所举用例主要参照吕叔湘等（1999）、朱德熙（1982）、蒋绍愚（1997）、黄正德（2007）、施春宏（2015）、玄玥（2017）等。

1. 处置式。把字句只是安排混合构式所允准的受事名词的众多方式之一，这种构式蕴含着强烈的及物性，即对相关受事具有很强的处置意义，所以把字句是常见句型。必须认识到，这个受事名词既不是所谓的轻动词"把"赋予的，[①]也不是谓语补语的"轻成分"赋予的，[②]而是由整个混合构式所赋予的。

把杂志翻了几页。　　　　　　把衣服脱了一件。
把公鸡拔了毛。　　　　　　　把他免了职。
把指头擦破了一点儿皮。　　　把他当作自己人。
把事情的经过写了一篇报道。　把衣服改了个样儿。
把纸揉成一团。　　　　　　　把钢笔还你。
把这件事告诉他。　　　　　　把门上了锁。
把炉子生上了火。　　　　　　把瓶里装满了水。
把伤口涂点红药水。　　　　　把书签了名。

2. 被动式。所允准的受事名词可以用作句子的主语，有关的施事则用被动标记"被""叫""让"等引出。被动句强调的是受事

[①] 黄正德（2007）认为"把"是一个轻动词，具有 to do 的意思，赋予一个受事论元。

[②] 玄玥（2017）认为把字句的谓语具有一个完成义的"轻成分"，它赋予一个受事论元。

名词作为谈话对象的地位,同时也相对减弱了其被处置的意味。

小鸡被黄鼠狼叼去了一只。　　我被他吃了一个"车"。
窗台被工人们刷了绿漆。　　　窗户被大风吹坏了一扇。
衣服被树枝挂破了一个口子。　地上被人泼了一摊水。
手指叫刀子划破了皮。　　　　三张票叫他拿走了两张。
屋里叫你搞成什么样儿了!　　窗口叫大树挡住了阳光。

3. 话题结构。当去掉被动标记后,上述句式就转化为话题结构。话题结构是一种有标记的结构,只能用于句子层面,不能进入句子做定语从句等。而被动句则是一种无标记的结构,可以用于句子和从句(详见石毓智 2010:31—39)。

杂志他翻了几页。　　　衣服他脱了一件。
衣服我改个样子。　　　这件事我告诉他。
门我已经上了锁。　　　书我已经签了名。
炉子他生上了火。　　　瓶子他装满了水。
苹果他吃了一个。　　　毛线他织了毛衣。
青椒妈妈炒了肉。　　　面他揉了馒头。
钢笔我还你。　　　　　钱我给老王。

4. 受事主语句。朱德熙(1982:188)指出,与把字句关系最密切的是受事主语句,绝大多数的把字句可以去掉"把"而成立,例如:把衣服都洗干净了>衣服都洗干净了。注意,这些把字句的谓语都是不带宾语的动补结构。上述谓语为"$VP_{行为}+NP_{结果}$"的把字句也都可以做同样的变换,进一步证明这种动宾结构与普通的动补结构是一样的。例如:

杂志翻了几页。 衣服脱了一件。
公鸡拔了毛。 他免了职。
指头擦破了一点儿皮。 他当作自己人。
事情的经过写了一篇报道。 衣服改了个样儿。
纸揉成一团。 钢笔还你。
这件事告诉他。 门上了锁。
炉子生上了火。 瓶里装满了水。
伤口涂点红药水。 书签了名。

到底采用哪种方式来安排"VP$_{行为}$+NP$_{结果}$"允准的另一个受事名词，取决于各种语用因素，诸如有定性、话题化等都会起作用。关于这个问题，本章不做深入探讨，将另文讨论。

五、混合构式的语义组合类型

上面分析了如何安排混合构式所允准的受事名词的结构类型，现在来看混同构式的语义类型。一个动宾结构是否具有"行为+结果"的语义关系，既不取决于动词，也不取决于名词，而是取决于它们之间的语义关系。从这个角度可以更全面地认识这种混合构式的性质。

1. 所谓的"领属关系"或者"整体与部分的关系"

这是从两个受事名词的语义关系来观察的，指的是这种用例："把公鸡拔了毛""把橘子剥了皮"等。然而这只是表面的观察，并没有抓住问题的实质。如果换为其他动词，句子就不成立了，比如不能说"*把公鸡看了毛""*把橘子画了皮"等。

虽然"看公鸡毛""画橘子皮"是合乎语法的,它们之所以不能用于把字句,就是因为"看毛""画皮"等行为不会对"公鸡"或者"橘子"造成任何结果。可见有关用法合不合法,取决于动词和名词之间的关系,而不是两个受事名词(即所谓的NP_1和NP_2)之间的所谓"领属"的语义关系。

换个角度来看,"把"可以引入领有关系的偏正名词短语,其中很多都不能变换为混合句式。例如:

把这屋子的古玩都卖了。　　　　*把这屋子都卖了古玩。
你把我的名字忘了!　　　　　　*把我忘了名字。
把山上的人都杀了。　　　　　　*把山上都杀了人。
把严嵩的古玩摔了。　　　　　　*把严嵩摔了古玩。

上述右栏的例子之所以不能说,是因为谓语的动宾短语并不给"把"后受事带来任何结果。在物理上,"卖古玩"不影响"屋子","忘名字"不影响"我","杀人"不影响"山上","摔古玩"不影响"严嵩"。

2. 结果的语义类型

混合构式的合法性在于,"VP_{行为}+NP_{结果}"给谓语前的名词受事所指事物造成某种结果。这种结果可以是多种多样的,包括部件丧失、部件增加、位置移动、外观改变、状态改变、数量增减、动量作用等,而且这种语义分类并不是绝对的,有些结果可以兼有多种特征。下面是主要的一些类型。

窗户被大风吹坏了一扇。　　　——部件丧失
爸爸被急病夺去了生命。　　　——部件丧失

把房顶又盖了一个小屋。　　——部件增加
把门上加了一把锁。　　　　——部件增加
把苹果吃了三个。　　　　　——数量减少
把衣服脱了一件。　　　　　——数量减少
把书还了图书馆。　　　　　——位置移动
把歌词用这儿。　　　　　　——位置移动
把篱笆涂了红漆。　　　　　——外观改变
把壁炉生了火。　　　　　　——状态改变
把小偷绑了两只手。　　　　——状态改变
把那件事写了一篇报道。　　——状态改变
窗户叫大树挡住了阳光。　　——状态改变
把那本书翻了三页。　　　　——动量作用

3. 双宾结构的受事名词前移限制

双宾结构的情况很典型，值得单独来拿出来谈一谈。如果直接宾语是有定的，则可以用把字句或者话题结构把直接宾语提到谓语之前，然而间接宾语则不可以。道理很明显，在物体传递事件中，只有直接宾语所代表的物体涉及物理变化（即位置改变），而表达受益者的间接宾语则不受事件影响。

还你钢笔。　　把钢笔还你。　　*把你还钢笔。
给我们车。　　把车给我们。　　*把我们给车。
送老师礼物。　　把礼物送老师。　　*把老师送礼物。
告诉他这件事。　　把这件事告诉他。　　*把他告诉这件事。
通知他们这个消息。　　把这个消息通知他们。　　*把他们通知这个消息。

上述变换告诉我们，双宾结构的层次关系应该是：[(V+O_1)+O_2]。也就是说，动词与间接宾语先构成一个结构体，然后再带上直接宾语。从语义上看，传统上所说的间接宾语与动词的关系更密切，它们蕴含着第三个事物的位移，所以赋予一个受事论元。汉语双宾结构的特殊之处在于，这个受事论元既可以在"V+O_1"之后出现，也可以在谓语之前出现。这个问题值得进一步探讨。

4. 主观化的结果状态

还有一种结果状态是属于主观范畴的，不涉及真实世界的物理性质改变。这种动宾组合也可以允准第三个受事论元。例如：

把他当自己人。　　把背包当雨伞。
把怪诞当时髦。　　把师傅叫老师。

六、混合构式确立的语言学意义

本章所讨论的现象，不同的学派的学者从不同的角度给出了解释。我们不准备对各个学者的具体观点的得失做详细的评论。形式主义语言学的研究，主要有两种思路：一种是设定一个深层结构，然后给出一个派生的过程；另一种则是设想谓语中有一个轻动词，给这个轻动词增设出一个受事论元。不论是哪一种思路，其主观臆猜性都很高，缺乏独立的证据来支持，所以很难令人信服。

需要说明的一点是，从事生成语言学研究的学者有一种观点似乎与我们的相似，然而存在本质的不同。Li（1990）、黄正德（2007）等认为，谓语之前受事名词（NP_1）是动宾结构共带的宾语，即"他把橘子剥了皮"例子中，"橘子"是"剥皮"的宾语。这是把语义角色和句法成分混为一谈。"受事"是语义角色，"宾语"是句子成分，两者不是一回事，不能混为一谈，比如"橘子他剥了皮"中的"橘子"是话题或者主语，而不是宾语。正是因为动宾结构不能再带宾语，才会出现有关受事名词前置而导致的各种语法格式。关键是，这些学者也没有找出动宾结构赋予受事论元的条件，绝大多数的动宾结构是不能增设受事论元的。

"轻动词"说是把谓语之前的受事论元归结为动词后的补语。施春宏（2015）假定有关的结构都有一个隐性的结果补语，就是所谓的"轻成分"，语义内容相当于"入"或"成"，是这个隐性成分赋予了谓语之前的受事论元。玄玥（2017）则认为，所有的把字句都有一个完结语义特征，决定了句子中是否出现受事名词。这两种假设都与语言事实相违背。首先，不管是隐性的结果补语还是显性的结果补语，都不是所谓的"保留宾语"句式的使用条件。玄玥认为把字句的谓语都蕴含一个"完成义"，那么按照她的逻辑，所有的把字句都应该具有所谓的"保留宾语"的现象，而事实上，绝大部分把字句不能这样用。更重要的是，所谓的"保留宾语"现象远不限于把字句，它可以应用于各种句式，这些"把字句的轻动词"假设是无法解释的。

根据科学研究的简单化原则，有理由相信我们的分析更接近真理。混合构式假设不仅证据直观而便于验证，而且可以给各种表面上看起来极不相同的现象做出简单一致的解释，其优越性可以概括为以下几点：

1. 人类语言的普遍性。在包括英语在内的其他语言中，动补结构的整体构式具有及物性质，可以允准一个受事论元。

2. 普通的动补结构带宾语。普通的动补短语，不论其动词是及物的还是不及物的，只要与补语构成"动作+结果"的语义关系，而且这个结果所指的是受事的状态，就可以自由地带上这个受事名词做宾语。例如："打碎杯子""笑疼肚子""哭湿枕头"等。

3. "VP$_{行为}$+NP$_{数量结果}$"构式。这类动补构式表示动作行为导致某人失去某种数量的东西，因为其补语是复杂的数量名词短语，所以有关受事名词只能出现在动词和补语之间。例如："这段饭吃了我八百块钱""那辆车修了我一个月工资""那封信写了我一个晚上"等。

4. "VP$_{行为}$+NP$_{结果}$"混合构式。这种构式具有动补和动宾的双重语法性质：其语义关系属于动补类，允准一个受事论元；其语法结构属于动宾类，其后排斥其他受事宾语。在这双重因素的作用下，就出现了本章所讨论的现象。

5. 混合构式与句型变换。混合构式不属于任何特定的句型，由于受各种语用因素的制约，增设的受事论元可以采用把字句、被动句、话题句、受事主语句等各种句型来安排。也就是说，本章的解释适用于各种句型中的有关现象，既简单又和谐。这几种句型的语用功能不同，但是有一点是共同的，谓语之前的受事名词不能出现在动宾短语之后做宾语。例如：

他把篮球扎了一个洞。　　　　　*他扎了一个洞篮球。

篮球被他扎了一个洞。　　　　　＊被他扎了一个洞篮球。
篮球他扎了一个洞。　　　　　　＊他扎了一个洞篮球。
篮球扎了一个洞。　　　　　　　＊扎了一个洞篮球。

6. 复合词和惯用法的规律性。前文已经指出,"帮忙""结婚"等复合动词之所以不能带宾语,是汉语的语法规律作用的结果,即动宾结构之后排斥其他受事宾语。这个规律还可以解释那些位于复合词和动宾短语之间的惯用法。它们介于词与短语之间,所表达的意义是一个整体,很难分出动作和结果;然而,因为其内部结构是"V+O",其后不能再带受事宾语,所以有关受事名词则只能移前。也就是说,这些不相关的现象,实际上是在同一语法规律作用下的不同结果。下面一组例子引自吕叔湘等(1995):

我是把诸位绑了票了。　　　　　＊土匪绑票诸位。
就把他免了职。　　　　　　　　＊老板免职他。
这话被你打了折扣了吧。　　　　＊他们打折扣这话。
他被歹徒下了毒手。　　　　　　＊歹徒下毒手他。

七、结语

新的思想方法有助于发现新的语言现象。本章根据模糊集合的概念,在汉语中确立由动补和动宾构成的混合构式,说明从词类到语法结构都存在中间状态。本章所确立的混合句式,其对于动补结构的隶属度可以看作0.5,其对于动宾结构的隶属度可以也是0.5。这种混合构式的语义结构是"动作+结果",属于动补结构，赋予一个受事论元。可是，这种混合结构的语法构造是"V+O"，属于动宾结构，其后排斥其他受事宾语出现。在语义和形式这两种力量的相互作用下，那个被赋予的受事论元就只能以某种形式出现在谓语之前。

一种语法意义可以有多种形式来表达，如"行为+结果"可以用动补和动宾来表达。与此同时，一种语法形式可以表示多种语法意义，比如动宾结构既可以表示"行为-作用的对象"，又可以表示"行为-结果"。

本章所讨论的现象也是一个很好的例证，说明语义和语法之间的相互作用关系。本章的分析证据直接可靠，结论简单显豁，而且对各种表面上看起来不相关的现象做出了简单一致的解释。

第八章 语法系统对构式选择的制约

一、引言

从语言类型学的角度可以看出，具体构式的选择往往受该语言整体语法系统的制约。在表达同一语义功能范畴上，不同语言的构式选择有两种情况：一是两种语言之间基本对应，比如在表达物体传递上，英语和汉语的典型构式都是双宾结构；二是选择不同结构，比如在比较属性程度差别时，英语采用状中结构，而汉语则需用动补结构①或者动宾结构来表达。尽管英语和汉语都有状中结构和动补结构，但是这两种结构在各自语法系统的地位迥异。动补结构在英语中类型单一，能产性极低，而在汉语中则是类型高度复杂，能产性和使用频率极高，以致影响到汉语句子组织信息原则，从而造成汉语比较构式的个性。本章以英语和汉语比较构式的差异为例，探索构式选择背后的整体语法系统的制约因素。

本章的研究不仅有助于加强对英汉比较句之间对应规律的

---

① "动补结构"又叫"述补结构"（朱德熙 1982：125），前面的动词性成分包括动词和形容词，本章采用更普遍的术语，并不认为"高得多"的"高"就是动词。

认识，而且对构式语法理论的理论建设有重要意义。本章研究表明，一种语言内部的构式选择既不是孤立的，也不单纯是约定俗成的习惯用法，而是要受该语言大语法系统的制约。关于英汉比较句的研究成果很丰富，不同的学者采用不同的理论框架从不同的角度对这个问题做了探讨（郭洁 2015；李晓、吴雅清 2013；罗琼鹏 2017），有助于加深对两种语言相关构式的认识。本章的分析还表明，探讨一种语言构式的共时特征离不开其历史演化，因此目前关于比较句的历史演化研究（黄晓慧 1992；石毓智、李讷 1998；姜南 2016）也为我们今天的研究提供了条件。本章的分析就是在这些历史考察的基础之上，参照其他学者的研究视角，从一个全新的角度来进一步探讨这一问题。

二、汉英句子组织信息原则的差异

所谓的句子组织信息原则，就是根据成分的语义特征来安排它们在句子中的相对位置。从语言类型的角度看，影响句子语序的语义特征最常见的是新旧信息、修饰语和中心语之语序安排等（Hopper & Traugott 1993: 51），然而因为汉语内部的演化产生了一种特殊的决定句子语序的原则，随着动补结构的产生与发展，现代汉语就形成了一种句子组织信息原则。动补结构的语义格式为："$V_{动作行为}$ + $R_{结果成分}$"。动补结构的孕育和发展是一个长期的过程，但它作为一种高度能产的句法格式形成于 12 世纪左右。动补结构是一个极为常见的现象，因此它会产生强大的类推力量，从整体上改变谓语结构，使得汉语句子成分安排需要遵照下列原则（石毓智 2002）：

伴随特征+谓语中心+结果状态

纵观汉语语法演化史，可以清晰地看出古今汉语语序的一个系统的类型学转变：表达伴随特征的介词短语都从谓语中心之后移到谓语中心之前。这涉及被动句、比较句、地点句、工具句等多种句型。例如：

（1）故内惑于郑袖，外欺于张仪。(《史记·屈原贾生列传》) ——被动句

    所以内部被郑袖迷惑，外部被张仪欺骗。（现代汉语）

（2）季氏富于周公。(《论语·先进》) ——比较句

    季氏比周公富。（现代汉语）

（3）种瓜于长安城东。(《史记·萧相国世家》) —— 地点句

    （萧何）在长安城东种瓜。（现代汉语）

（4）百公为方以矩，为圆以规。(《墨子·法仪》) ——工具句

    工匠用尺子画方形，用圆规画圆形。（现代汉语）

特别值得注意的是，从古至今并不是所有的介词短语都前移了。在现代汉语里，那些表示结果的介词短语仍然必须留在谓语核心动词之后。例如：

（5）一本书掉在地上。

    他把书送给王老师。

    妈妈寄了一个包裹给小明。

    后卫把球踢给守门员。

    小王跑到教室里。

上述介词短语都是表示有关人或者物所达到的结果状态。比如"一本书掉在地上"是指书的最后结果是在地上,"后卫把球踢给守门员"是指足球运动的终点是守门员那里,等等。

现代汉语的句子组织原则不仅仅作用于介词短语,还涉及汉语的其他词类,比如时间词的分布也是如此。根据语义特征可以把时间词分为两个大类和四个小类:

1. 时间位置:

(a) 时段:早上、凌晨、傍晚、唐朝、昨天、元月、1999年

(b) 时点:三点、零时、八点半

2. 时间称量:

(a) 持续长度:三小时、两天、五年、一会儿

(b) 发生次数:一次、一下、两趟、三回、多遍

很明显,时间位置是独立于动作行为的,有关成分并不是动作行为运动变化的结果,不属于结果成分,所以它们只能出现在谓语动词之前。而时间持续量是行为动作运动变化的数量特征,它们表达谓语动词的结果属性,因此时间量词只能出现在谓语动词之后。在现代汉语里,时间词语遵循下面的分布规律:"时间位置+谓语动词+时间称量"。违犯这一原则,将造成不合法的句子。例如:

(6) a. 我昨天去逛商店了。　　*我去逛商店了昨天。

　　b. 我每天六点钟起床。　　*我起床每天六点钟。

(7) a. 我已经学习了三个小时了。*我三个小时已经学习了。

　　b. 我已经看过两遍了。　　*我两遍已经看过了。

然而,英语在历史上没有发生类似汉语动补结构这种大变

化，因而它也就没有产生类似于汉语的句子信息组织原则。英语的语序与古代汉语倒是高度一致，表达"伴随特征"的介词短语或者状语主要出现在谓语核心之后，这也包括被动、比较、地点、工具、时间词、副词状语等格式。例如：

（8）My window was broken by a child. ——被动句
（9）Mary is even taller than John. ——比较句
（10）He studied Chinese in Peking University. ——地点句
（11）John cut down the tree with an axe. ——工具句
（12）She went to the downtown yesterday. ——时间状语
（13）I have already checked all the receipts very carefully.

——副词状语

汉英上述句子组织信息原则的差异对两种语言比较构式的选择起着关键的作用。汉英比较构式的选择差别，既可以从句子整体结构上看，也可以从谓语核心的内部结构来观察。先看两种语言的典型比较构式的整体结构差别：

1. 古代汉语：S+A+（于+X）
2. 英语：S+A+（than+X）
3. 现代汉语：S+（比+X）+A

古代汉语与当代英语的比较句的结构一致，都是在形容词谓语中心之后引入比较项，然而现代汉语则是在谓语之前用介词"比"引入。如上所述，古今汉语比较句式这种变化就是受句子组织信息原则的作用，要求表达伴随信息的介词短语移到谓语中心之前。比如"季氏比周公富"中的比较项"周公"就是一种比较标准，与属性"富"之间不存在因果关系，是谓语形容词的伴随特征,所以必须出现在谓语之前。下面重点讨论两种语言比较句的谓语结构。

三、汉英比较构式的谓语结构差别

(一)英语的偏正结构对应汉语的动补结构

比较两种事物现象的属性差异是一种常见的思维行为,这种认知活动的结果常是发现两者之间的程度差异。在一般比较句中,形容词的属性类型是比较的方面,数量成分代表的程度差异则是比较的结果。也就是说,程度成分是被比较的形容词的结果特征,即只有在进行属性比较后方知程度差别。那么,根据现代汉语句子组织信息的原则,只能采用"A+R$_{程度成分}$"这种由形容词构成的动补结构。英语不存在汉语这种组织信息的原则,所以它的有关语序与一般陈述句是一致的。

英语和汉语都存在这样的结构:"修饰语+中心语",即修饰语位于中心语之前。在一般陈述句里,这两种语言的形容词都可以受各种程度或者数量词语修饰,它们的语序是一致的。例如:

(14) very expensive　　　　很贵
　　　really beautiful　　　　真的很漂亮
　　　ten years old　　　　　十岁大
　　　a little bit late　　　　有点儿晚

然而在比较句中,英汉比较句的谓语结构发生了分化,英语仍然是采用"修饰语+中心语"的偏正结构，而汉语则必须转换成动补结构，即程度词语置于形容词谓语之后做补语。例如：

(15) The question is much easier than the former one.
这个问题比前一个容易得多。
(16) The economic state is a little better than before.
经济状况比以前好一点儿。
(17) Mary is three years younger than her elder brother.
玛丽比他哥哥小三岁。
(18) The task is far more difficult than the other one.
这项任务比那一项难得多。

上述汉语例子的程度词语"多""一点儿""三岁"等都只能在形容词之后做补语，否则就会产生不合语法的句子，比如"*这个问题比前一个问题多容易""*经济状况比以前一点儿好"等。

英语和汉语之间还存在另外一个构式对立。英语的程度词very、much等只能出现在形容词之前，而汉语的"很"等部分程度词则可以出现在形容词前后。常见的这类现象如：

（a）好极了、暖和多了、可笑透了、难看死了。
（b）好得很、糟得很、仔细得很、热闹得很、喜欢得很、受欢迎得很。

探讨上述两种结构具有双重的学术价值，一是有利于弄清楚这两种语法结构的性质，二是能够发现定语和名词中心语的搭配规律。"很好"是偏正结构,"好得很"是动补结构。这两种结构的语法功能也不同:"很好"可以做定语,比如"很好的朋友";"好得很"只能单独做谓语,比如不能说"*好得很的环境",只能说"那里的环境好得很"。

(二)英语的偏正结构对应于汉语的动宾结构

上面谈到形容词的程度差异是比较行为的结果特征,因此在汉语句子组织信息原则的作用下,需要用动补结构来表达。由此而衍生出另外一种特殊的比较构式,就是以动补结构带宾语的方式表达比较功能,而英语则仍然使用普通的比较构式,没有汉语这种表达比较范畴的动宾构式。例如:

(19)小李比小王大五岁。　　小李大小王五岁。
　　　小李比小王高一头。　　小李高小王一头。
　　　这张桌子比那张长两尺。这张桌子长那张两尺。
　　　这支笔比那支笔贵十块。这支笔贵那支笔十块。
　　　我比他多两个苹果。　　我多他两个苹果。

上面左栏用例是比字构式,右栏用例则是动补结构带宾语构式。与普通的动补结构带宾语相比,上述右栏用例显得有些特殊,就是宾语是位于形容词和数量补语之间。然而,英语的相应表达仍然是普通的比较构式,比如"John is five years older than Bill."等。

钟书能和石毓智(2017)详细论证了,汉语存在一种特殊的动宾结构,如果补语是复杂的多音节短语,而且是表示数量的,宾语只能置于动词和补语之间,其抽象格式为"V+(了)+O+

R_{数量补语}"。例如：

（20）这封信写了我一个晚上。　这顿饭吃了我半个月工资。
　　　这台电脑修了我一个星期。这道题做了我三个小时。

同时，我们也分析了"高一头"等是动补短语，位于其中的代词或者名词是整个动补短语所带的宾语，即"高他一头"中的"他"是"高一头"动补短语所带的宾语。

英语中也有类似于汉语的动补结构，宾语也是位于动词和补语之间的。但是如前所述，英语这种动补结构使用频率低，能产性极低，有很强的词汇限制。比如可以说"Mary ate herself sick."（直译：玛丽吃病了自己），而不能说"*Mary ate herself full."（直译：玛丽吃饱了自己）（Goldberg 1995：182）。更重要的是，英语不允许形容词进入这种动补结构，自然也就没有汉语的上述比较表达式。

四、英汉动词修饰成分比较构式的差异

（一）英语的状中构式对应汉语的动补构式

英语和汉语都有副词以及由副词和动词构成的状中结构，然而在使用范围上则有显著的差异。汉语中存在句子组织信息的原则，凡是涉及动词的程度数量的成分，都被解读为结果成分，所以它们只能用于动词之后构成动补结构。

英语的副词比较构式则与形容词的一致，都是采用"than"这一比较结构。而且英语副词也跟形容词一样，可以直接加上

形态标记 -er、-est 或者词汇形式 the more、the most 等来表达比较级或者最高级。例如：

(21) Mary studies harder than her roommates.
　　　Tom could run quicker than John.
　　　Jane could stay longer than the others.
　　　That is easier said than done.
　　　We checked it more carefully than them.
　　　Elizabeth came earlier than the other students.

然而在汉语中，状语位置上的形容词或者副词不允许做直接比较，必须把状中结构转换为动补结构才可以。例如：

(22) *我比他慢学。　　　　我比他学得慢。
　　　*我比他好工作。　　　我比他工作得好。
　　　*我比他早来。　　　　我比他来得早。
　　　*我比他仔细检查。　　我比他检查得仔细。
　　　*我比他快跑。　　　　我比他跑得快。

动词状态比较句一定涉及动作行为的程度或者数量差异，这些差异一定是在动作行为发生之后才能显示出来，所以动作行为的程度数量就自然被人们解读为结果属性。遵照汉语组织信息的原则，这些结果属性就只能出现在动词之后做补语。

注意，比字短语可以出现在补语部分而意思不变。例如：

(23) 我学得比他慢。　　　　我工作得比他好。
　　　我来得比他早。　　　　我检查得比他仔细。

我跑得比他快。　　　　我干得比他多。

（二）英语的一般比较构式对应汉语的"没有"动宾构式

汉语的领有动词"没有"所构成的动宾结构也可以表达比较范畴，然而英语的领有动词却没有这种用法。汉语这种比较构式虽然不是直接来自句子组织信息的原则，但是与此原则也有密切的关系，都是动补结构发展所带来的结果。我们认为，要了解一种语言的共时句式系统必须结合它的演化史，只有这样才能理解其前因后果。

英语的比较级可以细分为两类：其一，指示程度高或者数量多，相应的标记是-er或者more；其二，指示程度低或者数量少，相应的标记则是less。但是，不管是哪种比较，它们的大结构都是"than"构式。例如：

（24）This task is less difficult than the other one.
　　　Jane speaks less well than Mary does.
　　　Tom behaves less politely than John.
　　　He has earned less money than his elder brother.

对于上述表达，汉语可以用"比"字结构加上适当的程度词补语来表达，如以下左栏用例；但是更常见更直接的则是用"没有"构式，如以下右栏用例。

（25）这项任务比那项难度小。　　这项任务没有那项难。
　　　珍妮比玛丽说得差。　　　　珍妮没有玛丽说得好。
　　　汤姆比约翰礼貌差。　　　　汤姆没有约翰有礼貌。

他比他哥哥挣钱少。　　　　他没有他哥哥挣钱多。

　　根据石毓智和李讷2000年的考察，"没"在唐宋时期还是个普通动词，只能带单纯的名词宾语，元明时期"没"和"有"结合起来成为一个复合动词"没有"，并进而发展成一个动词否定标记，可是它在初期只能否定动补短语。根据我们的考察，18世纪后期的《红楼梦》尚没有出现上述右栏"没有"比较构式。所以有理由认为"没有"比较构式的出现是近一两百年的事。促使"没"这一演化的动因是动补结构的发展，因为动补结构所表达的是时间上的有界，诱发原来否定空间有界的名词向否定动词扩展。

五、结语

　　本章通过对英汉两种语言比较构式的分析，揭示了语法构式的一个重要属性。不同的构式之间存在相互依赖、相互制约的关系，具体构式的选择受该语言整个语法系统的制约。汉语的"比"字构式与英语的"than"构式对应，然而两种语言之间存在两个显著差别。首先，汉语的形容词比较句如果有程度或者数量限制，谓语结构只能采用动补结构。其次，汉语状语位置上的形容词或者副词不能直接用于比较，必须把状中结构转换为动补结构才能进行比较。这种表面差别的背后是汉语句子组织信息原则在起作用，由于动补结构的产生与广泛使用，在其强大的类推力量的作用下，汉语句子成分的安排遵循这么一条原则：以谓语核心为参照点，伴随成分必须出现在谓语之前，结果成分只能出现在谓语之后。在比较句中，形容词或者动词的数量成分被解读为结果成分，所以它们必须出现在谓语中心之后做补语。然而，英语不存在汉语的句子组织信息的原则，所以它的比较构式简单一致，无须改变谓语的结构。

我们的分析表明，具体构式的选择要遵循更大的原则，不同构式形成一个有机的整体。共时语法系统是该语言演化的结果，所以必须结合其历时状况才能弄清楚其中的来龙去脉和前因后果。对于同一功能范畴，不同语言的构式既有规律性的对应，也有显著的差别。对这一问题的探讨具有理论和实用双重意义。

第九章　从汉英偏正结构看构式的设计原理

一、引言

构式语法理论的创立为我们提供了新的理论视野和研究方法，然而这个理论尚处于发展过程中，很多方面还不成熟，尚有许多悬而未决的问题（邓云华、石毓智 2007）。首先一个没有解决好的问题就是关于"构式"的定义，即该理论的研究对象。Goldberg（1995：4）把构式定义为"任何形式和意义的结合体"，这个定义既包括传统语言学所说的结构，也包括词汇和语法标记。我们认为，这个定义过于宽泛，混淆了词汇与语法形式这两种本质很不相同的语言单位（石毓智 2007b）。"构式"（construction）应该限定为由两个或者更多的成分所构成的语言单位，本章就是在这一定义下来分析语言现象的。

决定词汇设立和构式产生的因素是截然不同的。词汇的设立由现实世界所决定，现实世界有了新的事物现象，就会有相应的新词出现，比如"复印""克隆""下载""上传""微信"等都是由科技发展而带来的新词语。然而构式则与现实没有直接联系，是语言系统内部的语法问题，它们如同否定标记、单复数标记、疑问语气词等一样，遵照语法的设计原理与运作机制，受制于该语言的整个语法系统。本章以汉英的形名偏正结构为例，来说明不同构式之间的功能分工，揭示不同构式之间的关系，论证它们不是相互独立、各自为政的，而是相互依存、相互制约的。

二、有标记与无标记的偏正构式

有标记与无标记是语言的重要设计原理之一，贯穿于语音、词汇和语法等各个层面。就语法来说，所谓的"无标记"指的是基本的、常见的、使用范围广的，而所谓的"有标记"则是指派生的、少见的、使用范围小且有特殊用途的。在表达同一语法范畴的两个相对或者相反的功能时，语言常常采用这种方法，一方用零标记或者基本形式（default form）来表示，即无标记的；另一方则用专门标记或者变换形式来表示，即有标记的。最典型的例子就是单复数的形式。例如：

	单数	复数
汉语	Ø	-们
英语	Ø	-s

迄今为止没有发现哪种语言是单复数都标记的，因为那样就违背了语言使用的经济原则。对于单数和复数来说，复数有了标记-s（two books），另一方即使没有任何外在的形式出现（one book），也是具有含义的，即指示单数。

语法标记的手段主要有两种，一是语音形式①，二是语序变换。前一种比较直观，容易观察到；后一种则难以判定，需要其他独立的形式标准来判断。我们提出了一个定语从句的判别标准（石毓智 2010：31—39），指出两种相关的句法结构，凡是能进入定语从句的，则是无标记的结构；只能用于独立句子层面而不能用于从句者，则是有标记的结构。例如：

他做了作业。	作业他做了。
他看了书。	书他看了。
他吃了饭。	饭他吃了。

上述左栏的语序结构都可以用于从句定语，比如"这是他做作业的桌子""那是他看书的房间""那是他吃饭的地方"等。然而右栏的则不行，不能说"*这是作业他做的桌子""*那是书他看的房间""*那是饭他吃的地方"等。左栏的句子代表汉语的基本句子语序，是最常见的无标记结构；右栏的句子则是话题结构，句首名词被自动赋予一个有定语义特征，指示交际双方共知的信息，即具有特定的语义功能，使用频率也相对比较低。

上述现象说明，不同构式之间的关系有亲疏之别，而且它们之间的地位是不平等的，"他做了作业"代表的是基本的无标记结构，"作业他做了"则是派生的有标记结构。这里所谓的"派生"就是把受事名词从谓语动词之后移到句首的移位。

---

① 在书面语中则表现为文字符号，但其本质则是语音形式。

三、英汉形名偏正构式的标记性

英语和汉语的名词性偏正结构的类型很多，本章集中讨论形容词做定语而构成的结构。从不同层次上概括构式，所得出的构式数目会有差别。从外在的语法标记和语序变换来概括，英语和汉语的形名结构都有两种。其中AP代表形容词定语，N代表名词中心语。

1. a. 汉语的无标记形名构式：AP+Ø+N
   b. 汉语的有标记形名构式：AP+的+N
2. a. 英语的无标记形名结构：AP+N
   b. 英语的有标记形名结构：N+AP

不论是英语还是汉语，它们的名词性偏正结构的基本语序都是"M$_{修饰语}$+H$_{中心语}$"。就形名偏正构式来说，两种语言的无标记结构都是"AP+N"，然而它们采用不同的手段衍生出不同的有标记结构，汉语是用语音形式"de"（的）来标记，英语则是用语序变换来区别有无标记，这种差别是由两种语言的语法系统不同而决定的。下面来考察两种语言的有标记和无标记分工原理和运作机制。

四、汉语形名构式的分工原理

（一）程度化的形容词定语只能用于有标记构式

在汉语中，支配汉语形名构式的有无标记原理是形容词的数量特征，单纯表示属性的形容词一般采用无标记构式，而形容词一旦被某种手段量化，则必须采用有标记的构式。

汉语无标记的形名构式的使用非常不自由，具有很强的词汇选择的限制，要求这些形容词所代表的属性是给相关名词的相对稳定的分类标准。下面的用例根据朱德熙（1982：74），右栏的例子显示，形容词通过加程度词或者重叠被量化以后，则可以加"的"而自由地修饰名词，即为有标记的偏正构式。

？白手	雪白的手
？贵手绢儿	挺贵的手绢儿
？薄灰尘	薄薄的灰尘
？脏糖	脏里吧唧的糖
？窄布	很窄的布
？凉脸	冰凉的脸
？厚雪	老厚的雪
？香饭	香喷喷的饭

从数量语义特征上给形容词分类，可以准确揭示形容词的语法特征（石毓智 2010：310—326）。目前学界给形容词的分类主要有三种：（1）按照音节数目分出单音节形容词、双音节形容词等；（2）按照语义特征分出性质形容词和状态形容词（朱德熙 1982：73）；（3）按照形容词的内部结构分出简单形式和复杂形式。这些都是为分类而分类，没有一个明确的目的，也无助于说明形容词的使用规律。

根据数量语义特征给形容词分类，可以很容易地概括出其使用规律：凡是采用某种语法手段而被程度化的形容词，只能用于有标记的偏正构式中。现代汉语形容词的程度化手段主要有以下四种。

1."程度词+A"构式。在形容词之前加上"很""挺""怪""十分""非常"等程度词，代表一个性质量级，它们做定语则必须加标记"的"。例如：

很好的朋友	*很好朋友
非常安静的环境	*非常安静环境
十分聪明的学生	*十分聪明学生
相当漂亮的风景	*相当漂亮风景
挺理想的工作	*挺理想工作

注意，表达最高级的"最+A"短语的用法比较特殊，既可以说"最好的选择"，也可以去掉其中的"的"而说成"最好选择"。"最"的用法也不同于其他程度词，比如它可以修饰"高端""中间""高价"等，而其他形容词则不行。此外，"最佳选手""最优比例"等中的"最佳""最优"是复合形容词，其中的语素"佳"和"优"都不能单独使用。

2. AA或者AABB重叠构式。形容词重叠式代表一个程度较高的模糊量，它们做定语时，也只能出现于有标记的偏正构式。还有一些特殊的重叠式，比如"啰里啰唆""稀里糊涂"等，它们的用法与上述重叠式一样。例如：

大大的眼睛	*大大眼睛
高高的楼房	*高高楼房
干干净净的教室	*干干净净教室

稀里糊涂的孩子　　　　*稀里糊涂孩子
啰里啰唆的秘书　　　　*啰里啰唆秘书

3. "A+X$_{后缀}$"构式。现代汉语拥有丰富的形容词后缀，通常是叠音形式，不仅指示某种状况，而且还赋予形容词一个量级。这类形容词做定语也只能用于有标记的偏正构式。例如：

黑乎乎的房间　　　　*黑乎乎房间
蓝盈盈的湖水　　　　*蓝盈盈湖水
硬邦邦的馒头　　　　*硬邦邦馒头
老实巴交的小伙子　　*老实巴交小伙子
脏里吧唧的鞋子　　　*脏里吧唧鞋子

4. "X$_{程度语素}$+A"复合形容词构式。汉语的复合词内部构造会影响其句法行为（石毓智 2010：54—64）。这类复合形容词的第一个语素给其后的形容词语素确定出一个量级，整个复合词表达一个已经被量化的属性，它们与上述靠语法手段而被量化的形容词一样，做定语时只能出现在有标记的偏正构式中。例如：

笔直的马路　　*笔直马路
雪白的衬衫　　*雪白衬衫
通红的太阳　　*通红太阳
乌黑的头发　　*乌黑头发
碧绿的池塘　　*碧绿池塘

注意，上述程度化形容词的使用规律是不可逆的，即"凡是程度化形容词做定语必须用于有标记偏正构式"这条规律，并能倒过来说"用于有标记偏正构式的形容词都必须是量化的"。有些指示单纯属性的形容词也可以加"的"用于标记构式，但是这往往具有临时性，一般是为了强调属性，比如"大树"和"大的树"都合语法，但是它们不完全等值，前者是无标记的普通用法，后者则有分类或者强调的有标记的语用功能。

（二）不能程度化的形容词只能用于无标记构式

运用上述规律可以对汉语的另外一种重要现象做出简单一致的解释。上面的分析表明，程度化的形容词做定语时，只能用于有标记的偏正构式。这个规律的另一面就是，不能被程度化的形容词做定语时，只能用于无标记的偏正构式。这是同一条语法规律的两种不同表现形式而已。

汉语有一类表达属性的词语，不同的学者以自己的观察视角，给予它们不同的名称或者分类。吕叔湘和饶长溶（1981）称之为"非谓形容词"，指这类词不能直接做谓语。朱德熙（1982：52—54）则把它们叫作"区别词"，指这类词一般是给事物分类的。石毓智（2001：120）则把它们看作"定量形容词"，即它们语义自身代表一个确定的量级，不再能受"很""十分""最"等程度词修饰。下面是这类词语的常见用例（朱德熙 1982：53）：

单音节：正、副、单、夹、男、女、公、母、金、银……
双音节：彩色、黑白、袖珍、野生、大型、重型、微型、慢性、良性、恶性、新式……

我们认为，上述词语都属于形容词这个词类，理由是同一概念领域的概念不宜归入不同词类。比如"红""粉""白"都是代表颜色的词语，朱德熙（1982：53）把"粉"划入区别词，而其余两个是形容词，这显然不合理。如果按照同样的划分标准，那么"大""中""小"这三个词也分属于不同词类，"中"是区别词或者非谓形容词，而其余两个则是形容词，这种分类也不合理。然而在我们看来，"中"和"粉"的特殊用法是由它们的数量语义特征决定的，语法特点只是它们的外在表现形式，所以仍然应该把它们看作形容词（石毓智 2001：123—124）。

所有这些形容词都是排斥程度词修饰的，从这个角度看，它们是不能被程度化的形容词。换个角度来看，它们都代表一个确定的量级，所以又可叫作"定量形容词"（石毓智 2001：123）。定量形容词做定语时，只能用于无标记的偏正构式，即不能加"的"，然而当它们去掉中心语做谓语时，其后则必须加"的"，即用于"是……的"构式中。

正主任	*正的主任	他的主任是正的。
彩色电视	*彩色的电视	他们家的电视是彩色的。
慢性疾病	*慢性的疾病	他的病是慢性的。
袖珍词典	*袖珍的词典	他的词典是袖珍的。
野生动物	*野生的动物	那种动物是野生的。
新式家具	*新式的家具	那种家具是新式的。

五、英语形名构式的分工原理

英语形名构式也存在有标记与无标记的功能分工,然而它的形式和支配原理都不同于汉语。相对于汉语来说,英语形容词的形式简单一些,既不能重叠,也不能加词缀。英语也有类似于汉语"雪白"的复合形容,诸如snow-white等,但是数量很有限。英语没有对应于汉语"的"的标记,不论是单纯的形容词还是被程度词修饰的程度词短语,都可以直接修饰名词,比如"beautiful watch"和"very beautiful watch"都可以说。

英语的定语语序不同于汉语的,从总体上看,英语的定语有两种句法位置,一是出现在名词中心语之前,二是出现在名词中心语之后。然而,这两种位置的标记方式是不一样的,中心语之前的定语是零标记,中心语之后的则需要借助于某些词汇标记,常见的有以下两种类型:

1. 从句定语需要用来自指示代词或者疑问代词的标记,常见的有that、which、who等,例如:He is a person who I met in New York last year.;

2. 由介词of引入的领有格、属性特征等定语,例如:the books of the library、the discovery of extreme importance等。

英语形容词做定语也有两种语序:"AP+N"和"N+AP"。前一种语序是无标记的构式,后一种语序是有标记的构式。决定英语有无标记偏正构式的选择因素是形容词短语的复杂性,结构复杂的形容词短语做定语,常用于有标记构式。例如(Quirk et al. 1985:421):

a. I know an actor suitable for the part.

　*I know a suitable for the part actor.

b. They have a house larger than yours.

　*They have a larger than yours house.

c. The boys easiest to teach were in my class.

　*The easiest to teach boys were in my class.

d. It was too boring a book to read.

　*It was a too boring to read book.

e. So difficult a man to please must be hard to work with.

　*A so difficult to please man must be hard to work with.

f. She is not brave enough a student to attempt the course.

　*She is a not brave to attempt the course student.

英语中也存在构词所导致的必须使用有标记偏正构式的现象。上面谈到汉语的"笔直"类形容词因为自身语义已经被程度化，所以只能用于有标记构式。英语有一类复合名词，它们的第一个语素是指示数量的指代成分，这类复合词做中心语时，有关的形名结构只能采用有标记构式，例如 something cold and fresh、anyone musical、everything possible 等。

六、结语

汉语和英语的形名偏正构式都有两种，一种是无标记的，另一种则是有标记的。这一现象说明一种语言内部构式的设立数目不是随意的，在表达同一语法关系时，基本的常见的情况用无标记构式，而特殊的少见的情况则用有标记的构式。从有无标记的设计原理上，汉英两种语言的标记属性是一致的，然而支配它们使用的具体因素则不同，汉语是形容词的数量语义特征，英语则是形容词的结构复杂程度或者名词中心语的内部构造。

　　构式是由至少两个成分构成的语言单位，为一种语法手段，其设计原理和运作机制遵循语法规则，而不同于一般词汇的创立。

第十章　从创新表达看语法构式功能

一、引言

语言运用本身就具有创造性,这主要指的是人们可以说出别人没有使用过的句子,听懂以前从来没有遇到过的话语。这种创造性背后的机制是一个十分值得探讨的语言学问题,乔姆斯基的理论建立就是基于这一点,这也是他为当代语言发展做出的杰出贡献之一(Chomsky 1957)。本章探讨在特殊语境(或特殊语境)中出现的创新表达,这些表达往往是"前无古人,后无来者",但是说话者能够不经意中讲出,听话者又都不会有任何理解上的困难。这种表达最能揭示语言创新的机制,说明语法构式在其中扮演了最为关键的作用。语言表达的创新只能表现在词语的搭配上,而不能在语法构式上做任何随意变动(石毓智　2006a,2006b)。也有学者提出,创新表达形式可能随着频率的增加而诱发新构式的产生(Su 2016)。

长期以来,人们在判断一个句子的"接受度"时,主要靠语感或直觉。这种调查涉及一个很大的问题,就是容易把结构和意义混为一谈,一个句子是否符合语法结构与其意义是否符合常识,这是两种完全不同的现象。而很多被认为"不能接受"

的句子，只是其意义超越常识经验而显得怪诞，一旦有了特殊语境，这些句子就会变得自然且符合语法。

二、从构式看乔姆斯基的经典例子

乔姆斯基用一对例子说明语法与语义的相互分离，他认为下面两个句子，第一句话符合英语语法，但是不表达任何意义，第二句话则既不符合语法又没有意义。

（1）a. Colorless green ideas sleep furiously.
　　　（直译：单调的绿色观点疯狂地入睡。）
　　b. *Furiously sleep ideas green colorless.

乔姆斯基用这个经典的例子为出发点，创立了生成语言学（1957）。然而在我们看来，乔氏自己所创造的这对例子能直接说明的只是语法构式的存在，即在英语中存在下面的第一个抽象构式，而不存在第二个构式。至于乔姆斯基创立了生成语言学，后又演化出各种版本，认为这些表层形式是由深层结构经过各种规则推演出来的，这种假设并不能从上述这两个例子得到证明。

（2）a. adj.+adj.+N+V+adv.
　　b. *adv.+V+N+adj.+adj.

其实，乔姆斯基忽略了他所举例子的另一个方面的特性：凡是符合语法构式的表达，不管词语搭配再荒诞不经、再离经叛道，人们总能想方设法从中推绎出一些意义来。比如著名语言学家赵元任（Chao 1971）就做了尝试，他是这样解释乔氏那句话的："green ideas"可以指不成熟的观点，而这些不成熟的观点则显得有些单调乏味（colorless），而当事人还有个习惯，每次遇到这种情况就要好好睡一觉，让其观点成熟起来、生动起来。在这种幻想出来的特殊语境中，这个句子则成了具有意义的比喻用法。

构式语法理论发轫于20世纪80年代，现在已经发展成了具有国际影响的新语言学思潮，系统的专著就出了不少（Goldberg 1995，2003，2006；Croft 2001），而且国际顶尖的语法学刊物上也经常发表相关的研究成果（Fillmore & Key 1988；Goldberg & Jackendoff 2004）。国内学者也对这个理论的进步和局限做过评述介绍（邓云华、石毓智 2007）。现在运用这一理论来分析汉语现象的学者越来越多（陆俭明2009；王寅 2009，2013；钟书能、刘爽 2015），然而其中一个悬而未决的理论问题是，构式与成分之间的相互关系到底是什么。就这一问题，研究较充分的是动词与构式的相互作用关系（Goldberg 1995；Levin 2004；Shohei 2014），但是对此问题的研究重点在构式对动词论元增减的影响上，而没有探讨构式可以临时赋予一个成分以特殊的语法功能的现象。本章通过对具体案例的分析证明，构式是一种语言的语法最核心、最稳定的部分，它们不仅影响词汇的意义，还能够临时改变一个词语的概念意义和语法功能。

三、VRO构式和"吻瘫美国机场"的表达

VRO构式就是动补结构带宾语，普遍存在于世界各种语言

中,也是现代汉语使用频率极高的一个构式(石毓智2004;钟书能2012,2016)。可是并不是所有的动补结构都可以带宾语,动补结构带宾语遵循以下严格的规律:一是凡是补语的语义指向为施事主语的动补短语都不能带宾语[①],比如不能说"*她看累了书""*他吃胖了北京烤鸭"等,此时常用动词拷贝结构来表达,如"她看书看累了""他吃烤鸭吃胖了"等。二是凡是补语的语义指向为受事的,受事名词就可以自由做整个动补短语的宾语,比如"哭红了眼睛""笑疼了肚子"等。注意,汉语的这类动补短语的构式整体具有及物性,可以赋予一个受事论元,比如"哭"和"红"单独都不能带宾语"眼睛",然而它们构成的动补结构则可以。类似的现象也存在于英语中(Goldberg 1995)。例如:

(3) He cried himself asleep.(他哭睡了。)
(4) The hammer pounded us deaf.(锤子声震得我们耳聋。)
(5) The alarm clock ticked the baby awake.(闹钟声吵醒了孩子。)
(6) Frank sneezed the tissue off the table.(弗兰克打喷嚏把纸从桌子上吹落。)

上例中cry是不及物动词,本来是不能带宾语的,但是在与asleep组成动补结构后就可以带上宾语himself,这里的宾语是出现于动词和补语之间。英语还有一种现象是,动词虽然是及物

[①] 这一规律有两个例外:"吃饱饭"和"喝醉酒",原因是"吃饱"和"喝醉"高频率使用,它们已经凝固成类似复合动词的成分,所以就像普通动词一样可以带上宾语(详见石毓智2000)。

的，但是不直接支配所带的宾语，如上例的us并不是pound（敲打）的宾语，而是整个动补结构"pound…deaf"的宾语。

有了上面的知识准备后，我们就来看动补结构的创新表达。请看下面一则新闻报道：

（7）　　　　　中国博士吻瘫美国机场

2010年1月3日，在美国攻读生物学博士学位的蒋海松在纽瓦克机场为女友送行，在女友进入安检区后，蒋海松偷偷钻过一个通道的安全隔离带，与女友拥吻。其擅闯行为导致机场一个航站楼关闭6小时，超过100架航班无法正常起飞，数千乘客重新安检。事件引发多方关注，到底是浪漫还是鲁莽，成为网民争论焦点。然而从更为严肃的角度来看，该事件暴露了机场在安全管理上的漏洞，引人担忧。

短短两天的时间，网络上"吻瘫美国机场"的说法就出现了20余万条。如何处置蒋海松，是拘留还是罚款，这是美国司法部门该处理的事情。我们关心的是，为什么能有这样的"新奇"表达？如果没有蒋博士这一吻，如果没有美国机场在"9·11"事件后的风声鹤唳这样的特殊语境，可能永远不会有这种说法。假如一个小学生造出这样的句子，语文老师十有八九会认为这是病句而扣分。然而，实际上这是一个完全合乎汉语语法的句子，"瘫"语义指向"机场"，"吻瘫"可以带上一个宾语"美国机场"。特殊语境创造出了一个非常具有表现力的表达，没有哪个说汉语的人不理解这句话的意思。

下面是小品《考验》中一则对话，把"弹脑瓜崩"这种行为与"出现一个爹"连在一起。

（8）黄宏：完了，这事大啦，<u>给你弹出一个爹来</u>。
牛莉：啥弹出一个爹，他就是我爹。

这里的"弹"是指"弹脑瓜崩"，就是手指先弯曲然后猛击别人的脑袋，多是种恶作剧行为。如果脱离具体的语境，上面这句话就让人丈二和尚摸不着头脑。情况是这样的：老丈人为了考验未来的姑爷听不听女儿的话，就假扮成钓鱼的老汉坐在一边钓鱼，安排女儿让其未婚夫去弹钓鱼老汉的脑瓜。未婚夫无奈，连弹那个老汉三次脑瓜。最后老丈人认为姑爷过关，就告诉未婚夫实情："我是她爹。小伙子不错，考验过关。"未婚夫此时还蒙在鼓里，以为是他弹得太重，把老汉脑子弹出了问题，所以才说出"给你弹出一个爹来"的表达。结合这个语境，就知道这是一个很自然的表达，语义和语法都没有问题。

"到美国留学"与"女子足球队阵容"也是两件不搭界的事，可是两者在下面的小品《暖冬》被一个动补构式联系在一起：

（9）冯巩：自从你走了以后，每年年三十我都找长得像藏獒的那哥们捏一个泥人。
金玉婷：合着我这一走，竟然走了十一年。
冯巩：你走出了一个女子足球队的阵容啊。

这里的"走"是指离开中国到美国读书。在这个小品中，女主人公离开了11年，男主人公每年春节都要请人按照女友的长相捏一个彩色泥人。正好足球队上场的队员也是11人，因为这个巧合，就有了"你走出了一个女子足球队的阵容啊"的表达。这一表达既贴切又形象，人们理解起来也不会有任何困难。

动补结构的新奇表达是无限的,也是无法预测的,然而其构式则是稳固不变的,特别是其带宾语的规则是不能被违背的。

四、把字句构式和"把我'high'沟里爬不上来"的表达

把字句的抽象构式为:把+N+V+R,其中的V一般都是及物动词,其后常常带有结果补语之类的成分。在特殊语境下,一些根本不是动词的成分被用在这个V位置,临时把它转化成一个及物动词,而产生极具表现力的表达。请看小品《想跳就跳》的例子:

(10)潘长江:完了,完了,哎呀我的妈,完了。这《High歌》我练了半年啦,让你一句话把我"high"河里爬不上来啦。

凡是看这个小品的人,都能马上理解潘长江这句话的意思,一般人甚至不觉得这句话有什么特别的地方。然而从语言学的角度看,这句话则有很高的学术价值,很值得探讨。这句话的特别地方就是把借自英语的形容词"high"临时当作及物动词来用,而且完全改变了它的意思,与它表示"情绪高涨"的意思毫无关系。这是一个特殊语境的创新表达,理解它要涉及以下几个因素。第一,来自英语的这个借词"high"仅仅是一个偶然因素与这个语境发生了关系。当时有一首流行歌名叫《High歌》,潘长江"老人"练了半年,目的是要参加老年人歌咏比赛。第二,蔡明捣乱,使得潘长江竟把这首歌与他以前唱的《过河》歌词混在一起。蔡明扮演退休老人,一大早坐着轮椅在

公园一角静静养神。这时扮演老汉的潘长江扛着一个大录音机来了，把音乐打开，边跳边唱。蔡明嫌闹得慌，就想办法把潘长江支开。潘长江唱一句《High 歌》中的"Mount top 就跟着一起来"，蔡明就唱一句《过河》"妹妹对面唱着一支甜甜的歌"，如此反复多次。潘长江被蔡明这一搅和，自己一个人唱时也把两首歌的歌词混在一起，再也唱不好准备参加比赛的那首歌了，所以才有了"让你一句话把我'high'河里爬不上来啦"。第三，"high"在"让你一句话把我 high 河里爬不上来啦"被临时用作一个及物动词，并被赋予上述具体的场景意义。也就是说，"high"的意义和语法功能都是临时语境给赋予的，与它原来的形容词意义和功能都不一样。

"伟"在现代汉语里只能作为语素构成复合词"伟大""伟岸"等，而不能独立应用。然而在下面用例中"伟"则作为一个独立运用的及物动词用，既可以带结果补语（"伟"得太大了），又可以做把字句的核心动词（把我都"伟"进去啦）。下面是春晚小品《捐助》中的一个例子：

（11）小沈阳：白大爷，您感觉您亲家是不是很伟大？
　　　　白大爷："伟"得太大了，把我都"伟"进去啦。

"伟"的这一特殊用法也是临时语境赋予的。钱大爷和白大爷是亲家，合伙种庄稼，一年共收入了3万元。钱大爷到银行办事，遇到一个捐助现场，本来想捐3千元，一不小心多按了一个"0"，就把银行卡上的钱全捐出去了，亲家的15 000元也没了。白大爷刚相了个老伴儿，急着用钱，知道这个事情后又生气又无奈。小沈阳扮演记者追到钱大爷家，这就有了上面的对话。

把字句是稳定的构式，是不能随意改变的，但是它可以改变用于其中动词位置上的成分的意义和语法性质，不管这个成分原来是什么样子。

五、SVO构式与"庄稼都基因了"的表达

汉语和英语都是SVO语言，一些本来不是动词的成分，如果被用在V的位置，就会被临时赋予动词的语法特征。在汉语中，一般只有动词才能带体标记"了""着""过"等，如果一个名词性成分临时带上这些标记，也会自动被赋予动词的性质。请看小品《花盆》的例子：

（12）黄宏：牲口都克隆了，庄稼都基因了。土地能长出啥，谁也说不准。

"克隆"是个动词，"基因"是个名词，可是在上述例子中"基因"被临时用作动词，指"转基因"或者"基因改良"。这是构式"S+adv.+V+了"赋予名词"基因"这个用法的，离开这个格式单独说"基因"，就只能是个名词概念。

众所周知，连词不能用于谓语中心做动词用，也不能带宾语。可是在下面小品《车站奇遇》的例子中，连词"因为"被临时用作普通动词，用在助动词"能"后和宾语"什么"之前。

（13）蔡明：姐之所以嫁给你大爷，那是因为，因为……，我能"因为"点什么呢？

蔡明在竭力找理由，反复说"因为"，又一时难以想出后

文,这句话"我能'因为'点什么呢"中的"因为"就被用作临时动词,指"寻找理由"。连词"因为"这一特殊用法是构式"S+Aux.+V+O"临时赋予的。

词类的临时活用都不能离开具体的构式,这种现象不是单纯的意义引申问题,而是与语境、构式等协同合作的结果。

六、内化的构式与创新表达之关系

本章探讨创新表达背后的构式功能,用"创新"这个词,可能会给人一个感觉,这类表达需要很高的智慧、付出很大的脑力才能想出来。其实不然,虽然我们上述引例都是来自著名笑星的小品,但是这种现象实际上经常发生在大众的日常对话里。这种"创新表达"来自人们内化的构式,往往会在不经意中说出。

我们认识一位也是从事语言学研究的朋友,他给我们提供了一个有趣而很有启发的案例。他的女儿在美国出生,从小就跟周围的美国小孩一起玩,两三岁就能跟其他小朋友用英语交流,她的语气词、感叹词也是美国式的。一天他不小心碰了一下在地上玩耍的女儿,3岁的女儿脱口而出"You ouch me"。Ouch是英语叹词,表示疼痛难受的情感。英语的词典和教科书都指出ouch是叹词,不能像动词那样带宾语。然而这个小女孩非常有创意地使用,而且句子简短有力,比"你碰住我,让我感到疼痛"的表达要更富有表现力。这个例子说明语言创新表达是说母语的自然语言行为,并不需要特殊的教育或者训练就能做到。

Evans（2014）和Hinzen（2016）提出，说母语者大脑中的语法可能就是由一组结构或者构式组成的。从创新表达的角度来看，这一观点不无道理。

七、构式理论对自然科学的启发

语言创新背后的机制不仅是语言学界关心的话题，也是自然科学界（特别是脑神经学和认知科学）探讨的问题。乔姆斯基的伟大之处在于他提出了一个问题，就是语言使用背后的生理机制到底是什么。他认为大量语言创新的背后必然受着有限的简单规则支配。这一观点引起了很多自然科学家的兴趣，比如英国的《自然》(*Nature*) 杂志发表Searls（2000）的论文，尝试找到人类的语言基因。

在DNA结构被揭示的年代，发生了乔姆斯基的语言学革命，不再是对句子的简单归类描写，而是探讨语言产生的机制。乔姆斯基提出了由一组句法规则构成的生成语言学，尝试确立各个语言共有的普遍语法，从而解释人们迅速获得的巨大语言创造能力。

但是语言的创新到底表现在什么地方，不同的学派有不同的认识。在乔姆斯基生成语言学理论框架里，语言创新表现在表层结构上，"无限创新的表层结构"是由深层的一套简单规则转换生成的。从理论上看，这种假设具有审美价值，然而不切合人类的语言应用实际。如果每个人说话的语言形式是创新，都要临时靠一组深层规则生成，那说话就变成了十分繁重的思维负担，语言交际会成为不可承受的脑力劳动。

然而从语言创新表达的角度看，创新只是词语搭配或者成分合成，构式是绝对不能随意改变或者临时创新的。在一个语言共同体内部，每一个人的大脑都有一组现成的构式，它们都是事先组装好的，而这些构式是大家共同拥有的，这是他们能够交际的基础和前提。人们在儿童时期就已经习得了这套构式，儿童具有这种认知能力。儿童只有在现实语言环境中才能学会语言，他们在学习之处需要观察、概括、记忆，但是每种语言的构式都是有限的，这种记忆认知负担并不大。然而一旦习得这套有限构式，交际就成为一种轻松容易的事情，只用临时的词语搭配就行了，不再需要多余的规则生成表层形式。从认知负担角度讲，语言合成说要优于语言生成说（石毓智2006a）。

美国的《科学》（*Science*）发表Seidenberg（1997）、Seidenberg, MacDonald & Saffran（2002）等学者的论文讨论语言习得的机制。关于这一问题有两种相互竞争的假说，一是人们通过使用频率和概率来掌握和应用语言的假说，二是乔姆斯基学派认为的是靠天生的一套规则（普遍语法）来习得语言的假设。乔姆斯基的理由之一是，有些句子出现的概率为"0"，比如他造的经典例子就是这样，然而人们仍然觉得它符合语法。在我们看来，应该分清一个关键问题，这里概率为"0"的是词语的搭配，而它所用的构式则是高频率出现的。概率习得假设有其解释力，儿童必须通过相当数量的语言使用，才能概括出其背后的构式，一旦掌握了这些构式，就可以创造性地运用各种词语组合。一旦一个构式的出现概率为"0"，即构式是完全创新的，它的意义必然是无法理解的。

八、结语

创新表达只能表现在词语搭配上,构式是一种语言语法中最稳固、最核心的部分,不允许做任何的临时变动,自然也不存在"表层形式的创新问题",否则就会导致交际问题[①]。每种语言的构式数目都是有限的,说母语者可以从具体语言应用中概括掌握,然后就可以进行无限的语言表达创新,说出和理解以前从来没有遇到的句子。

表达创新体现出语言的活力和张力,从这个角度可以更全面、更深刻地理解构式的作用和功能。一般来说,构式都有其自身的独立语用意义(Goldberg 1995,2006),比如"Mary cooked John a meal",动词cook自身并没有物体传递的意思,然而进入双宾结构后,则整个表达被构式赋予cook"传递"的意义。本章通过对创新表达的分析,证明构式具有强大的功能,能够改变一个词语的概念意义或语法功能。构式的存在保证了特殊语境的新奇表达能被创造和被理解,因此把构式理解为语言的基因也未尝不可。

[①] Su(2016)结合话语分析和大型语料库的统计,探讨创新使用随着频率的增加可以导致新构式的产生。这属于语法化的研究范畴,本章不做详细论述。

第十一章　数量语义特征对语法的制约

一、引言

从哲学的角度来看，现实世界是由"质"和"量"这两种现象组成的。"质"反映在语言中就是各种各样的不同概念或词汇，"量"反映在语言中则常表现为语法形式或标记。就是说，一种语言在表达"数量"（quantity）时，往往采用区别于"性状"（quality）的语法形式。本章所谈的"数量"是广义的，指一切与"量"有关的特征，既包括数目多少的离散量，又包括程度高低的连续量。

"数范畴"是人类语言的一种普遍现象。数量在语法形式上的典型表现就是单复数标记，世界上很多语言都有这种语法标记，比如英语的单数为零标记（one book），复数则要在名词后边加词缀-s（three books）。英语的动词也有类似的现象，其现在时的单数第三人称加-s（He works in library.），而复数则是零标记（They work in library.）。同时，英语的形容词具有比较程度的形态标记，对于单音节或者少数双音节形容词，比较级后加-er（richer），最高级后加-est（richest）。这些都是数量语义特征在语法上的表现。

汉语中也存在类似的现象，比如汉语的代词系统具有完整的单复数对立，诸如"我——我们""你——你们""他——他们"等，还有一些指人的名词也可以加"们"（老师们）。此外，汉语的突出语法特点之一就是具有量词系统，数词和名词中心语必须由量词连接。本章将讨论几种表面上看起来差别很大的语法现象，尝试说明数量与性状的对立常常导致语法形式上的差异，从而揭示汉语语法的规律性到底表现在哪儿。

二、结构助词"的"产生的历史背景及其与量词的分工

从汉语演化史上看，数量概念最容易诱发新语法形式的产生，量词的产生就是其中一个例证。名量词是表示事物的数量，动量词则是表示动作、行为的数量，可是先秦汉语是没有这两类语法范畴的，那时都是数词直接修饰名词或者动词。例如：

（1）一人有庆，兆民赖之。（《尚书·吕刑》）
（2）三人行必有吾师焉。（《论语·述而》）
（3）吾日三省吾身。（《论语·学而》）
（4）一言以蔽之。（《论语·为政》）
（5）七人常集于竹林之下。（《世说新语·任诞》）

在现代汉语中，"三人"得说成"三个人"，"三省"现在则是"三次反省"。量词系统的建立是一个长期过程，萌芽于汉魏，稳定发展于唐代，最后建立于宋元（王力 1989：18；石毓智、李讷 2001：282；石毓智 2006c：190）。量词的产生改变了数量名词短语的结构层次，这一变化产生了一种强大的类推力

量,要求非数词之外的其他修饰语与名词中心语之间也必须有一个语法标记连接。也就是在这一大背景之下,本来用作指代词和疑问代词的"底"(后改写为"的")在唐代后期开始语法化为结构助词(石毓智、李讷 1998)。这样,汉语就出现了如下的语法形式的平行发展现象:

(a) 数量修饰语+O + NP → 数量修饰语+量+NP
(b) 形状修饰语+O + NP → 性状修饰语+的+NP

跟数词与名词之间必须由量词联系的现象平行,以下四种修饰语与名词中心语之间的零标记现象也成为不合法的了,必须加上结构助词"的"。在现代汉语里,下例中的"床头捉刀人"必须说成"床头握着刀的人","李府君亲"必须说成"李府君的亲戚","夫子家禽"必须说成"夫子家的飞禽","超悟人"必须说成"非常聪明的人"。请看唐朝以前的有关例子:

(6) 魏王雅望非常,然床头捉刀人,此乃英雄也。(《世说新语·容止》)
(7) 我是李府君亲。(《世说新语·言语》)
(8) 未闻孔雀是夫子家禽。(《世说新语·言语》)
(9) 王敬仁是超悟人。(《世说新语·德行》)

结构助词与量词之间的关系在方言中表现得更加清楚。这又细分为两种情况:一是该方言中使用频率最高的量词变成了结构助词,这种现象多见于南方方言;另一种是没有固定的结构助词,干脆就用与中心语名词相配的一般量词来表示,最典型的就是广东开平方言。

1. 湖北大冶金胡话"个"用作结构助词（汪国胜 1991）

（10）a. 做庄稼个蛮坐累。（种庄稼的挺辛苦。）
　　　b. 我看见个卖条个。（我看见个卖麻花的。）
　　　c. 底个东西便宜里。（这里的东西便宜。）
　　　d. 裤头子彻新个。（短裤崭新的。）

2. 广东开平方言普通量词用作结构助词（余霭芹 1995）

（11）a. 我件帽（我的帽子）
　　　b. 我只手（我的手）
　　　c. 我个细佬卷书（我的弟弟的书）
　　　d. 这个车佬件皮衫（这个开车的皮衣）

量词和结构助词在语法功能上是平行相等的，既连接修饰语与中心语，又都可以去掉中心语而代替整个名词短语的意义，比如"我买了两本书"可以说成"我买了两本"，"我开红色的车"也可以说成"我开红色的"。虽然先秦汉语也有一个类似结构助词用法的"之"，但是不能省略中心语而独立使用其修饰语，比如"管仲之器"（《论语·八佾》）就不允许省掉中心语而说成"管仲之"。由此可见，语法标记产生的时代背景会影响其用法。

三、数量补语与程度补语的形式对立

很多学者把"这顿饭吃了我八百块钱"这类句子看作双宾结构，如陆俭明（2002）、孙天琦和郭锐（2015）。现在首先来证明，这类用例实际上也是一种动补结构带宾语的用法。其中的动补结构为"吃了八百块钱"，抽象格式为"V+R$_{数量成分}$"，"我"为整个动补结构所带的宾语。然后才能看出数量补语与程度补语在语法形式上对立。

  首先需要解释的一个问题是，为何这里的宾语出现在动词和补语之间，而一般动补短语所带的宾语则出现在整个短语之后（如"做好功课"）？上文指出，动补结构作为一个整体可以赋予一个受事论元，尽管其中的动词和补语都不能单独带宾语。然而，如果补语为多音节的复杂成分，宾语则只能出现于动词和补语之间。同类的现象还有"得"字结构，如"打得他们落花流水"，宾语"他们"也是出现在中间。特别值得注意的是，"得"字动补结构与"V+R$_{数量成分}$"之间存在功能上的互补，可以概括如下：

  1. V+（了）+O+R$_{数量补语}$。如果补语是复杂的多音节短语，而且是表示数量的，只能用这一格式，不能用"得"字结构。例如：

（12）a. 这封信写了我一个晚上。
   *这封信写得我一个晚上。
  b. 这顿饭吃了我半个月工资。
   *这顿饭吃得我半个月工资。
  c. 这台电脑修了我一个星期。
   *这台电脑修得我一个星期。
  d. 这道题做了我三个小时。
   *这道题做得我三个小时。

  2. V+得+O+R$_{状态成分}$。如果补语是复杂的多音节结构，而且

是表示状态的,就只能用"得"字结构。例如:

(13) a. 这碗汤喝得我满头大汗。 *这碗汤喝了我满头大汗。
b. 他逗得大家哈哈大笑。　　*他逗了大家哈哈大笑。
c. 那件事忙得他不亦乐乎。 *那件事忙了他不亦乐乎。
d. 装修累得他筋疲力尽。　 *装修累了他筋疲力尽。

上述两种结构中的数量成分和状态成分都是动作所带来的结果,它们在功能和使用上是互补的,这说明它们同属于同一类型的结构。其间的受事宾语都是整个动补结构所赋予的,去掉补语都不成立,但是都可以省略中间的宾语。两种格式有如下的平行关系:

(14) a. 这顿饭吃了我半个月工资。
　　　*这顿饭吃了我。这顿饭吃了半个月工资。
b. 这碗汤喝得我满头大汗。
　　　*这碗汤喝得我。这碗汤喝得满头大汗。

需要解释一个现象,为何补语是必须有的,而宾语则不是?用我们的思路很容易解释清楚,因为只有补语和动词都出现时才构成一个动补构式,整个构式赋予一个受事论元。然而,跟一般的及物动词一样,虽然它们能够带宾语,但宾语的出现并不是必需的,同理,及物性的动补构式也可以不出现宾语,如"这顿饭吃了半个月工资"等。

我们认为,"这顿饭吃了我半个月工资"属于动补结构的一种,还有另一个重要的佐证,即它与动词拷贝结构之间也存在密切的对应关系。动词拷贝结构是由于动补结构的发展而产生的，宾语为不定指时，一般用动词拷贝结构表达，比如"她做饭做累了"中的"饭"就是不定指的（石毓智、李讷 2001：216—228）。其中的第二个动词之后必须有一个补语，比如不能说"她做饭做了"。在前面所举的例子中，如果受事主语是不定指时，最自然的变换式就是动词拷贝结构。例如：

（15）a. 这封信写了我一个晚上。
　　　　我写信写了一个晚上。
　　　b. 这顿饭吃了我半个月工资。
　　　　我吃饭吃了半个月工资。
　　　c. 这台电脑修了我一个星期。
　　　　我修电脑修了一个星期。
　　　d. 这本书看了我一个通宵。
　　　　我看这本书看了一个通宵。

　　既然动词拷贝结构使用的一个必要条件是，第二个谓语成分必须是一个动补结构，那么就可以逻辑地证明，上述例子的第二个谓语成分诸如"写了一个晚上""吃了半个月工资""修了一个星期"等都是动补结构，而不是动宾结构。

　　在上述结构中，数量补语结构表示的是动词引起客体在某方面的数量变化，包括失去一定量的钱财物质（如"这顿饭吃了我八百块钱"），遭遇了某种结果（如"这个瓶子抓了我一手油"），获得某种事物（如"那把椅子坐了我一屁股水"）。至此我们可以看出，现代汉语在表达结果的补语上，存在这样的形式对立：

（a）V+得+O+性状补语

(b) V+了+O+数量补语

四、程度化形容词做定语必须加"的"

单纯表示性状的形容词做定语时,一般不加"的",比如"好书""大树""红车"等,当然有时也可以加"的",比如"好的书""大的树""红的车"。然而当形容词一旦被"程度化",定语和中心名词之间就必须加"的"。形容词程度化的手段有以下四种:

1. 程度词+A+的+N。例如:

(16) a. 最好的朋友　　　　　*最好朋友
　　　b. 非常精彩的演讲　　　*非常精彩演讲
　　　c. 很漂亮的衣服　　　　*很漂亮衣服
　　　d. 相当贵的自行车　　　*相当贵自行车
　　　e. 十分豪华的房间　　　*十分豪华房间

2. 形容词重叠式+的+N。例如:

(17) a. 大大的眼睛　　　　　*大大眼睛
　　　b. 大大方方的姑娘　　　*大大方方姑娘
　　　c. 轻轻松松的工作　　　*轻轻松松工作
　　　d. 实实在在的朋友　　　*实实在在朋友
　　　e. 干干净净的房间　　　*干干净净房间

3. 形容词+后缀+的+N。例如:

（18）a. 黑乎乎的房间　　　　*黑乎乎房间
　　　b. 红彤彤的太阳　　　　*红彤彤太阳
　　　c. 蓝盈盈的湖水　　　　*蓝盈盈湖水
　　　d. 白花花的银子　　　　*白花花银子
　　　e. 沉甸甸的包袱　　　　*沉甸甸包袱

4. "程度义的复合形容词+的+N"。例如：

（19）a. 笔直的马路　　　　*笔直马路
　　　b. 乌黑的头发　　　　*乌黑头发
　　　c. 雪白的衬衣　　　　*雪白衬衣
　　　d. 碧绿的湖水　　　　*碧绿湖水
　　　e. 火热的车间　　　　*火热车间

　　上述四种定语位置上的形容词，表面形式看起来差别很大，然而它们都有一个共同的语义特征——表达性质的程度，即被数量化的形容词短语。从这个角度来看，形容词做定语时"的"的使用具有高度的规律性。

　　形容词用在谓语位置上，也存在数量与性状的语法形式对立。当单纯表示性状时一般不加"的"，而表达程度时则往往需要加"的"，否则就不完整或者说不合语法。例如：

（20）a. 她的眼睛大（我的眼睛小）。　　她的眼睛大大的。
　　　　*她的眼睛大大。
　　　b. 那栋楼高（这栋楼矮）。　　　　那栋楼高高的。
　　　　*那栋楼高高。
　　　c. 她的脸白（我的脸黑）。　　　　她的脸白白的。

＊她的脸白白。
d. 这个房间空（那个房间满）。　　那个房间空空的。
＊那个房间空空。

五、英汉表示程度或数量的形容词的特殊用法

不论是英语还是汉语，凡是与程度或者数量概念表达有关的形容词，都具有与其他形容词不一样的语法形式和句法行为。这说明在词汇的层次上，数量概念义也对语法有影响。下面分别举例说明。

"多"和"少"都是形容词，然而它们的语法特征却与其他形容词有明显的差异。如果单独看这两个词，会觉得它们就是些个别词汇的习惯用法而已，没有什么规律可循。然而从数量与性状的语法形式对立的角度看，马上可以看出它们的用法很有规律。这两个形容词都是直接表示数量的，因而在语法上有别于表示性状的形容词。下面关于"多"和"少"的用法归纳主要是根据朱德熙（1982：76）和吕叔湘等（1980）。

1. 不能直接做定语。除了少数固定用法外，如"多民族国家""多弹头导弹"等，它们不能直接做定语，比如不能说"多人""少书"等。做定语时，必须加程度词或者否定标记，比如"很多人""好多缺点""很少人""不少书""不少问题"等。我们前面提到，一般形容词加上程度词后做定语必须加"的"，而"很多"和"不少"则不需要，因为它们自身具有数量语义特征，所以才有区别性状形容词的用法。

2. "很多"和"不少"跟"数+量"短语的用法一致，既可

以直接修饰名词,也可以省略名词中心语而指代有关事物,即"多"和"少"相当于量词的语法功能,可以指代事物,然而性状形容词则缺乏这一语法特点。例如:

(21) a. 我买了两本书。　　　我买了两本。
　　　b. 我买了很多书。　　　我买了很多。
　　　c. 我买了不少书。　　　我买了不少。

英语形容词概念的设立对数量语义特征的考量更加细致。现实世界的数量可分为两大类:离散量(discrete)和连续量(continuous)。所谓的"离散量"是指具有明确个体而可以用自然数称数的,可数名词就是如此,例如 book、car、house 等。所谓的"连续量"则是指不能分出明确个体或者没有明确边界的事物现象,诸如 water、soil、air 等。描写这两类事物现象的程度时,英语要求使用不同的形容词。

1. 英语的离散量程度形容词:many、a few、a number of、a great deal of,等等。

2. 英语的连续量程度形容词:much、little、a bit、an amount of,等等。

而且这类形容词的比较级和最高级往往用特殊的形式表达,其比较级如 less,最高级为 most、least 等。这类词的句法行为也很特殊,兼有形容词、副词、代词等功能。例如:

(22) a. Which of you earns the most money?
　　　b. It was a most beautiful morning.
　　　c. In this school, most of the children are from the Chinese

community.

"most"在例a中被用作形容词,直接修饰名词money;在例b中被用作副词,指示形容词beautiful的程度;在例c中则是一个代词,相当于"almost all"。一般形容词都没有这么多功能,它们转变词类时一般都要变形,比如beautiful用作副词时要加-ly词缀,用作名词时则是beauty。

六、含有程度义的特殊构式

在语言中,数量表达还常常形成各种固定的构式。以下讨论四种现代汉语常见的语法结构,整个构式具有强调数量或者程度的功能,用于其中的词语也有其独特的语法特征,比如不再能被自由地否定等。

1. 句型"有+代+的+名+动"的表达功能

该构式是强调其中的名词所代表的数量很多,进入该结构的动词和"有"都是定量的,不能再用否定词"不"或者"没"否定。例如:

(23) a. 有你的钱花。
　　　b. *有你的钱不花。
　　　c. *没有你的钱花。

(24) a. 有你的福享。
　　　b. *有你的福不享。
　　　c. *没有你的福享。

(25) a. 有你的罪受。

b. *有你的罪不受。

c. *没有你的罪受。

上述句子中的动词"花""享""受"都不能再跟体标记，也都不能重叠，而在普通结构中它们都可以。句中的名词"钱""福""罪"等也都不能再用数量词称数，比如不能说"有你的很多钱花"，而在普通结构中它们却都可以用数量词称数。

上述句型中的"有"也可以用"缺不了""少不了"等语义相近的词语替换，结构中的动词仍然是定量的。例如：

（26）a. 缺不了你的钱花。

b. *缺不了你的钱不花。

（27）a. 少不了你的饭吃。

b. *少不了你的饭不吃。

（28）a. 少不了你的小说看。

b. *少不了你的小说没看。

2. 句型"有+的+是+名"的程度义

该构式强调其中的名词所代表的事物数量大，它还可变换为"名+有+的+是"。位于该结构的动词"有"和"是"都是定量的，不能再加"没"或者"不"否定。例如：

（29）a. 他有的是力气。

b. 他力气有的是。

c. *他有的不是力气。

d. *他没有的不是力气。

（30）a. 他有的是书。

b. 他书有的是。

c. *他有的不是书。

d. *他没有的是书。

（31）a. 他有的是钱。

b. 他钱有的是。

c. *他有的不是钱。

d. *他没有的是钱。

该句型的表达功能是强调其中名词所代表的事物数量大，因此进入该结构的名词也都定量化了，不能再用数量词称数，比如不能说"他有的是一些力气""他有的是三本书""他有的是十块钱"等，而这些名词在其他句型中是可以用数量词称数的。正是由于结构中的名词已经定量化了，位于结构中的动词或者形容词也转化为定量的了。

3. 句型"动+着+都+形"的程度表达功能

句型"动+着+都+形"中的动词都是定量的，其中的"着"不能为"了、过"替换，动词也不能重叠，自然也不能用"不"或"没"否定。例如：

（32）a. 这事听着都新鲜。

b. *这事听（了、过）都新鲜。

c. *这事没听着都新鲜。

（33）a. 那人看着都乏味。

b. *那人看（了、过）都乏味。

c. *那人没看着都乏味。

（34）a. 那东西闻着都恶心。
　　　b. *那东西闻（了、过）都恶心。
　　　c. *那东西没闻着都恶心。

上述句型是强调位于其中的形容词的程度极高，因此进入该结构的形容词也都定量化了，既不能用程度词修饰，也不能用"不"否定，比如不说"这件事听着都不新鲜""这事听着都最新鲜"等。有时形容词也可以是否定式的，比如"这东西吃着都不对劲儿"，但是这时又只限于否定式，不能去掉"不"而转化为肯定式。一些表示积极意义的形容词，加上否定词之后仍可以用程度词序列切分，比如"不舒服"之前还可以被"有点儿""很""最"等修饰，它们有时也可以以否定形式进入上述结构，比如"瞧着都不舒服"。但是，相应的消极词则只能用于肯定式，比如只能说"瞧着都难受"，而不能说"瞧着都不难受"。

4. 表达程度的"动/形+得+形"结构

在上述结构中，结果补语位置的形容词既可以表示性状，也可以表示程度，但是两者的活动能力差别很大：表程度时不能用程度词分量级，是定量的，因此不能用"不"否定；表性状时则是非定量的，可以用程度词分量级，而且肯定否定自由。例如：

（35）a. 小赵知道得多。
　　　b. 小赵知道得比较（很、最）多。
　　　c. 小赵知道得不多。
（36）a. 这个房间舒服得多。

b. *这个房间舒服得比较（很、最）多。

　　c. *这个房间舒服得不多。

　　例（35）中的"多"是表性状的，活动能力强；例（36）中的"多"则是表程度的，活动能力极弱，只能以自身的基式出现。凡是"得"前是动词的，其后形容词一般有两层含义，比如"他了解得清楚""他跑得快""他写得好"等，一是指有"了解清楚""跑快""写好"的可能或者能力，这时的形容词都是定量的，不能加"不"否定；二是指"了解""跑""写"的结果分别是"清楚""快""好"的，这时的形容词都是非定量的，既可用程度词修饰，又可以加"不"否定。如果"得"前是形容词，整个结构一般是表示确定的程度，即为定量的，所以既不能用程度词修饰，又不能加"不"否定，比如"漂亮得很""快得多""高得多"等都是如此。

　　没有助词"得"的"动/形+补"结构的用法跟上面的一样。"补"前为动词时，整个结构还可以被"没"否定；"补"前是形容词时，整个结构表示的是一种确定的量，既不能被"没"否定，又不能被"不"否定。例如：

（37）a. 眼睛看坏了。　　　　　　眼睛没看坏。

　　　b. 钢笔写坏了。　　　　　　钢笔没写坏。

　　　c. 他乐坏了。　　　　　　　*他没乐坏。

　　　d. 他高兴坏了。　　　　　　*他没高兴坏。

（38）a. 树旱死了。　　　　　　　树没旱死。

　　　b. 狗打死了。　　　　　　　狗没有打死。

　　　c. 嘴干死了。　　　　　　　*嘴没干死。

d. 我渴死了。　　　　　　*我没渴死。

例（37）的 a、b 用的是本义，c、d 用的是引申义，表示程度极高。例（38）的情况也是这样。一些"形+不+补"短语，用于客观描写时，其中的"不"可以用"得"替换，由否定式转化为肯定式，然而表示程度时则不能做这样的变换。例如：

（39）a. 她的病好不了。　　　她的病好得了。
　　　b. 这箱子轻不了。　　　*这箱子轻得了。
　　　c. 那幢楼高不了。　　　*那幢楼高得了。

现在来考察一下"得"后的成分对前边动词肯定、否定用法的制约关系。前面讲过，"得"后的成分如果是表示能力或可能的，整个结构是定量的，既不能加"不"否定，又不能加"没"否定。"得"后如果是形容词而且是表示性状的，其前的动词能否加"没"否定的条件是：其后的形容词可用"不"否定；其后的形容词如不能加"不"否定，其前的动词也不能加"没"否定。例如：

（40）a. 信上说得清楚。
　　　b. 信上说得不清楚。
　　　c. 信上没说（得）清楚。
（41）a. 信上说得很（太、十分）清楚。
　　　b. 信上说得不很（太、十分）清楚。
　　　c. 信上没说得很（太、十分）清楚。
（42）a. 信上说得最清楚。
　　　b. *信上说得不最清楚。

　　　　c. *信上没说得最清楚。

（43）a. 看得很清楚。

　　　　b. 看得不很清楚。

　　　　c. 没看得很清楚。

（44）a. 看得清清楚楚。

　　　　b. *看得不清清楚楚。

　　　　c. *没看得清清楚楚。

由于受肯定和否定规律的制约，语义程度极高的词都不能用于否定结构。由词组成的结构也遵循这条法则，比如如果"得"后的成分是表示语义程度极高的，使其前的动词也严格定量化，既不能加"不"否定，也不能加"没"否定。

5. 英语的动补结构具有强调程度高的功能

当代英语口语中有一种相当常见的动补结构（Goldberg 1995：184—185, Goldberg and Jackendoff 2005），典型的这类结构由三个成分组成：不及物动词、结果成分、出现在前两者之中的宾语。根据我们能够观察到的例子，英语的动补结构不仅表达动作结果事件，而且都蕴含着程度高的意义。例如：

（45）a. John sneezed a napkin off the table.

　　　　b. He cried himself asleep.

　　　　c. He talked himself blue in the face.

　　　　d. The joggers ran the pavement thin.

　　　　e. He drove fifty tires bald.

　　　　f. The dog barked the child awake.

例（45）a是强调John打喷嚏的力量太大，以至于把一张纸巾也吹掉到桌子下；例（45）b强调他太伤心了，哭得太久；等等。

七、结语

本章的分析说明，一种语言的语法形式的设立不是随意的，而是有规律可循的。"数量"与"性状"这对语义范畴常常会导致语法形式的对立。从这个角度观察语言，那些看似约定俗成的不规则现象马上就显示出规律来了。本章所讨论的五类现象分别是：1.量词与结构助词的关系；2.性状补语与数量补语的标记差异；3.程度化形容词做定语必须加"的"；4.表数量的形容词区别于其他形容词的用法；5.其他若干与数量表达有关的构式。这些现象表面上看起来差别很大，实际上反映了统一的语法设计原理，由此也可以看出语法规律的和谐性。

数量与性状所造成语法形式的对立背后的理据是一个非常值得探讨的问题，有助于揭示语法的设计原理。不论是汉语还是英语，都普遍存在数量语义特征对语法形式影响的现象，关于这个方面的研究有利于揭示两种语言的对应规律，从而提高教学和学习的效率。

第十二章 语言学假设中的证据问题

一、引言

科学研究的一个常见程序是先提出假设,然后寻找证据加以验证。如何来验证假设,不同的学科有不同的手段和标准,而判断一个假说是否成立只能依赖证据。语言学领域也是如此,学者常常对同一现象提出各种不同的假设,各自都有自己的根据。那么就引出一个非常值得深思的问题:判断语言学假设是否成立的标准是什么?什么样的东西才能构成语言学假设的证据?对这些问题的解决,将有助于提升语言学研究的科学性。

当代最有影响的两个语言学流派是生成语言学和认知语言学。它们关于语言的哲学观绝大部分是针锋相对的,在具体语言的分析上往往走的是相反的路线。那么它们孰优孰劣,单在理论的层次上是无法争辩清楚的,必须寻找独立的证据。本章以对同一现象的不同分析为例来说明这个问题。不同学派的学者对"王冕死了父亲"这类句子的生成过程提出了各自的假设,并给出了各自的证据。但是他们的证据是否支持其假设,如何判断其证据的强弱或真假,都值得认真去检讨。我们认为,不论什么学派都无法保证其分析的正确性,只有建立在可靠证据之上的假设才是科学的。

二、生成语言学派所提假设中的问题

针对"王冕死了父亲"这类结构,生成语言学派的学者利用乔姆斯基不同时期的理论框架、观点和方法进行了多角度的分析,提出了各种各样的假设。沈家煊(2006)对这些假设所存在的问题给出了精到的评析,认为主要问题是缺乏直接的证据、理论内部缺乏自洽、忽略变换前后形式之间的差别等。这里只补充一些我们的看法。

生成语言学派所提出的种种假设,充分暴露了该理论长期以来没有解决好的一个关键问题:缺乏客观的标准来确立一个表层结构的基础形式(underlying form),无法找到直接的证据而导致各种臆猜的出现。结果,即使同在这个理论框架下进行研究,不同学者的观点仍然针锋相对、相互矛盾,而且都无法说服对方,从而证实自己分析的优越性。这在对下一个句子的分析上表现得淋漓尽致:

(1)王冕死了父亲。

上述这个句子只有三个成分,生成理论所谈的"移位"只能是左向的,该学派的学者设定它的基础形式几乎穷尽了所有的逻辑可能。

1. 基础形式为"死了王冕的父亲"(徐杰1999,2001;韩景泉2000;温宾利、陈宗利2001)。"王冕"由宾语的领属格移到主语的位置。

2. 基础形式为"[VP 王冕 experience [VP父亲死了]]"（朱行帆2005）。核心动词"死"向上移位并跟EXP合并。

3. 基础形式为"[王冕]_话题死了父亲"（潘海华、韩景泉2005）。"王冕"是话题，它是在句首话题的位置"基础生成的"（base-generated）。

上述基础形式的确立具有很大的随意性，是根据乔姆斯基的理论观点而设定的，诸如"外显名词赋格"说、"轻动词"说、"基础生成"说，诸如此类，都是纯粹的理论假设。一个学者要从某一理论视角切入，那就会设定有利于自己分析的"基础形式"。注意，千万不要以为这些所谓的基础形式是生成表层形式之前的大脑状况，根据认知心理学的实验，人们在说出语句之前，大脑里不存在任何线性的语言形式，只有神经元和神经纤维。那么判定各种基础形式是否存在，只能依赖外显的语言形式。这样马上可以看出问题：根据我们对历时和共时材料的广泛调查，"死了王冕的父亲"是不合语法的，有定性的名词偏正短语只能出现在动词之前，现实的语言中只能见到"王冕的父亲死了"这类结构。如果把这看作基础形式的话，那么整个分析就得改变。"轻动词"说就更不可思议了，这个成分不仅是无形的，而且在汉语中甚至找不到一个合适的动词，要用英语的experience来表达。如果换为相应的汉语动词"经历"，可以肯定地说古今没有一个人是这样用的："王冕经历父亲死了"，它是一个违反汉语语法的句子。"话题基础生成"说也是与语言事实相违背的，请看下面的话题化过程：

（2）我已经看完了这本书。→[这本书]_话题我已经看完了。

我用这把刀杀鸡。　　→ [这把刀]_{话题}我用它杀鸡。

上述两句的话题化所涉及的移位十分明显，特别是第二句话题化成分的原来位置还有一个代词"它"与其形成回指关系。如果"基础生成"说是真的，那么就自然得出结论说：有些话题化需要移位，有些话题化则不需要移位。这样的语言分析就有点儿随心所欲了。

总之，生成语言学派要保证其分析的准确性和科学性，必须解决好一个问题：用客观的标准和确实的证据来设立其作为其分析出发点的基础形式。如果这一基本问题没有解决好，那么任何建立在这种基础上的分析，不论形式多么精致，推演的过程多么符合自身的理论规范，都无法保证其结论的可靠性。

三、"糅合"假设的问题

（一）构式的归纳及其意义的概括

构式语法理论在沈家煊（2006）的分析中起着重要的作用，如何归纳句式必然会导致截然不同的"糅合生成过程"。然而构式语法理论没有解决好的一个问题恰好就是在什么语义层次上概括一个构式，是不是一个构式只能有一种语法意义。沈先生认为"王冕死了父亲"和"我来了两个客户"属于两个不同的构式，前一个构式的意义为"丧失"，后一个为"得到"，它们的"类推源项"不同，来自各自独立的糅合生成过程。这是在"丧失—得到"这一对语义层次上所做的概括。然而如果从"行为"和"施事"关系上看，可以把两类句子归纳为一个构式：S+V$_{行为}$+O$_{施事}$。

我们把它们归纳为一个构式具有以下三条理由。

第一，它们在更高层次上的抽象的语法关系是一致的：其宾语皆为谓语动词的主体或者行为的发出者。

第二，汉语的语法系统的整体特点支持这一分析。汉语的很多句式都在较低层次上具有两个相反的语义特征，比如双宾结构概括意义是表示物体传递的，但是可以具体表示"给予"和"取得"两种相反的意义：

（3）我送了王教授一本书。　　我拿了王教授一本书。
　　　我买了王教授一本书。　　我卖了王教授一本书。
　　　老王嫁了他一个女儿。　　他娶了老王一个女儿。
　　　我送了小张一张邮票。　　小张抢了我一张邮票。

不能认为上述左右两栏的句子分属于两种不同的句式，因为很多单一的动词也可以有两种相反的意义：

（4）小王借了他一万块钱。　　我租了他们一间房子。
　　　他上了我一门课。　　　　我分了他一个面包。

上述每个句子既可以表示"取得"，又可以表示"给予"。显然不能把同一动词的同一结构划分成两种构式。我们已经有专文详细讨论了汉语双宾结构的语法意义产生的概念化原因（石毓智2004）。

即使最常见的动宾结构，也存在两种完全对立的语法意义。比如宾语既可以是动词的受事，又可以是动词的施事。例如：

（5）他在吹蜡烛。　　　　　　他在吹风扇。
　　　他在晒衣服。　　　　　　他在晒太阳。
　　　他在烤白薯。　　　　　　他在烤火炉。

从行为能量作用的方向（矢量）看，上述左右两栏的动宾关系恰好相反：左栏是由左向右，右栏则是由右向左。但是仍应该把它们看作一种句式，动宾之间的抽象语法意义是动作行为与所关涉的对象。

第三，从历史上看，两类格式产生于同一时期，即宋代。比如，"万秀娘死了夫婿"（《万秀娘仇报山亭儿》）和"只见跳出一个人来"（《错斩崔宁》）之类的说法，都最早见于宋代的话本，前者与"王冕死了父亲"用法相同，后者则与"王冕来了两个客户"属于一类。后文还将详细讨论它们产生的共同历史背景。

至此可以看出，把"王冕死了父亲"和"我来了两个客户"归纳成一种句式，是与汉语语法系统的整体特性相吻合的。而且下文将讨论，这一分析还得到历史事实的支持。如果它们事实上代表的是一种句式，那么不仅关于它们的"糅合生成过程"要做重大的修正，而且其产生机制甚至都不是"糅合生成"性质的。

（二）语法结构的产生和新词语构造之间的本质区别

沈先生论证语法结构来自"糅合"的重要证据是，很多词汇的构造也是由"糅合"而产生的。他进一步明确指出，"这样的造句方式跟'类推糅合'的造词机制没有什么本质上的区别"。所举的其中一个例子如下：

　　a. 身体　　　　　　b. 脚

x. 山　　　　　　　　y.（山的底部）← 山脚

他又指出，"推介"是"推广"和"介绍"的糅合，"建构"是"建立"和"构造"的糅合。并强调"在汉语里糅合不仅是造词的重要方式，也是造句的重要方式"。

我们认为构造新词的方式不能作为"造句方式"的证据，因为它们之间存在本质的差别。理由简述如下：

构造新词并不增加构词方式的种类。"山脚"的结构仍然是汉语大量存在的偏正结构，"推介"也是普遍存在的并列结构。然而，"王冕死了父亲"这类句子则是原来不存在的独立的新句式。

所举的构造新词的例子是真正属于"糅合"，因为结果项包含（糅合）了两个源项中的成分，比如，"推介"是糅合两个源项的第一个成分而成的。它们的糅合具有显而易见的直接证据。而"王冕死了父亲"则缺乏这种直接证据。换句话说，如果语言中存在或者曾经存在"王冕丢了父亲"这种用法，那么沈先生的"糅合生成"说将会具有巨大的说服力。可惜并不存在这样的现象。词语是一个开放的系统，可以随着交际的需要而不断增加，没有数量的限制，经常处在变化之中。然而，语法结构是一个封闭的系统，新语法结构的产生受很多条件的限制，特别是受当时整体语言系统的制约，它们的产生和发展是缓慢的、成系统的。两者的性质不同，不能用词汇系统的情况来论证语法系统的性质。

沈先生对"糅合"（blending）"和"类推"（analogue）不加区别，然而在我们看来，这两者是不同的。糅合的结果形式通常包含有源形式的要素，而且不要求源形式与结果形式之间具有结构对应关系，可以由语言使用者个人创造，出现相对比较自由，比如"推介"各取源形式的第一个语素，它是并列复合词，而第一个源形式"推广"则是动补结构，它们的短语结构并不一样。然而类推则要求形式上的对应和意义上的相关，而且源类推项一定是一个更基本、更常见的，语言结构的类推是由整个语言社团所决定的，类推的结果必须与源形式在结构上一致或者相似。

因为沈先生混同了"糅合"和"类推"，在解释句式的生成过程时就出现了不一致：

A. a. 王冕的某物丢了　　　b. 王冕丢了某物
　　x. 王冕的父亲死了　　　y. —　←王冕死了父亲
B. a. 我有所得　　　　　　b. 我得了某物
　　x. 我有两个客户来　　　y. —　←我来了两个客户

根据沈先生的分析，只有"王冕死了父亲"的生成可以看成是类推，因为它与源形式的结构完全平行。而"我来了两个客户"则只能看作糅合，不可能是类推，因为"我有所得"与"我有两个客户来"的结构显著不同。如果存在"我有某物得"或者"我有所来"的说法，那才有可能把"我来了两个客户"解释为类推生成。

（三）与历史事实的不相符

沈先生的假设蕴含着一个历时发展过程，他可能也意识到了这一点，因此在其文的第三部分用体标记"了"和数量词的历史发展过程,来说明"糅合"在历史上对新语法格式产生的作用。但可惜的是,沈先生没有从历时的角度考虑"王冕死了父亲"句式的产生过程,结果造成了其假设明显与历史事实相悖的现象。

从历史上看,"王冕死了父亲"不可能来自"王冕丢了某物"的类推糅合。因为前者句式的出现可以上溯到13世纪,而用作"丧失"意义的"丢"到了18世纪才出现。两者相差五六百年的时间,不可能早已存在的形式是后起形式的类推结果。下面简述它们的发展过程。

我们做了广泛的调查,发现宋代以前的文献是没有"王冕死了父亲"这种用法的,在宋代以前只能是"死"的主体在前面做主语,那时只能说"一人死了"(《敦煌变文·庐山远公话》),而不能说"死了一人"。"王冕死了父亲"这类用法最早见于南宋的话本。例如:

(6)万三员外女儿万秀娘死了夫婿,今日归来,我问你借扁担去挑笼杖则个。(《万秀娘仇报山亭儿》)

(7)今日听得说万员外底女儿万秀娘死了夫婿,带着一个房卧也数万顷钱物,到晚归来。(《万秀娘仇报山亭儿》)

元明时期的文献时常可以见到这种用法,到了《儒林外史》时期已经相当普遍了。例如:

(8)怎生死了我那孩儿来。(《关汉卿戏曲集·邓夫人苦痛哭存孝》)

(9)这伙秃驴欺得我也够了,我如今死了养爹,更没个亲

人。(《三遂平妖传》八回)

(10) 老身只为死了老公，儿女又不孝顺。(《三遂平妖传》第十三回)

(11) 爷儿两个告状，死了儿，这才死了咱哩！(《醒世姻缘》第八回)

(12) 人姓王名冕，在诸暨县乡村居住；七岁时死了父亲，他母亲做些针黹，供给他到村学堂里去读书。(《儒林外史》一回)

(13) 不瞒你说，我是六个儿子，死了一个，而今只得第六个小儿子在家里。(《儒林外史》二十五回)

顺便指出，历史上并没有"王冕死了父亲"的实际用法，是现在的语法学家构造出来的，原文为"七岁时死了父亲"，主语"王冕"承前省略。通过下文的分析将会看到，这个时间词"七岁时"非常重要，可以揭示该类句子的来源。

"丢"是一个在近代汉语中才出现的动词。《古汉语常用字字典》[①]和《古代汉语词典》[②]都没有收录这个字。《古今汉语词典》[③]给出的最早用例是《水浒传》中的，而且一直到18世纪"丢"都是一个自主的及物动词，表示：(1) 扔，抛弃；(2) 搁置，放下；(3) 遗留。它现代汉语的"丧失""失去"义直到18世纪中叶在《红楼梦》中才出现。我们还可以借助于断代词典来进一步确立"丢"产生的时间和早期用法。

江蓝生、曹广顺 (1997) 编的《唐五代语言词典》没有收

[①] 商务印书馆，1999年。
[②] 商务印书馆，2003年。
[③] 商务印书馆，2000年。

录"丢"这个字。龙潜庵（1985）的《宋元语言词典》和李崇兴等（1998）的《元语言词典》都收录了"丢"这个字，给出最早的用例都是来自元杂剧的。他们归纳出的"丢"在那个时期的义项都是自主的及物动词，尚无"失去"的意义。同时我们也对从魏晋到元明时期的文献做了大量调查，这些词典基本上符合当时的情况。请看它的早期用法：

（14）踢翻了交椅，丢（注：扔）去蝇拂子，便钻出来。（《水浒传》二十九回）

（15）麓鞭仗把你那胯骨上丢（注：打）。（《玩江亭》三折）

（16）抬过押床来。丢（注：抛）过这滚肚索去。（《关汉卿戏曲集·包待制三勘蝴蝶梦》）

我们对《儒林外史》中的"丢"的用法进行了周遍性调查，共出现43次，全都是用作及物动词，尚没有"丢失"的用法。例如：

（17）王员外慌忙丢了乱笔，下来拜了四拜。（《儒林外史》七回）

（18）把呈子丢还他，随他去闹罢了。（《儒林外史》十四回）

（19）恰好三房的阿叔过来催房子，匡超人丢下酒多向阿叔作揖下跪。(《儒林外史》十六回)

到了稍后的《红楼梦》里，"丢"才发展出了"丢失"的用法，自此以后该用法才普遍使用起来。例如：

（20）又问外孙女儿，我说看灯丢了。（《红楼梦》二回）

（21）前儿好容易得的呢，不知多早晚丢了，我也糊涂了。(《红楼梦》三十一回）

（22）倒是丢了印平常，若丢了这个，我就该死了。(《红楼梦》三十二回）

根据以上调查，我们可以肯定地说，"王冕死了父亲"这类用法不可能是与"王冕丢了某物"糅合类推而生成的。那么是不是可以说它是与早期表示"丢失"概念的动词"遗"或者"失"糅合的结果呢？这种假设马上遇到的一个问题是，"遗"和"失"在先秦的文献中已经普遍使用，为什么到了13世纪这两个词逐渐走向衰落时方才对"死"发生类推作用呢？更重要的是，"死"在先秦已经有了"丧失""失去"义（例如：流言止焉，恶言死焉。《荀子·大略》），这样就无法解释何以到了13世纪以后才能有用于"丧失"类动词的句型。这个假设不成立的一个更重要的理由是，"王冕死了父亲"的用法并不是孤立的现象，而是那个时代汉语整个语法系统发展的结果，不是跟某个特定的词语"糅合"的产物。

四、"王冕死了父亲"之类用法产生的动因

（一）施事宾语结构的产生与发展

上文指出，从行为和施事的角度看，"王冕死了父亲"和"我来了两个客户"应属同一句式。这可以得到强有力的历史证据：它们产生的时间几乎是同时的，都是出现在13世纪左右，

最早的例子也都见于南宋的话本中，尔后则逐渐普遍起来。

（23）大娘子和那老王吃那一惊不小，只见跳出一个人来。（《错斩崔宁》）

（24）前日走了黑旋风李逵①。（《水浒传》四十四回）

（25）昨夜失了这件东西。（《水浒传》五十六回）

（26）两兄弟上岸闲步，只见屋角走过一个人来。（《儒林外史》八回）

（27）只见庵内走出一个老翁来。（《儒林外史》十六回）

（28）胡府又来了许多亲戚、本家。（《儒林外史》十八回）

（29）风过处，跳出一只老虎来。（《儒林外史》三十六回）

（30）天长杜家也来了几个人。（《儒林外史》四十五回）

（31）我家现住着一位乐清县的相公。（《儒林外史》十九回）

（32）前日这先农祠住着一个先生。（《儒林外史》四十回）

（33）家住客，我不送罢。（《醒世姻缘传》十一回）

在近代汉语中，动宾为行为和施事关系的句子一般都是存现句，主语或者谓语之前的位置多为地点和时间短名词，表示在某一地方或者某一时间存在、出现、消失了某一事物。指人的名词也可转喻为地点，因此就可以出现在这类结构的主语位置上。比如下述例子中"他"可以转喻为"他所处的场所"。

（34）蓉大爷才是他的正经侄儿呢，他怎么又跑出这么一个侄儿来了。（《红楼梦》六回）

---

① 本例和下例引自王建军（2003：198）。

"王冕死了父亲"一类的说法也与存现句密切相关。请看《儒林外史》的全部五个同类用例：

（35）人姓王名冕，在诸暨县乡村居住；七岁时死了父亲，他母亲做些针黹，供给他到村学堂里去读书。(《儒林外史》一回)

（36）好好到贡院来耍，你家又不曾死了人，为甚么号啕痛哭？"(《儒林外史》三回)

（37）不瞒你说，我是六个儿子，死了一个，而今只得第六个小儿子在家里。(《儒林外史》二十五回)

（38）父亲在上，我一个大姐姐死了丈夫，在家累着父亲养活，而今我又死了丈夫，难道又要父亲养活不成？(《儒林外史》四十八回)

上述前三个用例都宜看成存现句，例（35）有时间词"七岁时"，例（36）有地点名词短语"你家"，例（37）则有承前省略的范围"六个儿子"，都是表示某一时间、地点或者范围发生某些事情。例（38）的两个主语都是指人名词或者代词，也可以把它们看作广义的地点。在现代汉语的存现句里，指人名词和所生活的地点经常可以互换而不改变意思。例如：

（39）我家今天又死了一盆花。　→ 我今天又死了一盆花。
　　　我家今天又来了两个客人。　→ 我今天又来了两个客人。

把"王冕死了父亲"和"我来了两个客户"都看作源自存现句，主语通过转喻而变成了普通名词。这一观点不仅得到历史事实的支持，而且也与整个汉语语法的系统特性相符合。跟汉语的双宾结构可以表示"取得"和"给予"两个相对的特点一样，汉语的存现句也可以表示"丧失"和"获得"两个相反的意思。

（二）汉语存现句结构的历史变化

汉语历史上出现的存现句类型很多，我们这里只讨论相关的类型。上面所谈及的存现句有两个特点，一是动词指不及物的具体的行为，二是宾语为不定的名词[①]。

魏晋以前的这类结构的抽象格式为：(有+NP)+ PP+VP。例如：

（40）有蛇自泉宫出[②]。(《左传·文公十六年》)

（41）顷之，上行出中渭桥，有一人从桥下走出，乘舆马惊。(《史记·张释之冯唐列传》)

上述例（40）的现代汉语对应表达为"泉宫爬出了一条蛇"，例（41）则为"从桥下走出了一个人"。但是那个时代是不允许这种句式的。不定名词和介词短语都出现在谓语之前，也就不可能有"他家来了一个客人"之类的表达。

根据储泽祥等（1997）的考察，谓语为具体行为动词的存现句萌芽于唐代，发展、成熟于宋代。例如：

（42）本是楚王宫，今夜得相逢，头上盘龙结（髻），面上贴花红。(《敦煌变文集·下女夫词》)

（43）门前挂着一枝松柯儿。(《一窟鬼癞道人除怪》)

[①] 可能有人认为"王冕死了父亲"中的"父亲"是有定的，而这是从现实生活中推出来的，语言表达形式上仍然是不定的。下文还将讨论这一点。

[②] 引自储泽祥等（1997）。

（44）却见一个后生，头带万字巾，身着直缝宽衫，背上驮着一个搭膊。(《错斩崔宁》)

（45）白纸上写着黑字儿哩。(元杂剧《看钱奴》)

这种存现句到现在越来越普遍。这种结构的产生与当时汉语语法系统经历的一个大变化有关。该类结构直接来自下述句子结构：

（46）辄含饭著两颊边。(《世说新语·德行》)

（47）埋玉树著土中。(《世说新语·伤逝》)

早期的地点介词短语是出现在受事宾语之后的。由于受动补结构产生类推的影响，早期的所有谓语动词之后的非结果性质的介词短语逐渐被限制在谓语动词之前，比如被动结构、比较句等都经历了类似的变化（详见石毓智2003b）。上述句子的相应语序变化就是"辄两颊边含饭"和"土中埋玉树"。这类存现句绝大部分都包含一个体标记"了"或者"着"，而体标记的产生也是动补结构发展的结果之一，它们的出现也许对这类存现句的出现起了一定的促进作用。

但是在初期，结构中的动词和宾语的关系仍然是最普通的动作和受事的关系。那么如何来解释"王冕死了父亲"这种行为和施事（主体）结构的出现呢？这也与动补结构的最后建立密切相关。

（三）动补结构的建立所带来的一个句法后果

动补结构的建立是一个长期的历史过程，关键的发展时期是在唐朝，最后的建立是在宋朝。这一事件对现代汉语语法系统的形成产生了深远的影响（详见石毓智2003b），直接后果之一是促使"王冕死了父亲"之类用法的出现。在动补结构产生之前，如果一个成分是不及物性质的，且表示宾语的行为，语序只能是"VOR"。下面以"死"概念的动词为例来加以说明①。

（48）城射之殪。（《左传·昭公二十一年》）
（49）击陈柱国房君死。（《史记·陈涉世家》）
（50）犬遂咋蛇死焉。（《太平广记》卷四三七）
（51）匠人方运斧而度，木自折举，击匠人立死。（《太平广记》卷三十一）

在宋代以前，"死"作为另一动作带来的结果，如果有宾语的话，则只能出现在宾语之后②。但是到了宋代动补结构最后建立的时候，上述结构就逐渐变成了"VRO"，结果补语"死"也就可以出现在它的施事名词之前。例如：

（52）秦时六月皆冻死人。（《朱子语类》卷七十九）
（53）你却如何通奸夫杀死了亲夫，劫了钱与人一同逃走？（《错斩崔宁》）
（54）当言不言谓之讷，信这虔婆弄死人。（《清平山堂话本·快嘴李翠莲记》）

---

① 这部分的引例和描写参照了太田辰夫（1987）和石毓智（2003）。
② 根据我们看到的其他学者的调查，宋以前的文献只有六朝的一个孤例，可能是其他原因造成的，不足为凭。

在主要动词因为某种语用因素，不清楚或者无须说出来时，就会出现"死+NP$_{施事/主体}$"的用法。例如：

（55）上天生我，上天死我，君王呵不可！（《元刊杂剧三十种·晋文公火烧介子推杂剧》）

至于"上天"采取什么样的行为致"我"死，因为不清楚，所以就缺少了主要动词。这种动宾结构一出现，"死"就有可能用于新兴的存现句，结果就有了"万秀娘死了夫婿""王冕死了父亲"之类的说法[①]。

宋朝以前汉语广泛存在使动用法，比如"则修文德以来之"（《论语·季氏》），按理说，"死"有可能出现在上述结构中，但是那时存在一个与其概念相同的专职及物动词"杀"，两者之间有着明确的分工，就不可能有"死我"之类的说法出现。虽然魏晋及其之前的"死"也可以带名词宾语，但是宾语一般限于非生命的目的或者原因，例如：

（56）今亡亦死，举大计亦死。等死，死国可乎？（《史记·陈涉世家》）

（57）且勇者不必死节，怯夫慕义，何处不勉焉。（司马迁《报任安书》）

（58）夫守节死难者，人臣之职也。（《盐铁论·忧边》）

总之，上述所讨论"死"的用法变化远不是孤立的现象，

---

① 元杂剧和南宋话本在时间上紧邻，而且有学者认为南宋话本可能经过后人的加工，因此可以相互印证。

而是那个时代汉语所经历的一个大的系统变化的具体表现之一。比如魏晋时期表示"醒"的概念做补语也是只能出现在施事宾语之后:"唤江郎觉"(《世说新语·假谲》),到了宋代则出现在宾语之前:"故夫子唤醒他"(《朱子语类》卷二十),因此后来才有可能出现"这个房间又醒了一个客人"之类的说法。

(四)结构赋义规律的建立及其影响

我们对《儒林外史》及其之前的大量文献进行了统计,"王冕死了父亲"之类的说法只限于宾语为不定的情况。这里的"父亲"虽然根据常理可以推知是"王冕的父亲",但是语言形式所表达的仍然是不定的,如果语言形式是有定的则不能用于这一结构,比如不能说"*王冕死了他的父亲"。对《儒林外史》的统计显示,凡是有定的施事名词则只能出现在"死"之前,例如:

(59)落后他父亲死了,他是个不中用的货,又不会种田。(《儒林外史》十二回)

(60)小的父亲死了。(《儒林外史》二十六回)

(61)不到一年光景,王三胖就死了。(《儒林外史》二十六回)

在现代汉语里,本章所讨论的存现句的宾语也限于不定的,如果换为有定的,句子就不成立。例如:

(62)他死了一盆花。　　　　　*他死了那盆花。
　　　他跑了一只狗。　　　　　*他跑了那只狗。
　　　他来了一个客人。　　　　*他来了那个客人。
　　　他出了一个疖子。　　　　*他出了那个疖子。

上述存现句属于"结构赋义规律"的具体表现之一，因此它的产生与该规律的建立很有关系。我们根据对现代汉语的广泛调查，总结出"结构赋义"的规律为：

1. 对于光杆名词（包括缺乏有定性修饰语的名词短语），出现在动词之前时被自动赋予一个"有定"的语义特征，动词之后则被赋予一个"无定"的语义特征。

2. 名词在动词之前要表示"无定"时，必须借助于词汇标记"有"等；名词在动词之后要表示"有定"时，必须借助于词汇标记"这""那"等。（详见石毓智 2002）

请看下面的对比：

(63)（a）人来了。　（b）来人了。　（c）有人来了。

例（a）的"人"指的是特定的某一个；例（b）的"人"是不定的，例（c）的位于动词之前要表示无定，则需要加"有"。

对于上述存现句则要求更严，宾语只能是无定的，而不允许采用词汇形式使其有定化。那么上述的结构赋义规律的产生时间，对我们考察这类存现句的产生动因至关重要。关于汉语语法史的考察，人们的注意力多放在有形的标记或者结构上，而很少有人注意到特殊句法位置上的成分所表达的意义的改变。然而句子成分所表达的意义的变化往往是我们探讨一些重大语法变化的关键。结构赋义规律并不是自古到今都是如此，那么它是在什么时候产生的？我们设计了一个简单的方案来回答这一问题：以最常做行为动作的主语"人"为统计对象，看它有定和无定的表现形式的变迁。我们的逻辑推理是：

"如果结构赋义规律已经建立，那么光杆名词'人'做主语就必须表示有定；如果要表示无定，则必须加'有'等词汇标记。假如某一个历史时期'人'的使用缺乏这些特征，那么就可以认定结构赋义规律不存在或者尚未建立。"

用上述标准考察历史，可以断定先秦汉语不存在现代汉语的结构赋义规律。我们考察了反映先秦语言面貌的主要文献《十三经》，单独的"人"（包括缺乏有定性修饰语的复合名词）用作主语大都是表示无定的。例如：

（64）门人问曰："何谓也？"（《论语·里仁》）

（65）乡人饮酒，杖者出，斯出矣。（《论语·乡党》）

（66）门人不敬子路。（《论语·先进》）

（67）人皆有兄弟，我独亡！（《论语·颜渊》）

（68）尔所不知，人其舍诸？（《论语·子路》）

（69）夫子时然后言，人不厌其言；乐然后笑，人不厌其笑；义然后取，人不厌其取。（《论语·宪问》）

（70）女为周南、召南矣乎？人而不为周南、召南，其犹正墙面而立也与！（《论语·阳货》）

（71）人曰："子未可以去乎？"（《论语·微子》）

（72）我之不贤与，人将拒我，如之何其拒人也？（《论语·子张》）

上述句子的主语不能直接翻译成现代汉语，需要加上"有""别（人）"等。在整个"十三经"里，只在《孟子》中发现两例"人"做无定主语时在前面加"有"：

（73）今有人日攘其邻之鸡者。（《孟子·滕文公下》）

（74）有人曰："我善为陈，我善为战。"（《孟子·尽心下》）

例（73）"今有人"可以看作一个存现结构，"有"还不是一个无定标记。例（74）很像现代汉语的有定标记，但是只是一个孤例。

那么到了公元5世纪的文献《世说新语》中，情况已经发生了重大变化，虽然尚有"人"做无定主语不加"有"的用例，但是以加"有"的为常见，共出现了17次。例如：

（75）人问其故，林宗曰……（《世说新语·德行》）

（76）人问："痛邪？"（《世说新语·德行》）

（77）太中大夫陈题后至，人以其语语之。（《世说新语·言语》）

（78）有人道上见者，问云："公何处来？"（《世说新语·文学》）

（79）阮宣子伐社树，有人止之。（《世说新语·方正》）

（80）后有人向庾道此。（《世说新语·雅量》）

（81）有人目杜弘治"标鲜清令，盛德之风，可乐咏也。"（《世说新语·赏誉》）

（82）有人道孝伯常有新意，不觉为烦。（《世说新语·德行》）

（83）有人问谢安石、王坦之优劣于桓公。（《世说新语·德行》）

上述现象说明"结构赋义"规律在5世纪左右开始形成，但是尚未发展成为一条严格的规律。它最后形成一条严格的规律究竟在什么时代，尚需要进行深入系统的探讨。从5世纪的"人"的使用情况来看，到了8世纪左右这条规律应该逐渐趋于严格。

关于结构赋义规律产生的时间，还有一个重要的历史证据是"受事_话题_＋施事_主语_＋VP"结构的发展。现代汉语里，还可以把受事名词移到句首话题化来表示有定，比如"书他已经看完了"中的"书"是指交际双方都知道的那一本。光杆名词移到句首做话题，被自动赋予一个有定的特征，这也是结构赋义的另一种表现。根据孙锡信（1997：136—137）的考察，该结构在先秦罕见，汉魏时也不多，普遍运用于唐五代，迅速发展于元明时期。例如：

（84）钱财奴婢用，任将别经纪。（《王梵志诗》）
（85）茶钱洒家自还你。（《水浒传》三回）

根据上下文判断，上例中的"钱财"和"茶钱"都是有定的。

唐朝是结构赋义规律建立的关键时期，可以推知到了宋以后该规律就更加严格。要求不定宾语的新兴的存现句正是在这个时期产生的，我们认为这两件事之间存在内在的因果联系。

（五）"王冕死了父亲"句式产生的历史条件的总结

根据以上的分析，我们可以得出以下几条结论：

1. "王冕死了父亲"和"他来了两个客户"都属于存现句，该类存现句可以表示"丧失"和"得到"两种对立意义，其主语是通过转喻由地点名词变成指人名词。

2. 动补结构的建立对这类存现句的出现起着重要的作用。

这表现在两个方面：一是促使非结果的介词短语由动词之后向动词之前移动，导致了存现句结构的变化；二是"死"类不及物动词做补语可以出现在施事宾语之前，为"行为-施事"关系动宾结构的出现创造了条件。

3. 结构赋义规律在唐宋时期的建立对新兴的存现句的产生和应用起到了推动作用。

五、类推的条件

沈家煊又举出汉语史上的两个变化来说明"糅合"[①]对新语法格式产生的影响。一是"VO了"变成"V了O"是受"V却O"的类推影响；二是记数格式"名+数+量"因为受记量格式的类推而变成了"数+量+名"。这一分析会遇到下列困难：

1. "V却O"也是中古汉语之前不存在的格式，那么它最早是如何产生的？更重要的是，类推是有方向性的，一般是常见的、基本的去类推少见的、非基本的，而不会相反。唐宋时期表达完成体时，"VO了"比"V却O"更为常见和基本，如果有类推，只能是由前者类推出后者，而不会是相反。根据我们的调查分析（详见石毓智、李讷 2001），"了"的位置的变化并不是某一个特定用例类推的结果，而是那个时代动补结构这个大变化中的一个具体变化。从整体上看，汉语的动补结构经历了"VOR→VRO"的语序变化，体标记是动补结构的一

[①] 这里沈先生把"糅合"与"类推"完全等同起来，我们认为，根据所举现象的性质宜看作"类推"。

个子类，它与整个动补结构发展的动因和步骤是一致的。而不可能是每一个动补用例的发展背后就有自己的单独一个类推源形式。

2. 个体量词系统是后来才产生的，原来的名词计数格式为"数+名"，即数词位于名词之前，比如"百两必千人"(《左传·昭公十年》)。上述类推解释遇到的困难是，度量衡单位词在先秦已经是在名词之前，既然会发生后来的类推变化，那么后起的个体量词为什么还会节外生枝地走弯路，先出现"名+数+量"，后又被类推成"数+量+名"？从类推的一般规律来看，这种解释也是很令人怀疑的。记数格式远远比记量格式出现的频率高，它们之间如果有类推关系，也只能是前者类推后者，而不可能是相反。语言发展中的类推机制受到很多条件的限制，除了使用频率这个因素外，还受到当时整个语言系统的制约。根据我们的研究，数量名词短语的早期语序及其后来的改变，都是由那个时期语法系统的整体状况决定的（详见石毓智、李讷2001）。

六、结语

在分析同一现象时，不同的学者根据自己的学识、观察的角度、调查的范围等，提出各种各样的假设。那么如何判断这众多假设的优劣，或者说如何使假设上升为科学结论，是一个不可回避的重要问题。目前很多研究大都是停留在假设的层面上，大家面对同一现象众说纷纭，莫衷一是，极大地影响了语言研究的科学性。要推动语言学的发展，必须弄清楚什么是构成一个假设赖以成立的证据，特别是从哪里去寻找假设的证据。我们认为以下四个方面是一个假设赖以成立的主要证据来源。

1. 历史语言材料。很多关于共时语言现象的假设都蕴含了一个历时过程，如果能够在历史中找到证据，就会大大提高假设的科学性。具有因果关系或者类推关系的两个现象，不仅要在产生的时间上契合，而且要有内在的关联性，还要找到直接的历史证据。

2. 语言的共性。生成语言学派的学者分析一个语言现象时，常常需要确定它的深层形式（underlying form），而这些深层形式常常是既无法在一个语言的共时系统中找到，也无法在其历时系统找到。那么，如果在其他大量的语言中发现这种深层形式的存在，就会大大提高其假设的可靠性，也会使得其在此假设基础之上的分析具有可信性。

3. 心理实验的结果。如果一个假设既无法在一个语言的历时和共时系统中找到证据，也没有跨语言事实的支持，那么心理实验是证据的可靠来源。这是一个难度比较大的工作，涉及实验方案的确立、仪器的使用、实验数据的诠释等众多因素。

4. 语言的共时系统性。语言是一个有机的整体，语法的各种结构和标记相互制约、相互依存，因此对一个现象的解释要考虑到有关的其他方面。关于同一现象存在两种假设，如果其中一个不仅能够解释所讨论的对象，还能够解释相关现象，那就是比较好的假设。

上述四个方面的证据是相容的，一个假设得到的证据越多，它的可靠性就越高。在寻找语言学假设的证据时，还应该避免一些误区。常见的错误有：为了某种理论内部系统的自恰，或者为了理论概念假设的成立，从而设定一个有利于自己分析的基础形式。理论是为了解释语言现象的，而不能对语言现象削足适履来迁就理论。这是每一个学者在研究中值得深入思考的问题。

第十三章　从脑神经科学看语法系统

一、引言

人类之所以为万物之灵，是因为拥有两大超强功能的系统：中枢神经系统和语言系统。大脑是语言的生理基础，人类如果没有强大的中枢神经系统，就不可能创造、习得、使用语言。中枢神经系统是创造语言以及语言赖以存在和运作的硬件，语言则是中枢神经系统处理各种信息的软件。这样就不难理解，我们为什么能够在这两个表面上看来很不相同的系统之间进行类比，用以探讨它们之间的相似性或者共性。

认知的生理基础是大脑的中枢神经系统，一切认知活动都是建立在这个系统之上的，诸如感知、分类、记忆、判断、推理、预测、联想、想象等都是这个系统的功能或运作过程。人类迄今为止发展出的一切技能和创造出的所有知识系统，也都离不开这个神经系统的性质和功能。然而中枢神经系统极度复杂，它的很多方面迄今还是科学之谜，目前科学界已经取得显著进展的是已经弄清了它的基本元素和结构。

语言系统是用来表达各种认知活动的成果，它为人们提供了有效的表达工具，其表达范围是无限的。只有尚未被认识清楚的对象,没有不能用语言表达的内容。正常的人都能够流利地使用自己的母语表达思想,传递各种信息。很少有人在使用母语时犯语法错误,然而每句话都受语法规则的支配。一个值得深思的问题是,一种语法系统如何能够给人们提供这样一个高效率的传情达意的工具?要回答这个问题,就必须弄清楚组成语法系统的基本元素——结构和标记,以及它们之间的关系。

我们在此之前的研究表明,语法是一个具有交际功能的网络系统,每一个结构和标记都有自己的核心功能和边缘功能,核心功能确立一个语法手段存在的价值,边缘功能把它与其他语法手段联结起来(石毓智2008b)。在语言网络中,有些结构或标记处于中心地位,表达功能强,使用频率高,而有一些则表达功能和使用频率都很有限,但是也不可或缺,否则就会出现交际功能的漏洞。本章通过与神经元及其联结方式的类比,进一步探讨语法系统的运作机制。

二、神经元的类型及其结构

中枢神经系统是人类思维的生理基础,它由负责传递信息的细胞——神经元构成。一些科学家估计一个人的大脑拥有大约1000亿个神经元,相当于银河系中所有星星数目的总和。每个神经元都能够接收神经脉冲,并传递给成千上万个其他神经元。中枢神经系统比任何人类已经知道的其他系统都要复杂。这种复杂性决定了研究的困难性,科学界对大脑的认识还十分有限,有些问题诸如它是如何运作的,至今尚不清楚。一些科学家甚至认为，要充分揭示大脑的运作机制几乎是不可能的，因为它无法通过生理解剖或者实验观察获知。但是，科学家们对大脑的最小构件"神经元"的结构和所构成的系统已经研究得比较清楚，这在一定程度上可以推知大脑的运作机制。

神经元的类型是很有限的，据说有上千种（Kandel et al. 1991），然而它的基本类型主要有双极、单极、多极、超极四种（Solso et al. 2008：38）。

双极　　　　单极　　　　多极　　　　超极

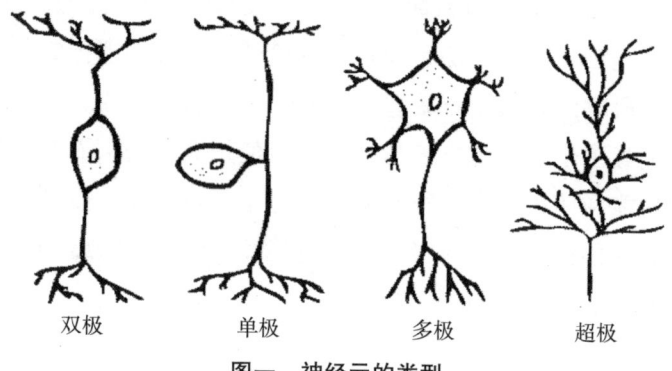

图一　神经元的类型

新生儿的神经元数目跟成人是一样多的，也就是说，一个人的神经元数目在出生时已经确定，不会随着年龄的增长而增加。但是神经元之间的联结网络和方式则会随着年龄的增加而发生巨大的变化，变得越来越稠密、复杂。这是由于受了外界的刺激，以及知识增加和智力发展的结果。网络联结方式和复杂程度也因人而异，反映了人与人之间在知识和智力方面的差异。下图来自Solso等（2008：42）。

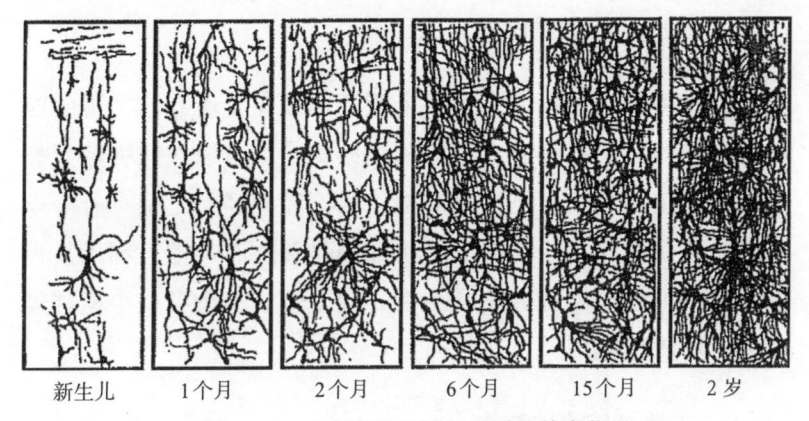

图二　0—2岁婴幼儿神经元联结的变化

三、语法结构和语法标记的类型及其相互关系

（一）语法的构成要素及其联结

语法系统是由一个个具体的结构和标记组成的。一个语法标记也常常代表一个结构，比如"把"本身是一个标记，它所使用的环境又构成一个结构。但是很多结构并没有固定的语法标记，只是一个抽象的格式，比如动补结构就是如此。一般来说，结构的范围比标记大，即前者包括后者，因此下文的叙述中"结构"一词也涵盖语法标记。每一种结构都有自己的稳固的语法功能，语言中不存在没有意义功能的结构。

如果在中枢神经系统和语法系统之间进行类比，那么它们之间的对应关系为：

语法结构 ⇔ 神经元

语法功能 ⇔ 联结神经元的纤维

这个类比可以帮助我们发现一个重要的现象：所有前文讲的四种基本神经元类型都有对应的语法结构，即可以按照神经元类型给语法结构分类。更重要的是，跟不同神经元之间有着千丝万缕的联系一样，任何语法结构都不是孤立存在的，都以某种功能与其他语法结构紧密联系在一起，组成一个类似中枢神经系统的复杂网络。

（二）单联结语法结构

对应于单极神经元，语言中存在只有单一功能的语法结构，称之为"单联结的语法结构"。这又分为两种情况：一种是与有限多联结结构发生关联，另一种是与无限多联结结构发生关联。下面分别加以描写。

1. 与有限多联结结构发生关联。所谓"有限多联结"，指的是这类结构的功能不止一个，但是它的功能类的数目是有限的。比如把字结构具有表示处置、致使、称作、动作的处所和范围、发生不如意的事情、引入直接宾语等多种功能，虽然它的功能很多，然而是有限的，最多八九种。"管"属于单联结的语法标记，构成"管……叫……"的结构，只用来称说人或者物。例如：

北京人管这叫大碗茶。　　大伙儿管他叫诸葛亮。
我们老家管饺子叫扁食。　　山西人管马铃薯叫山药蛋。

"管"只有"称说"这一单一功能，它与"把"字结构联结起来,所有上面的句子都可以转换为把字句,比如可以说"山西人把马铃薯叫山药蛋"等。然而这种联结是不对称的,把字句的所有其他功能都不能用"管"表达。

2. 与无限多联结结构发生关联。所谓"无限多联结",指的是这类结构的功能是开放的,可以表达各种各样的功能。汉语的基本短语结构大都属于这一类,比如动宾结构、主谓结构等都是如此。从另一个角度看,无限多联结结构也就意味着它缺乏专门稳定的功能,因此往往依赖词汇的手段来表达,结果带来语言表达的非经济性。比如下面左栏为单纯表达宾语所指事物有足够的量供支配使用,它是结构赋义,不需要出现"足够"这种词汇形式,这是表达这一意义最简洁的语言形式。然而,如果用普通的SVO句式,则必须加上相应的词汇形式,诸如"足够"等,结果在语言线性长度上增加了。比如下面右边栏目的例子总是比相应左边的长。

NP+有+你+NP+VP	S+V+P
将来有你的钱花。	你将来会有足够的钱花。
考上大学有你的小说看。	你考上大学后可以看大量的小说。
老了有你的福享。	你老了会有足够的福享。
孩子多了有你的罪受。	如果孩子多了你会受很多罪。

一个单联结结构往往不止有一种等值的表达式,其中的词汇也有多种选择,比如上组第一个例子还可以说成"你将来会有很多钱供你支配""你将来想花多少钱就有多少钱",等等。这样就有对同一表达的多种选择,提高了表达的弹性和自由度。

（三）双联结语法结构

与双极神经元相对应，语言中也存在双重功能的语法结构，称之为"双联结语法结构"。同一个结构的不同功能往往与其他不同结构发生联结。

1. 双宾结构。汉语的双宾结构既可以表示"给予"，也可以表示"取得"。比如"小王借了老李一万块钱"就有两个完全相反的意思：一是"小王的钱借给了老李"，二是"老李的钱借给了小王"。如果直接宾语为有定时，表"给予"义的双宾结构一般都可以转化为把字句，动词之后常加"给"，然而表"取得"义的双宾结构在什么情况下都不能转换为把字句。从另一个角度看，绝大多数表"取得"义的双宾结构都可以转换成被动句，同时谓语要加上相应的趋向动词；可是这类双宾结构则没有相应的把字句。例如：

（a）小王借了老李一万块钱。
　　→ 处置式：小王把那一万块钱借给了老李。（给予）
　　　　　　＊老李把那一万块钱借自了小王。
　　→ 被动式：小王让老李借走了一万块钱。（取得）
　　　　　　＊老李把小王借来了一万块钱。

（b）李老师租了张老师一间房子。
　　→ 处置式：李老师把他的房子租给了张老师。（给予）
　　　　　　＊张老师把那间房子租自了李老师。
　　→ 被动式：李老师叫张老师租去了一间房子。（取得）
　　　　　　＊张老师把李老师租来了一间房子。

2. 隐现结构。现代汉语有一种特殊的结构，动词之后的名词为谓语动词的主体,表示消失或者出现的事物,即具有双重的功能:表示"消失(隐)"或者"出现"。当表达"消失"功能时,可以做这样的转换而意思基本一致:S+V$_{消失}$+NP → S+的+NP+V$_{消失}$。然而当表达"出现"功能时,要么不能做这样的变换,要么变换以后意思走样。例如:

A. "消失"类隐现结构

王冕死了父亲。　　　　　= 王冕的父亲死了。
他家飞了一只鸟。　　　　= 他家的一只鸟飞了。
我们系走了一个老师。　　= 我们系的一个老师走了。
他们家跑了一条狗。　　　= 他们家的一条狗跑了。

B. "出现"类隐现结构

他们家来了一只猫。　　　≠ 他们家的一只猫来了。
宾馆来了两个顾客。　　　≠ 宾馆的两个顾客来了。
门口跑出来一个人。　　　>*门口的一个人跑出来了。
胳膊上落了一个蚊子。　　>*胳膊上的一个蚊子落了。

"出现"隐现结构也有其他的表达式,比如可以加"有"把不定宾语移到前面,动词之后加趋向动词,例如"有一只猫来到了他们家""有一只蚊子落在胳膊上"等。

(四)有限多联结的语法结构

与多极神经元相对应,有些语法结构的功能是多于两项的,但是它有一个上限,表达相对稳定的有限种功能,称之为"有限多联结语法结构"。不少语法结构都属于这一类,下面以把字句为例来说明这一点。把字句的功能主要有六种，不同的功能分别与不同的结构发生联结，某些功能所联结的结构可能不止一种。

1. 表示处置："把信寄走了"。最直接的联结方式为受事主语句，比如"信寄走了"。

2. 表示致使："把嗓子喊哑了"。最直接的联结方式为动宾结构，比如"喊哑了嗓子"。

3. 表示处所范围："把整个城市都跑遍了"。最直接的联结方式为受事主语句，比如"整个城市都跑遍了"。

4. 表示不如意的事情："偏偏把老李病了"。最直接的联结方式为去掉"把"而转化为主谓结构，比如"偏偏老李病了"。

5. 表示办法："他能把你怎么样？"最直接联结的结构为"拿"字结构，比如"他能拿你怎么样？"。

6. 表示物体传递："他把礼物给了王老师"。最直接联结的结构为话题结构，比如"礼物他给了王老师"。如果所传递的物体是不定的，也可以转换为双宾结构，如"他给了王老师礼物"。

跟神经元之间的联结枝有粗有细一样，这类有限多联结结构与其他语法形式的联结方式也有强有弱，主要取决于使用频率的高低：使用频率越高，它与所联结结构的关系就越强；使用频率越低，它的联结就越弱。

（五）无限多联结的语法结构

与超极神经元相对应，也存在无限多联结的语法结构。有一种明显的倾向性：越是常见的语法结构，其功能就越多，以至无法概括出它到底有多少种功能。我们把这类结构称之为

"无限多联结结构",动宾结构就是如此。随着调查范围的扩大,会不断发现它的新功能类型。下面举例说明其常见用法:

1. 动作或者行为的对象:洗衣服、看电影、吃烤鸭。
2. 动作行为所导致的结果:写信、煮饭、盖房子、挖坑。
3. 行为动作的工具:吃大碗、洗凉水、抽烟斗、擦粉。
4. 行为动作的处所地位:坐飞机、爬山、上树、进城。
5. 行为动作的施事:晒太阳、来客人、淋雨、住人。
6. 行为动作的原因:打扫卫生、恢复疲劳。
7. 动作或行为依赖的对象:吃父母、吃劳保、吃国家。
8. 动作或行为依赖的条件:吃青春饭、靠山吃山、靠水吃水。
9. 动作或行为的目的:拼职称、奔小康、冲金牌。
10. 力的发出者:吹电扇、烤火炉。

无限多联结的语法结构还有两个重要的特点:一是对词汇的限制最小,几乎所有的相应词类的成员都可以进入该结构;二是用于其中的词汇的语法性质最活跃,几乎拥有该词类所有的语法特点。对于动宾结构而言,几乎所有的名词都可以用作宾语,而且用作宾语的名词具备名词的所有语法特征,比如可以为数量词等各种各样的定语修饰限制。然而对于(二)2.所讲的强调量多的结构,如"将来有你的钱花""将来有你的电影看"等,只有少数表示财富、娱乐性质的名词才能用于其中,而且该结构中的名词排斥任何修饰语,比如不能说"*将来有你的大量钱花""*将来有你的一百部电影看"等,这说明它们失去了名词的绝大部分特征。

我们发现一个明显的规律:从单联结结构到无限联结结构

形成一个连续统，词汇成员的限制越来越小，其中词语的句法越来越活跃。

四、语法系统的运作机制

上面通过与神经元的类比，把语法结构和标记分为四类，它们又与词汇相互作用，以功能相互联结，形成一个极度复杂的网络系统。我们还可以从与中枢神经系统的类比中得到启发，由此洞悉语法系统的运作机制，解密语法系统的本质特征。下面是我们的主要推断和结论：

1. 如同任何神经元都不是孤立存在的，都以神经纤维与其他多种神经元联结在一起一样，任何一个语法结构也不是孤立的，都以自己的功能与其他各种各样的语法结构联结在一起，组成一个高度缜密、复杂的网络。换一个角度说，任何表达功能都不止一种语言形式与之对应。语法的这一特性是有效地保证人们顺利地进行交际的重要条件。试想一下，如果一种功能只能用某一特定结构来表达，那么在交际过程中，一个人找不到这个合适的结构就无法表达自己的思想，交际就要停顿下来，结果交际的连贯性将会受到损害。但是，因为一种表达功能可以有多种形式，人们虽然一时想不到最常用或者最佳的结构，但是可以马上想到等值的结构来表达，这样就可以保证交际的连贯性。比如，如果一时想不到用"管"字结构表达称说人或者物，就可以马上用"把"字结构来替代，以保证交际的顺利进行。

2. 结构之间的联结有强有弱，有远有近。对于同一表达功能,不同的结构之间也可能存在准确与否或者优劣高低之分,也存在经济与否之别。最经济的表达形式往往是单极或者双极的结构,因为它们是通过结构赋义或者结构自身的稳定功能来表达思想的,就不需要再添加词汇来表达。然而这类专门用来表达某一功能的结构使用频率低,其联结枝比较少,人们在交际时激活它们的难度比较大,所以往往选用相应的词汇手段与常见语法结构相结合的方式来表达。结果,人们的语言表达形式往往不是该语言提供的最经济的手段,而是最省力的、最容易想到的语言形式。这与人类的认知特点相吻合,人们在解决问题时不是追求最佳的选择,而是选择最省力的办法(Simon 1986)。比如要表达将来有足够量的金钱供某人使用时,人们首先想到的是用相关的词汇和最常用的动宾结构来表达(例如"你将来会有足够的钱让你来花"),而较难想到只有单极联结的专门结构(即"将来有你的钱花")来表达。

3. 与神经元及其所构成的中枢神经系统相类比,可以揭示造成儿童语言发展不平衡和成人语言能力差异的原因。虽然新生儿的神经元的数目跟成人是一样多的,不会随着年龄的增加而增加,但是神经元之间的联结网络则会随着年龄的增长而变得越来越稠密、复杂。导致这种变化的原因主要是接受外在刺激的结果。认知心理学的实验表明,小白鼠的神经元的生长很大程度上由其早期受外在刺激的程度所决定。左图为不受外在刺激的小白鼠的神经元联结树,它的联结枝少而小,而且稠密程度低。右图为接受各种各样变化着的外在事物刺激的小白鼠的神经元联结树,其联结枝密而粗,同时复杂程度也高(Solso et al. 2008:348)。如图三所示。

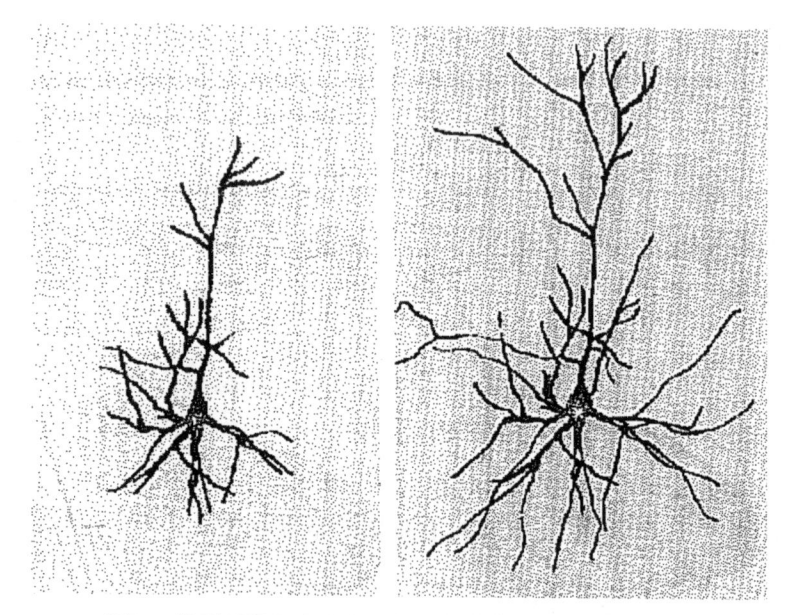

图三　接受不同程度外在刺激的小白鼠神经元的生长差异

　　同样地，小孩到了三四岁时已经接触到该语言的绝大多数语法手段，甚至是全部。普通人到了一定年龄所习得的语法结构和标记的数目会固定下来，不再随着年龄的增长而增加。但是每个人学习语言的环境不同，接受语法刺激的情况千差万别，加上个人认知能力的差别，结果造成了不同的人的语法结构联结系统的差异。对于同样一种语法结构，有的人因接受有关的刺激少，使用的概率低，造成联结枝少而弱，甚至缺乏有些结构之间的联结，那么语言表达的能力就差，结果表达形式单一，不够流畅，甚至词不达意。而接受有关刺激多的人，使用有关结构的频率也高，促使该结构的联结枝丰富、复杂而且强壮，其驾驭语言的能力高，表现为语言表达形式丰富多彩，流畅而贴切。

4. 本章的发现具有重要的理论意义。首先，揭示了语法的系统性。表面上看来，语法是由一个个的结构和标记组成的，然而它们通过自己的功能，使不同的结构和标记之间发生千丝万缕的联系。不同语法手段之间的联系有强弱、繁简、远近之别，从而构成一个复杂的网络系统。其次，证明了词汇与语法结构之间的相互作用关系。所有功能单一的结构都可以找到大致等值的常用结构代入相应词汇的表达式。词汇越丰富，对特定结构的依赖程度也就越低，表达某种功能的手段也就越丰富。最后，任何单一的语法结构都是作为一个稳定单位储存在大脑的长期记忆之中，它们以自己的整体功能与其他结构发生联结。

5. 对未来的语法研究具有重要的指导意义。大脑中枢神经系统具有超强的功能，最有效的研究途径是弄清最基本的构成单位——神经元的内部构造及其联结网络。语法系统亦是如此，要弄清它强大表达功能的机制，首先要研究清楚一个个具体结构或标记的性质功能，然后找出与其他结构的联结网络。不管是结构主义语言学还是认知语言学的研究，大都注重对单一结构的分析，忽略了结构之间的联系。生成语言学虽然对不同结构之间的转换关系很感兴趣，但是它仅仅重视纯粹形式的变换，忽略了功能联结，结果导致很多时候的分析流于想当然，缺乏证据。利用功能范畴来做跨结构之间的研究，探秘语法网络系统的特性，是一个具有重要开发前景的新领域。

五、结语

本章通过与大脑中枢神经系统的类比，尝试揭示语法系统的特性与运作机制。这种类比的合理性在于，中枢神经系统是语言系统的生理基础，两者都是具有超强功能的系统，因此我们推断它们的运作机制之间应该存在某种共性。探讨两种系统的有效途径之一都是分析其最基本的构成元素及其结构关系。大脑神经元与语法结构之间存在惊人的相似之处，可以归纳为四种基本的类型。更重要的是，神经元之间的联结方式也与语法结构之间的关系具有高度的相似性：任何神经元都不是孤立存在的，它通过神经纤维与其他各种各样的神经元发生关系；类似地，每一种语法结构都不是各自为政的，它通过表达功能与其他语法结构发生着千丝万缕的联系。这种元素类型和联结方式是保证两个具有强大功能系统运作的物质基础，也是洞悉它们设计原理的一个窗口。不仅可以通过脑神经科学揭开语言的奥秘，对语言系统的探讨也对揭开大脑这个灰箱的奥秘有启发作用。

迄今为止，认知语言学研究多是通过内省方法进行的，有不少是简单凭直觉而得出的结论，带有不少纯主观的推测，缺乏实验依据，影响了分析的科学性。然而认知心理学在过去二三十年里取得了迅速的发展，科学家通过实验和观察，揭示了大量的认知机制和规律，为我们的研究提供了科学依据。今天我们只有借鉴认知心理学领域的研究成果，才能使得认知语言学的研究建立在扎实的科学基础上，走上精确化和科学化的道路。

第十四章　语法结构的合成性

一、引言

乔姆斯基在1957年发表的 *Syntactic Structures* 标志着语言学的一场思想革命。他本人是这样理解这场革命的含义的：语言学的研究重点由传统语言学的对语言现象的描写与分类，转到对人们使用语言的心智的探究（1985：3）。乔姆斯基对现代语言学的真正贡献也就在这里，它构成了现代语言学和传统语言学的分水岭。后来出现的其他语言学流派，包括跟转换生成语言学针锋相对的认知语言学，都在探究语言的认知的基础上跟乔氏学说的精神一脉相承，差别只在于对制约语法形式表达的认知机制到底是什么有不同的理解。乔姆斯基认为语法形式形成的机制是"生成的"（generative），因此他的学说又称为"生成语言学"（generative linguistics）。乔氏的理论过去五十年来虽然几经大的变动，但是在这一点上始终是一致的，可以说这代表了乔姆斯基的基本语法观。过去二十年来兴起的认知语言学说是对乔姆斯基语言学反思的结果，认知语言学认为语法结构的产生机制是由更小的单位合成的（assembly），语言是单层的（Langacker 2001：2）。

然而，不论是生成说还是合成说，目前都仅仅是一种关于语法结构形成机制的假设，尚缺乏科学的论证。乔姆斯基的"生成"概念是直接从数学那里借来的，既不是根据心理学实验得出的结论，也不是基于对语言事实的观察所概括出的规律。认知语言学派的"合成说"主要是针对乔氏的观点而来的，也没有经过严密的科学论证，而且在自己的理论体系中所处的地位很边缘，该学派的学者在这一点上态度也不完全一致。我们的工作分两部分：一是借鉴当今认知心理学的研究成果来考察语法形成的机制到底是什么；二是根据我们对汉语进行长期研究后所形成的语言哲学观，说明我们自己关于语法形成机制的假说。

当代语言学一个值得令人深思的现象是，生成语言学的创始人乔姆斯基和认知语言学的创始人兰盖克都声称自己的学说是关于人类认知的，但是两者的基本语言哲学观又是处处针锋相对的。各种认知心理学专著大都会提到乔姆斯基的思想，但是很少提到兰盖克的工作。其中隐含着更深层的原因。简单地说，两种学说虽然都与认知有关，但是侧重点很不相同：乔姆斯基是通过语言来探讨人类的认知，而兰盖克则是通过认知来探讨人类的语言。此外他们关于语法的本质和产生机制的看法也截然不同。下文将进一步说明两种语言学派之间的异同。

二、两种关于语法形成机制的假说

（一）乔姆斯基的"语法生成说"

"生成"的概念在乔姆斯基的理论体系中占有核心的地位

（参见Chomsky 1957），其实它是借自一个数学术语，其在几何学上的定义为：

点、线、面通过移动（motion）而生成曲线、面、图形。

这个简单的数学定义可以帮助我们理解乔氏理论的来龙去脉。乔氏的理论认为语法单位的"移动"（move）是产生语法表层形式的最重要的操作手段，语法形式是由与表层形式不一样的东西一步一步生成出来的。我们已经撰文详细分析了乔姆斯基语言学理论的哲学基础及其缺陷（石毓智2005a），指出他的理论多是基于跟数学的类比，而不是对语言调查分析的结果，同时也没有经过科学的论证。而且乔氏最新理论发展"最简方案"（minimalist program）又引入一个"计算系统"（computation system），指句子从逻辑形式（logic form）到表层形式（surface structure）的生成过程中的各种操作。"计算"也是一个数学概念，由此可见乔氏始终有在数学中寻找灵感来发展其语言学理论的习惯。在"语法生成说"的提出上，乔氏理论仍存在类比不当的问题。下面是乔氏"语法生成说"的主要内容（参见Chomsky 1985；Robins 1997；Ouhala 2001）：

人类的大脑中存在一个专司语言的器官。人的内在认知能力中存在着普遍性和规则性的东西，据此可以理解和生成无限的新的、合乎语法的句子。

生成说指语法能够确立一种语言的全部合乎语法的句子的性能。

生成语法是由一套有限的形式规则构成的，能够生成无限的合乎语法的句子。

语法是由不同的层级构成的，诸如早期提出的"表层结构"

和"深层结构"（deep structure）之别，最近的最简方案又有"逻辑层面"和"语音层面"（phonetic level）。表层结构是由这些层面通过一定的规则生成的。

乔姆斯基关于自己的理论估价还是比较客观的。他认为生成语言学是众多对语言的形式和意义进行探讨的一种理论，该理论体系在过去几十年里经历了多次大的变动，这一方面说明该学科仍具有生气，另一方面也暴露了该学科的基本假设可能存在缺陷（1985：3—5）。乔氏的话提醒人们在接受乔氏理论的时候，要持一种谨慎、科学的态度，不能盲从。

（二）兰盖克的"语法合成说"

认知语言学在语法的形成特性方面跟生成语言学的观点截然对立。这里只介绍认知语言学的代表人物兰盖克的"语法合成说"。其核心内容可以概括如下（参见 Langacker 1987, 1991, 2001）：

1. 语法本质上是符号性质的，符号由语音形式和意义内容两个方面构成，词汇和语法之间并没有明显的界限；

2. 语法结构是由基本的词汇单位合成的，用来表达更复杂的意义内容；

3. 语法结构是单层的，并不存在隐性层面（underlying form），不同的结构之间具有不同的语义值，并不存在转换的关系；

4. 语法是从使用中产生的，一个语言学习者从具体的用例中抽象出语法格式。

兰盖克的观点虽然在语法产生机制上跟乔姆斯基的对立，但是其"合成说"在认知语言学的重要性远没有"生成说"在生成语言学中的高。乔姆斯基的主要理论建设大都是围绕着语法的生成性质假说展开的，提出了很多详细的概念和假设。然而兰盖克（1987，1991）的合成观在其两个大部头的纲领性文献（*Foundations of Cognitive Grammar*，Volume I and II）中基本没有提到，也没有把它作为专门的语言学术语来对待，只是在其2001年关于认知语言学的介绍中提到过。他对这一术语尚没有进行严格的界定和科学的论证。更重要的是，认知语言学派内部在这一点上并没有取得一致的意见，比如认知语言学派的重要分支之一"构式语法"（construction grammar）仍声称自己要解决的语法问题之一是其"生成性"（Goldberg 1995：7），即如何从有限的结构中得到无限的合乎语法的句子。兰盖克的认知语言学的一个缺憾是，没有回答"一个人何以拥有理解和说出自己母语中无限新句子的能力"这一问题。

三、来自儿童语言习得的启示

（一）儿童单词语阶段的语言学启示

儿童语言习得是一个最重要、最理想的洞悉语法特性的窗口。下面的认知心理学资料来自斯坦福大学的Flavell等著的*Cognitive Development*（《认知发展》）[①]。该书概括了过去二十年来，特别是最近十年来在儿童认知发展方面的重要成果。

儿童习得语言首先经历了一个单词语阶段。儿童的语言习

[①] 本章的译文是根据邓赐平、刘明的译本（华东师范大学出版社，2002）。

得遵循由简到繁、循序渐进的过程。儿童对单词的学习早于对语法的掌握，大致过程如下：在10—13个月时，儿童开始产生最初的单词。大约在18个月时，许多儿童在单词学习上表现出某种骤然增长，被不同的人分别称为"命名爆炸"（the naming explosion）或"词汇骤增"（the vocabulary spurt）（Bloom 1993）。儿童最早学会的单词一般是与他们的生活密切相关的物体和事件（Nelson 1973）。最早的词汇类型一般为：

家庭成员：	妈妈
食品：	牛奶
动物：	狗
突出的身体部位：	鼻子
交通工具：	小汽车
衣着：	帽子
玩具：	球
家常用具：	杯子

按照皮亚杰的理论，儿童学习单词是根据天赋的符号表征能力。但是这一天赋能力并不能使儿童自发产生语言，儿童的语言习得依赖两个条件：一是成人语言的输入，二是对周围事物的观察。两者缺一不可。

儿童的单词语阶段支持认知语言学的语法观。认知语言学认为，语言单位的本质是语音和意义结合的符号性，它们正如一张纸的正反两面，是不可分割的。儿童把这些符号储存在记忆库中。同时单词语阶段也反映了认知语言学的词汇和语法之间没有明确界限的观点。儿童的单词语跟成人语言中的单个词汇的性质很不一样，往往包含丰富的信息，具有一个句子的作用。比如儿童说"球"意思可能是"那里有一个球""我要球"等。也就是说，儿童的单词语阶段反映的是词汇和语法混沌不分的现象。

（二）儿童双词语阶段的语言学启示

儿童双词语阶段的出现标志着语法特征的产生。儿童双词语阶段和单词骤长期都是发生在18个月大的时候。两者的时间契合很有启发性，说明单词的学习和语法结构的出现之间具有内在的联系。Brown（1973）对世界不同民族的儿童语言习得进行了广泛的研究，发现儿童双词语阶段的语言有两个显著的普遍特征：

1. 世界各地幼儿的话语都具有某种"电报语"（telegraphic speech）的性质。他们的语言缺乏那些在交流中比较不重要的单词，诸如冠词the、连词and、助动词（can, will）和介词（on）。

2. 大多数的双词语属于以下八种语义关系：

（1）施事—动作：　　　妈妈吻。
（2）动作—对象：　　　打球。
（3）施事—对象：　　　妈妈球球[①]。
（4）动作—位置：　　　坐椅子。
（5）实体—位置：　　　杯子桌子。
（6）所有者—所有物：　爸爸汽车。

---

① 当儿童要求母亲用小球做某事时会这样说。

(7) 属性—实体： 大汽车。
(8) 指示词—实体： 那汽车。

儿童在习得语言的整个过程中，只有在双词语阶段才表现出了高度的一致性，尔后就开始逐渐分化，掌握越来越多的自己母语的语法特点。儿童双词语阶段的特征可以给予我们以下重要的语言学启示：

第一，语法对词汇（语义）的依赖性。儿童语言的语法特征的出现与其词汇量的迅速增长发生在同一时期，这不是偶然的，说明儿童只有掌握了一定量的词汇之后，明白词汇的所指对象，才能把它们组装成更大的语言单位——语法结构。

第二，语法结构是由基本的语言单位合成的。合成的理据是儿童日常所能直接观察到的事件结构、现象关系等，而并不是根据什么先天性的抽象规则。儿童语法知识的习得依赖对周围现象的观察和理解。儿童学习语法并不是被动的模仿，而是基于对周围现象的独立观察和积极思考，这可以解释儿童语言中的大量创新部分。儿童首先必须知道词语的意义，然后根据现实理据，才能知道它们能跟那些词语组合搭配（合成）。

第三，儿童能够理解和造出无限的新句子，不是单纯来自于抽象的语法规则，更重要的是来自对现实世界的认知。现实世界的事物、事件、现象和关系是多姿多彩和无穷无尽的，儿童用语言符号来表达自己观察到的东西，并根据自己以往的经验来理解（重构）新的句子。缺乏关于现实世界的知识，儿童将无法学会和理解一种语言。我们的一个语言哲学观为："语法规律是现实规则在语言中的投影"（石毓智 2001）。自然语言的语法结构和规律往往是跟现实世界的事理相容的，因此儿童可以根据对现实世界的观察相对迅速而容易地学会一种语言的语法。也就是说，生成语言学提出的"何以儿童能够根据有限的规则（或者语言输入）理解无限的句子"这一问题，不单纯是一个语言或者认知系统自身内部的问题，而是一个"语言—大脑—现实"三个因素相互作用的结果。

第四，成人语言的输入是儿童语言习得的必要因素之一。儿童还需要学习母语中很多约定俗成的关系。比如：上述的第二种关系"动作—对象"，如果是SOV语言，儿童的双语词的顺序就是"球打"；至于"属性—实体"的关系，在修饰语位于中心语之后的语言里就是"汽车大"。

第五，语法并非一个自足的、封闭的形式系统。

总之，儿童双词语阶段的特征与认知语言学的精神是相符的，他们首先习得音义结合的基本符号单位——词，然后根据现实世界的事理，把它们"组装"成更大的符号单位，用以表达更复杂的内容。语法结构是单层的，其符号结构直接对应于外在世界的事理结构。

同时，儿童的双语词阶段也显示，并不存在一个先天的、自足的规则系统，即没有生成语言学中所谓的"普遍语法"。生成语法学派关于语法本质的假设是错误的，由此带来很多分析上的偏颇。这里举一个乔姆斯基经典理论中的一个例子来说明。生成语法理论认为，"转换形式"（transform）是通过一系列转换和/或省略规则从基础句或核心句派生出来的句法结构。例如，The red book is on the table.可以看作下列两个核心句的转换形式：The book is on the table.和The book is red.。表面上看起来，这种分析也有道理，但是实际上所依据的是一种错误的假设：语法的基本结构体都是简单的陈述句。其实，儿童最早的语言中就存在单词句和偏正结构的双词句，完整的陈述句倒是后起的。生成语言学派对很多句子的转换分析是随意的，并没有什么根据。

（三）儿童语法的复杂化的方向及其启示

儿童大约从两岁开始，语法朝两个方向复杂化：

1. 根据双词语阶段的各种语义关系，组装成更大的结构体，其语法结构也就具有了层次性（hierarchy）。比如"宝宝玩大汽车"，其中的"宝宝玩"为"施事—动作"关系，"玩大汽车"为"动作—受事"关系，"大—汽车"为"性质—事物"关系，整个句子则为"施事—动作—受事"。分析起来看似复杂，实际上是由前期已经掌握的简单语义关系组装而成的。与此同时，儿童也开始掌握了母语语序的知识，比如他们已经知道在像汉语、英语等这种SVO语言中，"宝宝抱妈妈"和"妈妈抱宝宝"所表达的意义是不同的。

2. 单词开始出现形态变化，原来电报语言的句子中的名词或者动词加上了单复数、时态等标记，句子组织开始出现连词、介词等功能词。

儿童语法的发展是由思想表达的复杂化和精密化决定的，它循着两个方向：一是由小的单位和简单的语法关系组装成大的、复杂语法关系的句子；二是在词干上添加语法标记，或者在其间插入虚词。儿童语法的复杂化方式反映了语法的合成性，即由基本的符号单位组成较大的符号串。同时也说明，语法并不是通过什么规则由看不见的逻辑关系，再赋予一定的语音形式，生成表层形式。如果语法的形成过程真的如生成语言学派所认为的那样，那么我们的语言表达将是一件复杂而又繁重的任务。根据认知心理学所提供的证据，人们的语言表达应该是从自己的记忆库中提取大小不等的语言单位，根据该语言的结构规范临时组装起来的，不可能经历那么多的中间过程和规律才表达出来。

四、从语法的历时属性看

（一）语法规律的历史层次

生成语言学派的理论缺陷与他们忽略语法的历史属性（diachronic）不无关系。他们的一个重要学术理想或者研究目标是，发现一组非常有限的规律，从而生成该语言的全部的合乎语法的句子。从历史的角度看，这是根本无法实现的。今天的语法系统是历史长期发展的结果，其中既有活的、高度能产的规律，也存在没有任何能产性的古代遗留下来的规律。这些古汉语的语法现象仍用于当今的口语之中，但是它们不能靠语法规律推出，必须把它们作为固定的单位记住才能使用。下面我们以现代汉语的名量词重叠表遍指（universal reference）的现象为例来说明这一点。

现代汉语存在一个量词重叠表遍指的规律，可以概括如下：（a）必须是单音节的；（b）必须能与各种数词直接而自由地搭配。这是一条能产的语法规律，凡是符合这两个条件的量词都可以重叠表遍指，因此人们不需要一个一个去记忆，词典也不必一一注明。如"个个、根根、条条、张张"等；违反其中任何一个条件就不具备表遍指的功能。量词大部分都是单音节的，也有个别双音节的，如"架次、嘟噜①"都没有重叠表遍指的功能。还有一部分量词只能与特定的某一个或者某几个数词搭配，它们也都没有重叠表遍指的用法。例如：(一、两)码(事)、(一)番(话)、(一)把(鼻涕)、(一)副(笑脸)，等等②。

现代汉语的普通名词则没有这个用法，比如不能说"*书书、*灯灯、*马马"等。然而有极个别的例外，最典型的是"人"和"事"两个名词，它们是普通的名词，却在当今的口语中可以重叠表遍指。例如：

人人苦，没法提，不死也掉一层皮。(老舍《茶馆》)
我没那么大耐性让你们人人都高兴。(王朔《编辑部的故事》)
徐姐虽然顽固，但她事事都听老爷的。(王蒙《王蒙小说选》)
他往往摆起穷架子，事事都有个谱儿。(老舍《骆驼祥子》)

这里简单解释一下上述现象存在的原因(详见石毓智2003a)。唐代之前，汉语中存在一个能产的语法规律，使得普通单音节名词可以重叠表遍指；然而，随着后来量词的出现，该规律的作用对象逐步转移到量词身上；但是，几个高频率的名词仍然保留着其旧有的用法，这与高频率的词具有较强的抗

---

① 用于连成一簇的东西：一嘟噜葡萄；一嘟噜钥匙(《现代汉语词典》第5版，商务印书馆)。
② 还有一些书面语色彩比较浓的量词也不大能够重叠表遍指，例如，管(笔)→? 管管、阕(诗)→? 阕阕。

拒新语法规律的类推作用有关。英语中也有类似的现象。代词属于高频词，它们相当完整地保留了古英语的性、主格、宾格、领有格等形态变化，然而这些形态变化在普通名词身上已经消失了。像这类语法的历史化石现象，就无法靠规律推出来，人们必须把它们记住。这意味着生成语言学派所追求的学术目标是无法实现的。

（二）语法系统的非均质性（heterogeneity）

生成语言学派的很多假设都是建立在这样一种信念之上：一种语言的语法是一种均质（homogeneity）的、静态的系统。但是这一信念并不符合语言事实。今天的共时语法系统是历史长期发展的结果，任何语言的语法都不会停止在一种状态下不变，共时的系统中存在着新兴的语法现象或者正处于变化过程的规律。新出现的语法规律往往只适用于少数词语，能产性很低，而且也可能会打破业已存在的语法规律。诸如此类的复杂现象都不可能是几条简单的语法规则就可以概括的。下面以现代汉语动补结构带宾语的现象来说明这一点（详见石毓智 2003b）。

现代汉语动补短语带宾语具有很强的规律性，其中的两条为：

1. 补语的语义指向[①]为受事时，该受事名词一般可以作为整个动补短语的宾语，比如"他吃圆了肚子""他哭湿了枕头"，其中的补语"圆"和"湿"分别都是描写受事宾语"肚子"和"枕头"的。

2. 补语的语义指向如果为动词的施事时，则不能带受事宾

[①] 西方语言学界通常用"隐性主语"（underlying subject）来指示同类的现象。

语，要引入宾语就必须借助动词拷贝结构。例如：

*他吃胖了烤鸭。　　　他吃烤鸭吃胖了。
*她看病了书。　　　　她看书看病了。
*她洗累了衣服。　　　她洗衣服洗累了。

但是，这条规律有两个例外："吃饱"和"喝醉"。其补语的语义指向虽然是动词的施事，却仍可以带一个受事宾语。例如[①]：

我已经吃饱了饭。　　　你吃饱了饭没有事干吗？
老王又喝醉酒啦。　　　张飞喝醉了酒。

这里简单说明一下造成上述例外的原因。"吃"和"饱"、"喝"和"醉"这两对动补短语的各自高频率搭配，使得其中的动词和补语已经凝固成一个复合动词一类的东西，因此可以像普通双音节动词那样带上宾语。

上述情况说明了语法规律的复杂性。语法规律并不是一成不变的。如果把上述规律二看作一个硬性的规律，就无法解释"吃饱饭"和"喝醉酒"这种显然符合规范的现象。反过来看，如果把"吃饱饭"等看成一条独立的规律，那就会带来更严重的问题：一方面就等于承认一种语法同时允许两条相互矛盾的规律存在，另一方面也就忽略了目前这只是个别的词汇搭配现象的事实，而且整个结构还是惯用语性质的，补语和宾语不能为同类的其他词语所替换，比如不能说"*吃饱了馒头""*喝醉了五粮液"等。生成语言学派的学者通常倾向于把这类现象

---

① 这组例子都是从实际语言应用中选择来的。

处理为词汇现象，但是他们忘记了一个重要的历史事实：语法始终处于一个动态的发展变化过程之中，历史上产生的任何新的语法规律在刚开始的时候都毫无例外地是个别词汇搭配现象，即只允许个别词汇进入这种结构，后来随着数量的逐步增加而发展成为一个高度能产的语法结构。

英语中也有类似的现象。根据Goldberg（1995：192）的调查，英语的动补结构也不是一个能产的句法格式，某个结果补语通常只能与某个特定的动词搭配。例如英语中用作补语的sick（病）一般只能跟在动词eat（吃）之后：

a. He ate himself sick.

? He ate himself ill/nauseous/full.（引自Goldberg 1995：192）

上例显示，英语的动词和补语之间具有很强的选择性，eat后既不能带与sick语义相近的ill，又不能带其他概念的形容词，如nauseous（反胃）、full（饱）等。英语的动补结构是刚刚产生不久的新结构，正在发展变化之中。

生成语言学派是把自然语言的语法理想化了，往往忽略了上述这类能产性较低的新产生的语法结构，而这些结构通常具有强大的生命力，随着时间的推移可能取代旧有的语法结构而发展成为一种新的语法范式。语言的真正情况是，旧的规律不断被打破，新的规律总是会产生，不同规律的能产度悬殊。这样母语为该语言者只能从自己长期语言使用经验中逐渐掌握这些用法，因为语法中并不存在一劳永逸的规则。这正与认知语言学的精神相容，也就是说，所有对这些语法规律的学习需要从长期的语言使用中概括、总结，并记住它们的用法。

（三）语法标记的来源对语法格式的影响

生成语言学派认为人类语言存在一个普遍语法，给各种语言的具体语法结构事先设定了一套原则。我们已经从认知心理学的角度论证了，普遍语法的假说是缺乏根据的（石毓智 2005a）。而且从跨语言的角度看，尽管一些结构普遍存在于各个语言之中，但是由于它们的来源不同，同类结构在不同的语言中都有自己鲜明的个性，并没有一个适合各个语言的规律。即使在同一语言的内部，同类结构的语法标记由于在不同时期的词汇来源不同，也会具有不同的形式特点和功能，也没有一个一成不变的规律。下面以各种语言的基本格式之一——被动格式——来说明这一点。

古今汉语使用历史最悠久、最常见的被动标记是"被"，它原来的词汇义为"遭受、遭遇"，所涉及的对象多为不如意的事情。这影响到它语法化后的被动格式的用法，一般只能表示被动的、消极的事件（参见王力 1980）。比如可以说"他被老师训斥了一顿"，而不大能说"他被老师夸奖了一次"。然而英语的被动标记 by 是来自地点介词，原来的意义是中性的，其被动格式就可以用于积极和消极两种情况，结果就造成了英语被动格式比汉语的使用频率高的现象。

古今汉语被动格式在引入施事上差别很大，这跟被动标记的语法环境很有关系（详见石毓智 2005b）。先秦时期最常见的被动标记"见"从来都不能引入施事，后起的"被"在刚出现的近千年里也不能引入施事，魏晋以后才逐渐发展出引入施事的用法。即使在现代汉语里"被"仍然不引入施事而直接修饰动词。例如：

> 信而见疑，忠而被谤，能无怨乎？（《史记·屈原列传》）
> 那棵大槐树被刮倒了。（现代汉语）

上述用法是两个语法标记产生的句法环境所致的，其环境为"见/被+名词（或者动词的名词化形式）"，其中的名词多指所遭遇的事件，即"见"和"被"的语法化的环境没有施事成分出现，这就影响到它们后来所发展出的被动格式的用法。两者的被动用法是从下述例子中发展出来的：

> 雨雪瀌瀌，见晛曰消①。（《诗经·小雅·角弓》）
> 百姓无被兵之患。（《战国策·魏策》）

然而现代汉语口语中最常用的语法标记"叫"和"让"所产生的句法环境是其兼语格式，其中的"兼语"就是后来被动格式的施事。其语法化的环境为下例所示：

> 朱仝虚闪一闪，放开条路，让晁盖走了。（《水浒传》十八回）
> 大碗斟酒，大块切肉，叫众人吃得饱了。（《水浒传》七回）

受上述语法化环境的影响，"叫"和"被"所在的被动格式一般要求施事出现，如果省掉施事名词句子就不自然或者不能成立。例如：

> 你扮演我的交通员，让敌人抓住了。（《姜昆相声集》）

---

① "晛"意为"日气"，这里的"见"是遇到的意思。

就是"文革"那会儿参加文攻武卫,叫对立面一棒子把鼻子给打歪了。(《姜昆相声集》)

我们通过对汉语被动格式的讨论,想说明一个简单的道理:即使人类语言或者同一语言的不同历史时期都存在的语法格式,因为它们发展的具体过程不一样,在功能和形式上都具有明显的差异。这意味着,生成语言学派所认为的普遍原则可以自由类推是不符合事实的。语言的使用者必须根据长期的使用经验,逐渐掌握语法格式,而不可能根据几个简单的原则就一蹴而就。换个角度看,这里的规则不是演绎的,不能靠一些规则来生成,而是需要凭借经验和记忆,逐步学会哪些词语可以在该格式中搭配使用,哪些不可以。也就是说,合乎该语法格式的用例是合成的,而不是生成的。

五、从语法的共时属性看

(一)不同语言的概念结构对语法的影响

乔姆斯基的语法生成观是建立在这样一个假设之上的:人类有一个与生俱来的、独立的、抽象的普遍语法系统,它为语法设立了有限的普遍原则,小孩可以通过这些很有限的规则,理解和使用各种合乎语法的句子。该假设的成立与否直接关系到语法生成观的合理性。兰盖克(1991,1999)提出了完全相反的另一种假设:并不存在所谓的普遍语法,不同语言的概念结构差别很大,语义的本质是一种认知现象,语法是语义内容的结构化，因此导致不同语言的语法结构的本质差别。根据我们的研究经验，认知语言学的观点是符合语言实际的。下面以英汉双宾结构的功能为例来说明这一点（详见石毓智 2004）。

英汉双宾结构在表达功能上存在显著的差别：汉语的双宾结构是双向的，所传递的物体可以是从主语到间接宾语转移，也可以是相反；然而英语的双宾结构则是单向的，所传递的物体只能是从主语到间接宾语转移。这就影响到两种语言可以进入双宾结构的词汇成员的重大差别，汉语的"给予义"和"取得义"两类动词都可以进入双宾结构，比如"我买了老王一本书"和"我卖了老王一本书"都可以说。然而在英语中只有"给予义"类动词才可以进入双宾结构，一些表面上为取得义的动词进入双宾结构后就必须改变方向，跟汉语对应的双宾结构的意思恰好相反。例如：

（a）John bought Mary a dress.
　　汉译：约翰给玛丽买了一条连衣裙。
（b）John stole Mary a bicycle.
　　汉译：约翰偷了一辆自行车给玛丽。

如果把上述（b）例直接翻译成"约翰偷了玛丽一辆自行车"，就跟原意恰好相反。造成英汉双宾结构功能差别的根本原因是两种语言概念化的不同。汉语在概念化表示物体传递的动作、行为时，方向是中性的，即用同一个动词来表示不同的方向，结果就造成了同一个动词可以表示两个方向相反的动作行为。然而英语在概念化同类动作行为时，对方向非常敏感，不同的方向分别用独立的动词表示。例如：

汉语	英语
借	(a) borrow; (b) lend, loan。
租	(a) rent, hire; (b) let, rent out。
赁	(a) rent, hire; (b) let, rent out。
贷	(a) borrow (money); (b) lend (money)。
赊	(a) buy on credit; (b) sell on credit。
上（课）	(a) attend (a class); (b) conduct (class)。
分	(a) get (one's share); (b) distribute。

英汉这两种语言在概念化上的差别投射到其语法系统上，结果就造成了它们双宾结构的差别。

英汉双宾结构的功能差别说明一个道理：并不存在一个抽象的制约双宾结构的跨语言原则，母语使用者必须根据对自己语言语义结构的理解，懂得哪些词语可以在该结构中搭配，哪些不可以。

（二）语法结构形成的词汇限制

语法是生成的还是合成的问题，还跟对语法结构的能产性（productivity）的理解密切相关。语法的生成观是建立在语法结构的高度能产性的假设之上的，该学派的学者（例如Ouhalla 2001：24）通常以基本的语法范畴NP（名词短语）、VP（动词短语）、Aux（助动词）、Det（有定标记）等为出发点，来刻画各种所谓的"规律"。

a. S → NP Aux VP；b. NP → Det N；c. VP → V NP

其实，这些字母表达式根本不是什么规律，它们只是同一语法格式的概括式和分析式；它们也完全无法保证生成所有合法的句子而排除所有不合法的句子。我们对语言结构的调查分析发现，任何语法结构都不是无限能产的，都无法根据词类来精确预测其用法，都有程度不同的词汇限制，即进入其中的词语配列受强烈的语义制约。下面以人类语言最常见的语法格式之一——动宾结构——为例来说明这一点。

动宾结构也具有鲜明的词汇限制和民族特色。不论是儿童还是成人都无法仅仅依赖"VP → V NP"之类所谓的抽象公式就掌握该语言的动宾结构，他们一方面要根据所观察到的现实世界的事件结构来认识哪些行为动作可以作用于哪些事物对象，从而掌握哪些动词可以带哪些名词宾语，另一方面需要通过长期的语言实践，记住该语言中的大量约定俗成的搭配。比如，下面汉语的动宾结构就无法在英语中找到对应的动宾格式来表达。从总体上看，汉语动宾结构的语义类型要比英语的丰富，如果把它们翻译成英文时就要改变结构，甚至更换词汇。

a. 动作+地点：
吃食堂　　*eat cafeteria　　have one's meal in the cafeteria
b. 动作+工具：
吃大碗　　*eat big bowl　　eat with a big bowl
c. 动作+来源：
吃父母　　*eat parents　　live on parents
d. 动作+结果：
打扫卫生　*sweep hygiene　　sweep some place clean

e. 动作＋原因：

恢复疲劳　*recover fatigue　　recover from fatigue

　　英汉相对应的两个动词概念，所能带的宾语也可能差别很大。比如：汉语的"享受"对应于英语的 enjoy，但是英语的 enjoy 只能跟能够给人带来愉悦的事物名词搭配，比如 food、movie、music、holiday 等；汉语的"享受"虽然有类似的用法，可是所搭配的名词并不完全相同，比如我们不大说"享受食物、享受电影"，而可以说"享受人生""享受科级待遇"等。与此同时，汉语还有"享受公费医疗"等，其中的"享受"是与非愉悦性的名词搭配，英语的 enjoy 则无这种用法[①]。

　　语言学家可以从大量的具体用例中概括出抽象的格式，或者用抽象的格式描写一种语言现象。但是任何一个儿童都无法单纯依赖抽象的格式来掌握一种语言的语法，比如根本无法想象一个儿童仅仅通过记住"VP → V+NP"格式就掌握该语言的所有合法的动宾搭配而排除所有不合法的搭配。而且这种搭配也不是靠几个生成语言学派所谓的几个"参数"就能完成的。儿童要掌握一种语言的动宾结构，一方面离不开对现实世界的事件的观察，另一方面需要从长期的语言实践中掌握该语言的大量的约定俗成的搭配方式。约定俗成的表达作为一种固定的语言单位，储存在语言使用者的记忆之中，而不可能临时靠什么规则而产生。

　　生成语言学派过度夸大了语法规律的能产性，大大低估了

[①] 该用法是复旦大学教授陆国强先生指出的，特此致谢。

语言中大量的约定俗成的用法，而且忽略了人们记忆的巨大潜力。儿童开始掌握语法是在记忆力发展相对成熟而又记住了大量的词汇之后的事。在语法的学习过程中，不仅大量的化石现象和惯用法需要一个一个记住，而且，即使是高度能产的语法结构，也必须通过大量的语言实践来掌握它们的词汇搭配限制。从语法结构的词汇限制的角度看，合乎语法的句子不能靠简单的规则来生成，而是需要靠长期的语言实践逐步掌握相应语法结构的词汇限制，只有记住各种语法结构的组合限制，才能正确使用它们。也就是说，语法结构是合成的而不是生成的。

六、结语

在语法结构是如何形成的问题上，生成语言学派和认知语言学派存在根本的对立。本章从认知心理学、语法的历时特性和共时特性三个方面论证了，语法组织的本质特性是合成的。儿童学习语言的过程，首先要记住相当量的语言符号（词），然后根据现实中的事理结构组装成双词语句，进而随着认识世界的深入，组合成更复杂的语言单位。从历时的角度看，语法是一个非均质的系统，包含了很多非能产的化石现象，一些新语法结构的产生初期往往只限于个别的词汇搭配，不同语言的对应语法结构的发展过程不一样，结果会影响到它们的功能不完全相同。从共时的角度看，不同的语言具有不同的语义结构，从而导致它们语法结构的差别，任何语法结构都有词汇限制，都不是无限能产的。所有这些证据说明，要掌握一种语言的语法,是不可能依赖几条简单的规律通过演绎就可以生成的,而是需要在长期的语言实践中逐步掌握它们的搭配规则。

　　生成语言学派的理论缺陷是由多方面的原因造成的。首先,他们的理论假设多是从其他学科中寻找灵感,其生成观是来自数学的启示,而不是基于对语言事实的观察分析。其次,他们所依赖的例证一般是共时语言现象,而忽略了语法的历时特性,这也就是为什么他们的理论在历史语言学研究领域一筹莫展。最后,生成语言学派过度夸大了语法规律的能产性,低估了人类记忆的巨大潜力和语法的约定俗成性。

　　语法理论的建设一直是我们中国语言学的一个薄弱环节。然而关于语言本质问题的思考能够指导我们的研究实践,让我们可以在正确的道路上不断前进。理论建设离不开三个方面的条件:一是借鉴当代的语言学理论,二是吸收相关学科的知识,三是对语言事实的全面调查分析。在理论研究上,我们既要克服妄自尊大的心态,又要避免把理论创建权拱手让给别人的谦卑做法。本章就是这方面工作的一个尝试,希望借此能够激发学界同仁在语言的本质问题上的研究兴趣。

第十五章 语法与语音、词汇之关系

一、引言

语言包括语法、语音、词汇三个子系统，它们构成一个有机的整体。语法和词汇之间存在多种多样的联系，很多语法标记原来都是普通的词汇，比如体标记"了"和处置式标记"把"宋以前都是普通的动词。这些词汇的语法化又会引起词汇系统的调整变化。构词法是语法问题，同时也是词汇问题。构词法又牵涉到语音的因素。汉语的双音词很多是由双声叠韵构成的。上古汉语有一种词形变化法，这是专为构词用的，由双声叠韵构成，例如：生死、天地、男女、加减、夫妇，等等。很明显，这些属于同一语义范畴的一对词在语音上也有内在的联系。由此可见，不管研究语言的哪一个方面，我们都应该树立一个全局观念，这样可以拓宽我们的视野，全面认识某一个问题。

二、影响语法的韵律因素

语音现象非常丰富，主要有辅音、元音、声调、清浊、轻重、音步、节律等。不同的语音方面在不同的语言里可能会有不同的语法表现。句法并不是一个独立的、封闭的系统，会受语音等因素影响。很多学者的研究已经令人信服地证明语法和语音之间的关系密不可分。

汉语的轻重音现象与语法密切相关。汉语的轻音多是一些语法标记，它们的分布很有规律。下面是常见的轻音现象：

1. 语气词"吧、吗、呢、啊"等。
2. 助词"的、地、得、了、着、过、们"。
3. 动词重叠式的第二个音节。
4. 动词后表示趋向的词。
5. 名词后面表示方位的"上、下、里"。
6. 名词后面的"子、儿、头"。
7. 代词"我、你、他"放在动词后面做宾语。

上述的轻音词出现的韵律格式都是一样的，依附于一个重音之后。

三、语法化的伴随特征——语音形式的弱化

语法化过程最能显示语法、语音和词汇之间的关系。一个语法化过程的输入通常是普通的词汇，输出则是一个语法标记，而且毫无例外地伴随着语音形式的弱化。这是人类语言语法发展的共性。伴随词汇虚化的常常是语音形式的变化。最常见的语音变化是弱化，诸如元音或者辅音的失落，重音或者声调的丢失，相邻两个成分的语音同化。词汇之间韵律边界的消失或者弱化也是语法化常见的现象。

语法化过程的音韵变化有两个明显的倾向性：

1. 语音形式的减少：一些音素的丢失而变成一个较简短的形式。

2. 音素选择的限制：随着词汇的语法化，它们音素选择的限制则越来越小。辅音则多为舌尖音 [n]、[t]、[s] 等，元音则倾向于 [ə]、[ɑ]、[u]、[i] 等。这些音素都是最常用的，广泛应用于各种语言，而且最早为儿童习得。

以现代汉语的助词为例，它们的语音形式非常相近，元音多为央元音 [ə]，辅音则大都是舌尖音，而且都已丧失了声调。如：

结构助词：的 [də]；地 [də]；得 [də]
体标记：了 [lə]；着 [tʂə]；过 [kuə]
复数标记：们 [mən]

更有趣的是，在一些方言里，结构助词和体标记都用同一个语音形式来表示。比如在洛阳方言里，两类助词都是念作 [lɛ]。这些都是语法化过程中的语音简化现象。

然而，在中古时期当这些词还用作一般词汇的时候，它们的语音形式各不相同。下面是它们在中古汉语中的拟音[①]：

底（的）[tiei]　地 [di]　得 [tək]
了 [lieu]　著（着）[ʃia]　过 [kua]

可以看出，这些词在没有语法化之前的语音形式各不相同，语法化之后它们的声韵母则变得相同或者接近。

---

① 拟音根据李珍华、周长楫编《汉字古今音表》，北京：中华书局，1999年。

现代汉语中的一些音变现象也说明了伴随词语虚化的语音变化趋势。"在"在补语的位置上常读[də]，比如"坐在椅子上""住在北京"。变化有三个方面：一是声母由舌尖前[ts]变成最常见的舌尖音[d]，二是韵母由复合原因[ai]弱化成较含混的央元音[ə]，三是声调的失落。如果考虑到语法化过程的语音弱化的趋势，就不难理解"在"在补语位置上时的语音弱化现象。

四、重叠的音节数目限制

重叠是汉语重要的语法手段，它涉及很多语音因素。比如动词重叠的第二音节读轻声，形容词重叠的第二音节常变成阴平。此外重叠还受到音节数目的限制。重叠是一种形态手段，人类语言的一个普遍现象是，形态手段的使用常常受词语音节数目多少的影响。比如英语的形容词的级，单音节的形容词采用形态手段，例如richer、richest，双音节的则采用词汇手段，比如more beautiful、most beautiful。汉语的重叠形态也受到基式的音节数目的影响。

名量词重叠表示遍指时只限于单音节词，比如"人人、家家、事事、时时"等。一组语义特征相同的词，只有单音节的可以重叠，双音节的则不行。例如：

年→年年　月→月月　天→天天　星期→*星期星期
碗→碗碗　桶→桶桶　车→车车　口袋→*口袋口袋

而且不同词类的重叠的音节数目限制也不相同。形容词和动词的基式可以是单音节的，也可以是双音节的。例如：

吃→吃吃　看→看看　欣赏→欣赏欣赏　讨论→讨论讨论
红→红红　香→香香　干净→干干净净　漂亮→漂漂亮亮

但是汉语的最长的重叠式的音节数目是四个，所以重叠的基式只能是两个音节。比如用"化"构成的动词，只有双音节的可以重叠，三音节的则不行。例如：

我们要好好地美化美化我们的房间。
我们应该绿化绿化那座荒山。
*我们应该机械化机械化那个地方。
*我们应该现代化现代化我们的家乡。

除了重叠的音节数目限制以外，不同词类的重叠式还采用不同的语音形式加以区别：

动词：AB→ABAB
形容词：AB→AABB

形容词可以活用为动词，但是它们用作哪个词类就必须采用该词类的重叠式。例如：

她穿得漂漂亮亮的。　　他今天高高兴兴的。（形容词）
也让我漂亮漂亮一会儿。　我也想高兴高兴。（动词）

五、破读与词性

汉语是声调语言。声调除了可以区别不同的词汇意义外，还可以用来分辨同一个概念的不同语法意义。一般是通过去声和其余调类的对比来区别同一概念的不同词性。这种现象叫作"破读"，反映了语法、语音和词汇的相互关系。破读是中古汉语的一种语法手段，虽然现在已经不是能产的语法手段，但仍保留在现代汉语的部分词汇中。例如：

好 hǎo 形容词　　　hào 动词
钉 dīng 名词　　　dìng 动词
种 zhǒng 名词　　　zhòng 动词
压 yā 名词　　　　yà 动词

六、北方方言口语里的大音节动词及其语法意义

（一）汉语的大音节词的语音构造规律

现代汉语有一类特殊的双音节动词，这些词的两个音节之间存在内在的联系，其组织原则符合我们所确定的大音节词的语音规律，并且具有共同的语法意义。我们从《现代汉语词典》里收集到40余个这样的动词，对它们的语音构造和语法意义进行了详细的分析，指出这类现象是广泛存在于北方方言的大音节词的一个反映。我们认为，对这部分已经进入普通话的大音

节动词的深入研究具有重要的意义，它不仅有助于我们理解整个北方方言中的这种特殊现象，而且可以揭示汉语的语音和语法之间的相互关系。

首先，让我们简单说明一下大音节词的构造规律。我们根据对象声词、双声联绵词和广泛存在于北方方言的分音词、表音字头构词现象的分析，确立了汉语中的一类特殊的语音单位——大音节。大音节词跟一般的双音节复合词不一样，其中的两个音节往往只代表一个语素，或者一个音节无自身的语义值，两个音节之间存在内在的制约关系，其构造原则可概括如下。

原则一：第二个音节的声母的音响度必须等于或者高于第一个音节的声母的音响度。普通语音学中确定出的不同类别音素音响度的级别为：元音>介音>边音>鼻音>阻塞音。也就是说，在辅音中，边音的音响度最高，鼻音的次之，阻塞音的最低。在阻塞音中还可以细分，塞擦音比单纯的塞音高，送气的比不送气的高。

原则二：第二个音节的韵母通常比第一个音节的复杂，比如第二个音节常有韵尾或者韵头，第一个音节则常常是单元音。不同元音的音响度也不相等，开口度越大，音响度越高。第二个音节韵母的音响度一般也高于或者等于第一个音节的。

原则三：两个音节的声调具有整体性，它们的声调不再有区别意义的作用，多采用无标记的阴平调，第二个音节常读轻声。

除了上面所讲的大音节的普遍原则外，在两个声母的辅音的音响度相同的情况下，它们的出现顺序还受到发音部位的限

制。声母辅音的顺序限制如下:

规律一:唇音+舌尖音;*舌尖音+唇音。
规律二:舌面音+舌尖音;*舌尖音+舌面音。
规律三:舌根音+舌尖音;*舌尖音+舌根音。

规律一是说,如果两个声母分别为唇音和舌尖音,那么只能唇音在前,舌尖音在后,否则就是不合法的组合。

(二)普通话里大音节动词释例

下面是大音节动词和它们的释例,并根据它们第二个音节的声母进行分类。

1. 第二个音节的声母为舌尖音。这又可以分为三小类。

(1)边音

滴溜儿 dīliūr 形容很快地旋转或流动。例如:眼珠滴溜儿乱转。

提溜 dīliu 提。例如:手里提溜着一条鱼。

扒拉 bāla 拨动。例如:扒拉算盘子儿。

扒拉 pála 用筷子把饭拨到嘴里。例如:他扒拉了两口饭就跑出去了。

划拉 huála〈方〉(a)用拂拭的方式除去或取去。(b)搂(lōu)。例如:把身上的泥土划拉掉;在山上划拉干草。

耷拉 dāla 下垂。例如:黄狗耷拉着尾巴跑了。

嘟噜 dūlu (a)量词,用于连成一簇的东西。(b)连续颤动舌或小舌发出的声音。例如:一嘟噜葡萄;骡子粗大的鼻孔里打出响亮的嘟噜。

趿拉 tāla 把鞋后帮踩在脚后跟下。例如:别趿拉着鞋走路;这双鞋都叫你趿拉坏了。

数落 shǔluo　列举着说。例如：老大娘数落着村里的新鲜事儿。

张罗 zhāngluo　（a）料理。（b）筹划。例如：要带的东西早点儿收拾好，不要临时张罗；他们正张罗着婚事。

抖搂 dǒulou　（a）振动衣、被、包袱等，使附着的东西落下来。（b）全部倒出或说出；揭露。例如：把衣服上的雪抖搂干净；把以前的事情全给抖搂出来。

胡噜 húlu　〈方〉用拂拭的动作把东西除去或归拢在一处。例如：把瓜子皮儿胡噜到簸箕里。

（2）鼻音

嘟囔 dūnang　连续不断地自言自语。例如：你在嘟囔什么呀？

咕哝 gūnong　小声说话（多指自言自语，并带不满情绪）。例如：他低着头嘴里不知咕哝些什么。

唧哝 jīnong　小声说话。例如：贴着耳根唧哝了好一会儿；他们俩在隔壁唧唧哝哝商量了半天。

揣摸 chuǎimo　反复思考推求。例如：这篇文章的内容，要仔细揣摸才能透彻理解。

叮咛 dīngníng　反复地嘱咐。例如：他娘千叮咛万嘱咐，叫他一路上多加小心。

（3）舌尖中音

鼓捣 gǔdao　反复摆弄。例如：他一边同我谈话，一边鼓捣收音机。

翻腾 fānténg　（波浪等）上下滚动。例如：海水翻腾。

倒腾 dǎoteng　（a）翻腾；移动。（b）买进卖出。例如：把粪倒腾到地里去；倒腾小买卖。

折腾 zhēteng （a）翻过来倒过去。（b）反复做（某事）。例如：凑合着睡一会儿，别来回折腾了；他把收音机拆了又装，装了又拆，折腾了好几回。

闹腾 nàoteng （a）吵闹；扰乱。（b）说笑打闹。例如：又哭又喊，闹腾了好一阵子；屋里嘻嘻哈哈的闹腾得挺欢。

踢腾 tīteng （a）脚乱蹬乱踢。（b）胡乱用钱；挥霍。例如：小孩儿爱活动，一天到晚老踢腾；这月的工资被他踢腾光了。

扑腾 pūteng （a）游泳时用脚打水。（b）跳动。例如：鱼卡在冰窟窿口直扑腾；他吓得心里直扑腾。

滴答 dīda 成滴地落下。例如：屋顶上的雪化了，滴答着水。

溜达 liūda 散步；闲走。例如：到街上溜达溜达。

晃荡 huàngdang （a）向两边摆动。（b）闲逛；无所事事。例如：小船在水里直晃荡；他在河边晃荡了一天。

呱嗒 guāda〈方〉（a）因不高兴而板起（脸）。（b）说话（含贬义）。

掂掇 diānduo 斟酌。例如：你掂掇着办吧。

蹦跶 bèngda 蹦跳，现多借指挣扎。例如：秋后的蚂蚱，蹦跶不了几天。

2. 第二个声母为舌尖前音

摩挲 māsa 用手轻轻按着并一下一下地移动。例如：摩挲衣裳。

哆嗦 duōsuo 因受外界刺激而身体不由自主地颤动。例如：冻得直哆嗦。

3. 第二个声母为舌尖后音

呼扇 hūshan （a）（片状物）颤动。（b）用片状物扇风。例如：跳板太长，走在上边直呼扇；他满头大汗，摘下草帽不停地呼扇。

忽闪 hūshǎn 形容闪光。例如：闪光弹忽闪一亮，又忽闪一亮。

忽闪 hūshan 闪耀；闪动。例如：小姑娘忽闪着大眼睛看着妈妈。

扑扇 pūshan 眨；闪动。例如：她扑扇着一双大眼睛。

4. 第二个声母为舌背音

哼唧 hēngji 低声说话、歌唱或诵读。例如：他一边劳动，一边哼唧着小曲儿。

5. 第二个声母为舌根音

叽咕 jīgu 小声说话。例如：他们两个叽叽咕咕，不知在说什么。

捣鼓 dǎogu 反复摆弄。例如：他下了班，就爱捣鼓那些无线电元件。

6. 第二个声母为半元音

忽悠 hūyou 晃动。例如：渔船上的灯火忽悠忽悠的。

晃悠 huàngyou 晃荡。例如：树枝来回晃悠。

七、大音节动词的语音构造规律

上一部分所列的动词的语音构造完全符合大音节词的组织规律。下面分别加以分析。首先来考察两个声母之间的音响度顺序限制。大音节词的构造原则一告诉我们，第二个音节的声母的音响度必须高于或者等于第一个音节声母的。99%以上的例词都符合这一规律①。实际上,"高于的"用例远比"等于的"多。在所有辅音中,边音的音响度最高,鼻音次之。以［l］、［n］和［m］做第二音节声母的共17例,将近占全部用例的50%。这种边音和鼻音的高频率出现,是为了使得两个声母之间有一个明显的音响度反差。

其次,韵母方面两个音节之间也存在明显对立。前一音节的韵母多为单元音,后一个音节的则多为复杂的。更重要的是,两个韵母的韵腹之间也存在音响度限制。元音的音响度是由舌位高低决定的,舌位越低,音响度则越高。在一个大音节的两个音节的韵腹之间,如果出现音响度高低的差别(可以是相等的),那么两个韵腹元音的顺序通常是"高元音+低元音"②。例如:

嘟囔 dūnang	唧哝 jīnong
数落 shǔluo	鼓捣 gǔdao
滴答 dīda	溜达 liūda

最后,两个音节的声调也展示了高度的整体性。汉语有四个声调,普通复合词的两个音节的声调可能有各种各样的搭配。但是,对于这些大音节动词来说,两个音节的声调搭配具有强

---

① 只有"摩挲"一个例外,第一个声母是鼻辅音,其音响度高于第二个的擦音。

② 也有个别是例外,比如"闹腾 nào teng.［nau51・təŋ］"等,前一个音节的韵腹是一个低元音［a］,后一个则是央元音［ə］。这种例外是由其特殊的构词方式造成的,它是一个具有意义的动词"闹"加上一个表音语缀构成的。对于两个音节表示一个单纯的语素来说,总是遵循着这个规律。

烈的倾向性，多为平声。下表是所有41个大音节动词的声调搭配模式。

大音节动词的声调搭配模式

阴平+轻声	阴平+阴平	阳平+其他	上声+其他	去声+其他
22	6	3	6	4

"阴平+轻声"的占50％强，加上"阴平+阴平"的用例，共占全部用例的近70％。阴平是汉语的无标记调值，表现为它的使用频率最高，形容词重叠时最后的音节常常变成阴平调，比如"干干净净"在口语中的读音为gān·ganjīngjīng。阴平调在大音节动词中的高频率使用，说明这类词基本上是音节构词，声调不再是区别词汇语音形式的手段。该类词语的语音整体性的另外一个表现是，第二个音节多为轻声，该种用法占全部用例的83％。

象声词、双声叠韵词、方言的分音词等现象显示，大音节词的两个音节的声母之间还存在发音部位限制。比如，如果两个声母辅音一个是双唇音，一个是舌尖音，它们的顺序只能是"唇音+舌尖音"，而不可能是相反。这种限制也存在于大音节动词的两个音节之间。下表是所有可能的搭配格式。

大音节动词的声母辅音的搭配模式

	双唇音	舌尖音	舌根音	舌面音	舌尖前	舌尖后
双唇音	−	+	−	−	−	+
舌尖音	−	+	+	−	+	−

续表

	双唇音	舌尖音	舌根音	舌面音	舌尖前	舌尖后
舌根音	-	+	-	+	-	+
舌面音	-	+	+	-	-	-
舌尖前	-	-				
舌尖后		+				

舌尖音做第二个音节的声母最为自由,而且使用频率也高,约占全部用例的近90%。舌根音、舌面音、舌尖前音和舌尖后音等四类声母,虽然也可以用于第二个声母,但是它们的频率很低,每一个也只有一两次。唇音不能用于第二声母。上表同时显示,很多搭配是不可能的。这从另外一个侧面显示大音节动词的两个音节代表的是一个有机的语音单位。

(一)大音节动词的构词法和语法意义

所收集到的41个大音节动词的语音构造也可以分为两大类。一类是两个音节表示一个单纯的语素,另一类是一个表音词头或者词缀加上一个单音节动词。分类如下:

A.单纯语素

滴溜儿　扒拉　划拉　奔拉　嘟噜　跂拉　张罗　胡噜
嘟囔　揣摩　咕哝　叮咛　鼓捣　扑腾　溜达　呱嗒
掂掇　摩挲　哆嗦　忽闪

B.动词+表音词缀

提溜　数落　抖搂　翻腾　倒腾　折腾　闹腾　踢腾
滴答　晃荡　蹦跶

最重要的一类大音节词是象声词。A类的一些大音节动词就是从象声词引申而来的，比如"扑腾""呱嗒"等。大音节动词不仅在语音形式上遵循共同的构造规律，而且更重要的是它们都具有共同的语法意义。大音节动词的语法意义：表示动作行为的持续或者重复。这一点可以从很多动词的词典释义中就可以清楚看出，例如：

鼓捣：<u>反复</u>摆弄。
摩挲：用手轻轻按着并<u>一下一下</u>地移动。
踢腾：脚<u>乱</u>踢<u>乱</u>蹬。
嘟囔：<u>连续不断</u>地自言自语。
嘟噜：<u>连续</u>颤动舌或者小舌发音。
数落：<u>不住嘴</u>地列举着说。

《现代汉语词典》中全部大音节释例，都是表示强烈的持续性或者重复性的行为动作。例如：

眼珠滴溜乱转。
手里提溜着一条鱼。
扒拉算盘子儿。
把身上的泥土划拉掉。
在山上划拉干草。
黄狗夹拉着尾巴跑了。

这些大音节动词一般不能与表示一次的短时量词语如"一下儿"连用，比如下述用法就听起来不自然或者不能接受。例如：

*他滴溜了一下儿眼珠子。

*他趿拉了一下儿鞋。

*他闹腾过一下儿。

*他踢腾了一下儿。

很多北方方言的大音节动词的语法意义都是表示"动作行为的持续或者重复"。获嘉方言和洛阳方言都有一种特殊的动词构词法,把一个表音字头加在一个动词的词根上,来表示动作行为的重复或者继续。这类词的语音形式符合大音节的构造原则。例如:

圪刨:反复地刨。(洛阳方言)

圪描:重复地涂抹。(洛阳方言)

圪晃:来回摆动。(获嘉方言)

圪刷:用手不停地撩。(获嘉方言)

本章所分析的这一组大音节动词是已经进入汉语普通话的范围,它们的数量虽然不大,但是非常活跃,特别是在口语里的使用频率相当高。这只是暴露了广泛存在于北方方言口语里的大音节动词的"海底冰山的一角"。本章目的是通过对这类现象的分析,引起人们对这种语音构词现象的注意。对它们的广泛调查和深入分析必将深化我们对汉语语音系统和语法系统之间的相互关系的认识。

八、结语

本章从多个角度论证了语音、语法和词汇之间的关系。语音和语法的关系可以从三个方面来看。首先,语音的变化会引起语法的发展,比如汉语史上的双音节化趋势导致了动补结构的产生,动补结构的产生又深刻地改变了汉语语法的整体面貌。其次,语法的发展也会涉及语音的变化。语法化的伴随特征之一就是有关词语的语音弱化,在汉语中就具体表现为声调的丢失、声母向无标记的辅音(舌尖音)靠近、韵母的简单化或者弱化为央元音 [ə]。最后,一些语法手段的使用受基式的音节数目的制约,比如可以重叠的名量词的基式只限于单音节的,动词和形容词的重叠基式的音节数目最多不超过两个。

语言是一个有机的整体,各个子系统之间存在千丝万缕的联系。我们在考察语言现象时要特别注意树立系统观念。只有这样,才能使我们的考察更加全面,解释更加合理。

第十六章　语法规律的理据

一、引言

在前面的章节中，我们讨论了语法规律的各种类型，现在让我们换一个角度来看这个问题。本章主要讨论语言的规律及其所适用的范围，特别是如何看待和处理例外现象。这是一个涉及语言哲学观的问题，对理解和探讨语言十分重要。语言中也存在大量严格的规律，可以和任何严谨的自然科学规律比美。但是要寻找这些规律，必须首先对各种各样的人们认为是"例外"情况进行研究分类。语法的"规律"与"例外"主要有以下几种情况。

二、语法规律的使用范围

语法规律往往具有自己的使用范围。现举动词重叠式的否定用法加以说明。表面上看来，动词重叠式既有肯定式，又有否定式，然而实际上动词重叠式在陈述句里不能被"不"或者"没"否定。例如：

（1）a. 今天早上我锻炼了锻炼身体。
　　　b. *今天早上我没有锻炼锻炼身体。
（2）a. 昨天晚上我看了看电视。
　　　b. *昨天晚上我没有看看电视。
（3）a. 上个星期天我们逛了逛街。
　　　b. *上个星期天我们没逛逛街。
（4）a. 刚才我听了听音乐。
　　　b. *刚才我没听听音乐。
（5）a. 上次会议上我们讨论了讨论这个问题。
　　　b. *上次会议上我们没讨论讨论这个问题。

但是，在表示条件等虚拟句中，动词重叠式可以受"不"否定，一般还是不大能受"没"否定：

（6）a. 我每天不锻炼锻炼就觉得浑身难受。
　　　b. 他每天不看看电视就觉得少了点什么。
　　　c. 不逛逛街就不知道现在的商品有多丰富。
　　　d. 休息的时候你怎么不听听音乐呢？
　　　e. 你们怎么不讨论讨论就仓促下结论呢？

这些用例的实际含义多是"应该做某种事情而没有做"，即它们的深层含义仍然是肯定的。

上述的分析显示，动词重叠式在肯定与否定上是有严格的规律的，它们在一般的陈述句中是不能被否定的，但是陈述句之外的虚拟句中则可以。

三、语法规律作用的语言层次

语法规律作用的层次是不同的。换一个角度来说,有些语言形式表面看来互相矛盾,但实际上它们分属于不同的语言层次。可以把语言层次分为两类:

1. 惯用语性质:指个别词汇之间的特殊搭配形式,该形式中的各个成分不能自由地为其他词语替代,而且往往表达固定的意义。
2. 语法规律:高度能产,使用范围广,支配各种各样临时的词语搭配。

下面以动补短语带宾语的情况为例加以说明。现代汉语中动补短语带宾语有一条规则:补语的语义指向为施事主语的动补短语不能带宾语。例如:

(7) *他看病了书。　　　　他看书看病了。
(8) *他吃胖了肉。　　　　他吃肉吃胖了。
(9) *我学累了英语。　　　我学英语学累了。
(10) *她洗晕了衣服。　　　她洗衣服洗晕了。
(11) *她喝瘦了减肥茶。　　她喝减肥茶喝瘦了。

但是,现代汉语有三个看似"例外"的用法:

(12) 小王已经吃饱了饭。
(13) 他这是喝醉了酒撒酒疯。
(14) 你干累了活儿,就休息一会儿吧。

说它们"例外"是因为上述三句话的补语"饱""醉"和"累"分别指示主语的属性,但是可以带上受事宾语。可是仔细观察,这三个"例外"都是在词汇的层次上,属于惯用语性质的,而不是一个能产的语法结构,表现为有关的动词、补语和宾语都不能被其他词语自由替换。例如:

(15) *小王吃饱了面条。　　*小王喝饱了粥。
(16) *他喝醉了茅台酒。　　*他尝醉了葡萄酒。
(17) *她干累了工作。　　　*她做累了衣服。

这几个动补结构的动词只限于有关动作行为中最一般的那一个,受事宾语也是只限于意义最一般的那个名词。形成这些现象的原因简单地说就是,特定的某个动词和其最自然的结果补语之间,由于高频率的使用,使得整个短语惯用语化,当动词和补语分别都为单音节时,就会倾向于凝结成复合动词性质的东西,因而可以像一般动词那样带上名词宾语。

总之,汉语存在一条活跃的语法规律:补语的语义指向为施事主语的动补短语不能带宾语。这是一条造句规律,支配着各种各样词语的临时搭配。所谓的三个"例外"其实并不是真正的例外,它们都是词汇性质的东西,不在有关规律的作用范围之内。把这一点弄清楚了,我们就会认识到一条严格的规律,而不仅仅是一个包含多种"例外"的倾向性。

四、统计性语法规律

语法中也有不少统计性的规律,有关词语的语法特点只有在大量的统计中才能显示出来。下面以否定性词语"介意"为例来说明这一点。

否定性词语遵循一条规律：在一组相同概念义的同义词中，语义程度最低的那一个是只用于或者经常用于否定结构。比如"介意—记得—铭记"这组同义词，"介意"是其中语义程度最低的一个，经常用于或者只用于否定结构。如果只凭语感，"介意"似乎肯定或否定都可以，比如可以说"你不介意这件事情，可是我很介意"。但是从统计中就可以看得出来"介意"的使用规律。根据大量的统计结果，"介意"用于否定式的概率为95%左右，用于肯定式的概率则只有5%左右。先看"介意"用于否定格式的用例：

（18）迎春自为玩笑小事，并不介意，贾环便觉得没趣。（《红楼梦》二十二回）

（19）方玄绰也毫不为奇，毫不介意。（鲁迅《呐喊·端午节》）

（20）至少鄙人不大介意这个的。（俞平伯《风化的伤痕等于零》）

（21）他一点没介意，他真是个好人！（老舍《骆驼祥子》）

（22）都是一点误会，误会。请你不必介意。（老舍《四世同堂》）

（23）别介意，跟你闹着玩呢。（王朔《玩的就是心跳》）

（24）你没来过，这儿的人说话都比较随便。你别介意。（陈建功、赵大年《皇城根》）

"介意"之前没有直接被"不"或者"没"否定的例子，往往不是真正的肯定式，最常见的是用于反问句，而实际含义仍然是肯定的，见例（25）；一个是用于对话中的对举，上文已经出现了"介意"的否定式，见例（26）。

（25）会介意床板上的古怪人形吗？（梁晓声《京华闻见录》）
（26）"这么说你不介意吧？"我也不说介意，也不说不介意，一声不吭地抽了一阵烟。（王晓波《未来世界》）

由此看来，"介意"几乎全部是用于否定格式的，它用于肯定格式的概率不仅极低，而且是有条件限制的。因为自然语言的肯定是无标记的，否定则是有标记的，因此一般动词出现于否定格式的概率都会比其肯定式低。所以像"介意"类词的语法特点非常值得注意。这类词并不是个别的词汇现象，而是有严格的使用规律的。但是，如果我们不考虑使用频率的差别的话，就会笼统地认为，这些动词都是既可以用于肯定式，又可以用于否定式，也就无法找出其中的规律。

五、语法系统的历史层次

我们今天看到的汉语语法系统，是长期发展的结果，既有正在发生作用的、活跃着的语法规律，也有历史发展长河中遗留下来的"化石"现象。所谓的"化石"语法现象，是指它们在历史的某一阶段曾经是活跃的、能产的语法规律，但是后来消失了，其特点只保留在个别的词汇上。如果不把这些"化石"现象跟当今的语法规律分开，就无法正确地概括出现代汉语的语法规律。下面以名量词重叠为例说明语法规律的历史层次性。

现代汉语中量词重叠表"遍指"的规律：（a）必须是单音节的；（b）必须能与各种数词直接搭配。这是一条硬性的规律：凡是满足这两个条件的量词一定能够重叠表遍指，如"个个、根根、条条、张张"等；违反其中任何一个条件就不具备表遍指的功能。量词大部分都是单音节的，也有个别双音节的，如"架次、嘟噜"都没有重叠式。还有一部分量词只能与特定的某一个或者几个数词搭配，它们也都没有重叠表遍指的用法。例如：（一、两）码（事）、（一）番（话）、（一）把（鼻涕）、（一）副（笑脸），等等。

但是，上述规律有四个"例外"：人人、事事、时时、处处。说它们是"例外"有两层含义：一是它们是普通的名词，然而现代汉语的普通名词都不能重叠表遍指，比如不说"*书书、*纸纸、*灯灯"等；二是它们在现代汉语的口语中都不能直接地为数词修饰，比如不能说"*我遇见了三人""*我做完了两事"，数词和"人""事"之间都要加上合适的量词。下面是它们重叠式的口语用例：

（27）我没那么大耐性让你们人人都高兴。（王朔等《编辑部的故事》）

（28）你跟我说说你怎么弄得八面玲珑，人人都喜欢你。（王朔《痴人》）

（29）徐姐虽然顽固，但她事事都听老爷的。（王蒙《坚硬的稀粥》）

（30）他往往摆起穷架子，事事都有个谱儿。（老舍《骆驼祥子》）

（31）蘩漪，当了母亲的人，处处应当替孩子着想。(曹禺《雷雨》)

（32）爷爷教育我们处处要带头按政府指的道儿走。(王蒙《坚硬的稀粥》)

（33）都谈笑着，盼望着，时时向南或向北探探头。(老舍《骆驼祥子》)

（34）我有老年人常有的小恙，时时离不开茶水。(邓友梅《无事忙杂记》)

从历时的角度考察，就可以明白上述现象存在的原因。在先秦的时候只有一个名词重叠式"人人"：

（35）人人亲其亲，长其长，而天下平。(《孟子·离娄上》)

（36）仁之难成久矣！人人失其所好；故仁者之过易辞也。(《礼记·表记》)

到了汉代，"时时"也发展出来了：

（37）袁盎虽家居，景帝时时使人问筹策。(《史记·袁盎晁错列传》)

（38）心不精脉，所期死生视可治，时时失之，臣意不能全也。(《史记·扁鹊仓公列传》)

魏晋南北朝时期，"处处"和"事事"也相继出现了。

（39）吴人严白虎等众各万余人，处处屯聚。(《三国志·魏书一》)

（40）此是屋下架屋耳，事事拟学，而不免俭狭。(《世说新

语·文学》)

总体上看来,到了中古时期,表遍指的名词重叠式就相当发达了,很多普通的名词都可以采用这一语法形式。例如:

(41)匈奴使持单于一信,则国国传送食,不敢苦留。(《史记·大宛列传》)
(42)知及文章,事事有意。(《世说新语·品藻》)
(43)行至诸城,城城皆是地狱。(《冥祥记·珠林》)
(44)器器标题。(《冥祥记·珠林》)
(45)大阵七十二阵,小阵三十三陈,阵阵皆输他西楚霸王。(《敦煌变文·汉将王陵变》)

表遍指的重叠式的形成是一个长期的历史过程。该现象肇端于战国末期,起初只是个别的词汇现象,尔后成员逐渐增多,大约在魏晋时期发展成为一条相对能产的语法规律。然而在魏晋以前,汉语还没有作为一个独立语法范畴的量词,那时的名词都可以直接受数词的修饰。这一点符合现代汉语量词重叠表遍指的条件一:都可以直接受数词的修饰。现代汉语的这四个"例外"在魏晋时期已经全部发展出来了,它们也都是单音节的,自然也符合条件二。上述语法规律建立之初,作用的对象都是普通名词,诸如"国国""器器""城城"等,因为那时汉语尚没有量词系统。

但是,随着量词的产生和发展,重叠表遍指的使用规律的作用对象逐渐转移到量词上面。我们对最普通的量词"个"进行了考察,在唐代以前还不见其重叠表遍指的用法,但是从唐

朝开始"个个"就逐渐普遍起来。请看唐朝的"个个"用例:

（46）邯郸少年辈,个个有伎俩。(《鼓吹曲辞·战城南》)

（47）谁道众贤能继体,须知个个出于蓝。(唐·包何《相里使君第七男生日》)

（48）村鼓时时急,渔舟个个轻。(唐·杜甫《屏迹三首》)

（49）个个与他相似。(《祖堂集·神山和尚》)

唐宋时代,量词广泛使用。到了宋元之际,量词作为一个独立的语法范畴已经建立起来。尔后,名词不再能和数词直接搭配,其间必须由量词连接。也就是说,之后能和数词直接搭配的成分变成了量词。古今重叠表遍指的规律只有一个,要求能重叠的词语必须直接可以与数词搭配。那么这条规律的作用对象自然就逐渐移到量词和部分时间词上,因为只有它们才符合这一语法要求。同时,因为名词后来不再能和数词直接搭配,中古时期的很多普通名词表遍指的用法也随之消失了,比如那时的"国国""城城""器器"等宋元以后就不见了。但是,在中古时期,符合重叠表遍指规律的"人人"等四个形式一直保留在今天的口语里。这是为什么呢?

高频率词语在语法发展中具有双重性。"人人"等在历史和当代的用法都与它们的高频率使用有关。所谓的"双重性"是指:

1. 新的语法特点首先发生在使用频率最高的那些词上。

2. 使用频率高的词不宜受其他语法规则的类推影响,可以较长时间保留旧有语法特征。

这两个看似矛盾的判断,实际上是揭示了语言发展的一个特点。遍指重叠式的发展是这方面的一个典型例证。战国末期产生的第一个名词重叠式是"人人",汉初又出现了"处处"和"时时",魏晋"事事"也发展出来了,它们都是最早的那批名词重叠式。在量词普遍使用之后,重叠表遍指的规律所作用的对象逐渐转移到量词上。但是,由于"人人"等的高频率使用,它们可以不受后来量词重叠规律的制约,仍保留着中古时期的用法。结果就形成了"人人"等在现代汉语中的特殊用法。

上述分析揭示,现代汉语中名量词重叠表遍指实际上反映了不同历史层次的语法规律:在现代汉语里,量词重叠式是一个活跃的、能产的语法规律,可以根据规律自由地类推;"人人"等名词重叠式是个别的词汇现象,它反映的是中古汉语的一条语法规律,在现代汉语中已经成为一种"化石"现象。

六、结构赋义和词汇标记的相互作用

语法意义有两种主要表现手段:结构和标记。语法结构和词汇标记之间经常会相互作用、相互影响,从而使得情况变得复杂,人们更加难以找出问题的实质。如果能把这两种东西区别开来,我们就比较容易发现有关现象的规律,可以使得传统语法中的"倾向性"现象上升为严格的语法规律。下面以有定和无定表达来说明这个问题。

很多学者认为:汉语有一种很强的倾向性,主语所指的事物是有定的,宾语所指的事物是无定的。例如:

（50）a. 人来了。　　　　　　b. 来人了。

（51）a. 书我已经看完了。　　b. 我已经看完书了。

但是，又有学者指出由不定名词充当主语和有定名词充当宾语的现象也很常见，所举的不少例子都属于以下这种类型：

（52）一位医生向我介绍。

（53）我看过这本书。

仔细观察，上述所谓的"例外"都有词汇标记：无定主语之前一般都有一个数量词，有定的宾语之前一般都有一个指示代词。在没有这些词汇标记的情况下，现代汉语拥有严格的句法规律：

对于没有任何修饰语的光杆名词，以谓语中心动词为参照点，动词之前的被赋予有定的特征，之后的被赋予无定的特征。光杆名词，通常为动词的受事，进入句子结构后必然遵循这一规律。比如，例（54）句首的"表"和例（55）句首的"人"，都是指语境中的特定事物。

（54）乙：还得填表。

　　　甲：填表也没用。今天没房了。

　　　乙：得，折腾了半天，表白填了。（相声《多层饭店》）

（55）乙：哦，人你就不管了。

　　　甲：那人事科长怎么说呢？（相声《电梯奇遇》）

根据上述的结构规律，谓语动词之前名词成分被自动赋予一个［+有定］的特征，并且限定一些无定成分的出现。典型的数量短语自身的语义特征是无定的，不能在句子开头自由出现，但是加上一个专门的表无定的语法标记"有"就可以。例如：

（56）a. *一件事情我要跟你商量商量。
　　　b. 有一件事情我要跟你商量商量。
（57）a. *两个人我想跟你打听一下。
　　　b. 有两个人我想跟你打听一下。
（58）a. *几本书我找不到了。
　　　b. 有几本书我找不到了。
（59）a. *一些同学我不认识。
　　　b. 有些同学我不认识。

需要区别两种不同的"无定性"表示方法：一是自身词义所固有的，二是作为具有外在语音形式的词汇标记所标识的。在谓语动词之前，自身词义固有无定性的词语受到很大限制，必须用一个表"无定"的语法标记"有"来表示。但是，数量短语可以自由地出现于宾语的位置，例如：

（60）a. 我跟你商量一件事情。
　　　b. 我想跟你打听两个人。
　　　c. 我买了几本书。
　　　d. 我看到了一些同学。

相应地，谓语动词之后的名词也可以加上表有定的词语等使其有定化，最常见的是指示代词"这"或者"那"。例如：

（61）a. 我已经看完了那本书。

b. 我已经修好了他的车。

c. 我也买到了这种玩具。

d. 我喜欢吃妈妈做的饭。

词汇标记和句法结构赋义规律相互作用,产生下列语法规则:

1. 对于光杆名词,动词之前为有定,之后的为无定。

2. 动词之前的词语要表"无定"时,必须借助于词汇标记"有"等;动词之后的词语要表"有定"时,必须借助于词汇标记"这"等。

3. 外在的词汇标记的作用优先于句法结构赋义规律。

上述语法规则可以用来解释几种特殊的结构赋义现象。现代汉语语法里有几种严格的句法规律,都跟句法结构赋义规律密切相关。第一种情况是,部分名词和个体量词重叠表遍指时,不管是施事还是受事,必须出现于谓语动词之前。例如:

(62) a. 我人人都通知到了。　　→ *我通知到了人人。

b. 个个我都问过了。　　→ *我都问过了个个。

c. 家家我都调查了。　　→ *我都调查了家家。

d. 件件我都试过了。　　→ *我都试过了件件。

第二种情况是疑问代词引申作遍指用法的句法位置。疑问代词表疑问时可以自由出现于各种句法位置,然而它们的两个引申用法——遍指和虚指——都有严格的位置限制。表遍指的疑问代词只能出现在谓语动词之前,虚指的则只能出现在动词之后。这种位置上的限制都是结构赋义规律作用的结果。先来看疑问代词的引申用法。

（63）a. 谁她都敢批评。　　　→ *她都敢批评谁。
　　　b. 什么他都吃过。　　　→ *他都吃过什么。
　　　c. 她哪里都去过。　　　→ *她都去过哪里。
　　　d. 她什么书都看。　　　→ *她都看什么书。

　　上述两种必须用于谓语动词之前的现象都与结构赋义规律有关。语法上的"遍指"概念都是指某一特定范围的每一个成员。所谓的"有定性"就来自这个"特定范围"。名量词重叠式和疑问代词都有一个共同的语法特征，它们都不能再为其他词语所修饰。这就是说，它们的有定性特征不能通过词汇手段来表示，那么只剩下结构赋义这一种办法了，即必须放在谓语之前来获得结构所赋予的有定性特征。结果就造成了它们只能出现于谓语动词之前的现象。

　　上述分析说明，结构赋义和词汇标记常常交织在一起，它们相互制约、相互影响，可以表示相同或者相似的语法意义。如果不把它们分开的话，我们将看不出规律所在，只能得出一些"倾向性"的结论。

七、根据"不完全归纳推理"得出的结论

　　上面所谈的五种情况都不是真正的"例外"，它们实际上是告诉我们如何在纯化的状态下总结出严谨、和谐的规律。但是，一般的教科书中或者语法专著中所谈的不少结论或者规律，确确实实存在大量例外的情况。造成这种局面的主要原因是所使用的研究方法。结构主义语言学最盛行的总结规律的方法是

"不完全归纳推理"。可以拿一个具体的例子来说明这种方法。一袋子里面装了很多小球，取第一个是红的，第二个是红的，当取足够多的球都是红的时，人们就得出结论说，袋子里的球都是红的。这个结论总是或然的，因为它不能排除存在其他颜色的球的可能性。下面以形容词的语法特征为例说明依赖不完全归纳法所带来的问题。

一般教科书中关于形容词的语法特征的描写不外乎两点：一是可以加程度词修饰，二是可以加"不"否定。这两个特征都是根据不完全归纳法得出的。最常见的形容词的确大都可以加程度词修饰，比如"好、大、干净"等都是如此。但是，有很多"例外"：

（64）a. 一样、平行、垂直
　　　b. 温、中、紫、斜
　　　c. 小康、疑难
　　　d. 正、负、单、夹、黑白、袖珍
　　　e. 笔直、雪白
　　　f. 大（儿子）、好（人）、快（车道）

上述各类词都是不能受"很、十分、最"等程度词修饰的，这类词的数量相当大。即使能加程度词修饰的形容词，它们用于不同义项时的情况也不一样，比如"大"表示尺寸的大小的时候是可以被程度词修饰的，然而表示"第一个孩子"时就不能了。此外，同一个形容词采用不同的形式时用法也会有变，比如形容词的重叠式也就不再能够被程度词修饰。光靠简单归纳法是很不够的，因为它不能帮助我们回答诸如以下各个问题：

哪些形容词可以被程度词修饰，哪些不能？能否为程度词修饰会带来什么样的句法后果？形容词的各个语法特征之间有什么样的逻辑关系？其实形容词的各个语法特征之间是存在内在的逻辑关系的，可以得出以下两条严格的规律：

  1. 凡是能自由用程度词修饰的形容词都能被"不"否定；这条规律是可逆的，即凡是不能自由用程度词修饰的形容词都不能被"不"否定。

  2. 凡是不能用"很、十分、最"等修饰的形容词都不能重叠。

这两条规律是没有例外的，它们的背后有深刻的理据。先看第一条规律。这是因为"不"否定形容词时，也相当于一个程度词，为被否定的形容词的性质确定一个量级，实际含义为"不及"或者"不够"。例如：

  （65）a. 这瓶碳素墨水不黑。＝黑的程度不高。
     b. 那些花不红。＝红的程度不高。

既然"不"否定形容词的作用跟程度词修饰形容词的情况类似，都是为形容词的性质确定一个量级，那就不难理解上述的规律一。

  规律二更好理解。形容词重叠式的作用也是强调性质的程度的，相当于为形容词确立一个量级。因此能够重叠的形容词必须是能够为程度词修饰的。比如例（66）中两端的形容词都是可以自由的为程度词修饰的，因此都有相应的重叠式；中间的词不能被程度词修饰，因此也就没有相应的重叠式。

(66) a. 红红的 *粉粉的　白白的
　　 b. 大大的 *中中的　小小的

语法研究的结果有两种类型,一是语法特征的描写,二是语法规律的探讨。说"形容词可以用'不'否定",这属于语法特征的描写,然而找出形容词被"不"否定的条件,则是语法规律的探讨。单纯依赖不完全归纳法有很大的局限性,一般只能做到对语法特征的描写。要找到语法规律必须利用其他的逻辑方法,比如各种探求因果关系的方法,论证语言现象背后的认知或者现实理据。目前对语法现象的描写已经有一个良好的基础,对于各种语法规律的探求应该是我们今后努力的方向。

八、结语

本章的分析表明,语法中存在严谨、和谐的规律。在探求这些规律的时候,要注意以下这些问题:语法规律是有使用范围的,超出了一定的范围就会变成另外一种情况。语法规律是能产的、可以类推的,是组词成句的法则,然而个别的惯用法搭配是词汇层面的东西,并不受语法的制约。语法的规律也有不同的类型,有些是刚性的,有些则是弹性的,统计性的规律也非常值得我们重视。现代汉语的语法系统是长期发展的结果,具有历史层次性,既有仍然活跃着的语法规则,也有在历史上某一个时期的语法规则遗留下来的"化石"。此外,语法结构和词汇标记之间也会相互影响、相互制约,只有把它们剥离开来才能看出问题的实质。

语法规律的探求并不是轻而易举的一件事，不仅需要艰苦的探索，而且也需要科学的研究方法。传统研究中的不完全归纳法有很大的局限性，所得结论往往具有或然性，而且往往是表面特征的概括。探求各种现象背后的理据，不能只限于语言系统自身，还需考虑人们的认知能力和客观现实规律对语言的影响。

参考文献

蔡镜浩 1990 重谈语助词"看"的起源,《中国语文》第1期。
曹志耘主编 2008《汉语方言地图集》(语法卷),北京:商务印书馆。
陈颖、陈一 2014 "VV看"的再考察,《语文教学通讯》第8期。
储泽祥等 1997 汉语存在句的历史性考察,《古汉语研究》第4期。
楚艳芳 2014 汉语尝试态助词"看"的产生过程,《宁夏大学学报》第3期。
邓云华、石毓智 2007 论构式语法理论的进步与局限,《外语教学与研究》第5期。
董燕萍、梁君英 2002 走近构式语法,《现代外语》第2期。
郭洁 2015 英语比较句的成分结构研究,《外语教学与研究》第3期。
韩景泉 2000 领有名词提升移位与格理论,《现代外语》第3期。
黄伯荣主编 1996《汉语方言语法类编》,青岛:青岛出版社。
黄正德 2003《汉语方言语法的参数理论》序,见于邓思颖《汉语方言语法的参数理论》,北京:北京大学出版社。
黄正德 2007 汉语动词的题元结构与其句法表现,《语言科学》第4期。
黄月圆 1996 把/被结构与动词重复结构的互补分布现象,《中国语文》第2期。
蒋骥骋、龙国富 2005 中古译经中表尝试态语气的"看"及其历史考察,《语言研究》第4期。
江蓝生 1989 被动关系词"吃"的来源初探,《中国语文》第5期。
江蓝生 1992 助词"似的"的语法意义及其来源,《中国语文》第6期。
蒋绍愚 1997 把字句略论,《中国语文》第4期。

蒋绍愚、曹广顺主编 2005《近代汉语语法研究综述》，北京：商务印书馆。
李晓、吴雅清 2013 英语差比句的语义研究综述，《外语研究》第3期。
李宇明 1995 说"VP看"，《汉语学习》第6期。
李珍华、周长楫 1999《汉字古今音表》，北京：中华书局。
陆俭明 1959 现代汉语中的一个新的语助词"看"，《中国语文》第10期。
陆俭明 2002 再谈"吃了他三个苹果"一类结构的性质，《中国语文》第4期。
陆俭明 2004 词语句法、语义的多功能性：对"构式语法"理论的解释，《外国语》第2期。
陆俭明 2009 构式与意象图式，《北京大学学报》（哲学社会科学版）第3期。
吕叔湘 1943 论"底"、"地"之辨及"底"字的由来，《金陵、齐鲁、华西大学中国文化汇刊》第三卷。
吕叔湘 1956《中国文法要略》，北京：商务印书馆。
吕叔湘 1979《汉语语法分析问题》，北京：商务印书馆。
吕叔湘 1984 "把"字用法的研究，见于《汉语语法论文集》，北京：商务印书馆。
吕叔湘 1987 说"胜"和"败"，《中国语文》第1期。
吕叔湘主编 1999《现代汉语八百词》，北京：商务印书馆。
吕叔湘、饶长溶 1981 试论非谓形容词，《中国语文》第2期。
罗琼鹏 2017 汉语"比"字比较句的句法和语义问题，《现代外语》第3期。
马树钧 1982 临夏话中的"名+哈"结构，《中国语文》第1期。
马真、陆俭明 1997 形容词作结果补语情况考察，《汉语学习》第1期。
宁春岩 2000 形式语言学的纯科学精神，《现代外语》第2期。
潘海华、韩景泉 2005 显性非宾格动词结构的句法研究，《语言研究》第3期。
邵敬敏 1996《现代汉语疑问句研究》，上海：华东师大出版社。
沈家煊 1999《不对称和标记论》，南昌：江西教育出版社。
沈家煊 2000 句式与配价，《中国语文》第4期。
沈家煊 2004 动结式"追累"的语法和语义，《语言科学》第6期。
沈家煊 2006 "王冕死了父亲"的生成方式——兼说汉语"糅合"造句，《中国语文》第4期。
施春宏 2015 边缘"把"字句的语义理解和句法构造，《语言教学与研究》

第6期。

石毓智 1992a《肯定和否定的对称与不对称》，台北：学生书局。

石毓智 1992b 论现代汉语的"体"范畴，《中国社会科学》第6期。

石毓智 2000a 汉语的有标记和无标记语法结构，见于《语法研究和探索》（十），北京：商务印书馆。

石毓智 2000b 如何看待语法规则的"例外"：从"吃饱饭"、"喝醉酒"现象谈起，《汉语学习》第6期。

石毓智 2001《肯定和否定的对称与不对称》（增订本），北京：北京语言大学出版社。

石毓智 2002 论汉语的句法结构和词汇标记之关系，《当代语言学》第1期。

石毓智 2003a 语法的规律与例外，《语言科学》第6期。

石毓智 2003b《现代汉语语法系统的建立》，北京：北京语言大学出版社。

石毓智 2004 英汉双宾结构差别的概念化原因，《外语教学与研究》第2期。

石毓智 2005a 乔姆斯基语言学的哲学基础及其缺陷，《外国语》第3期。

石毓智 2005b 被动标记"让"在当代的发展，《语言学论丛》第30辑。

石毓智 2006a 语法是生成的还是合成的，《解放军外国语大学学报》第1期。

石毓智 2006b《语法的概念基础》，上海：上海外语教育出版社。

石毓智 2006c《语法化的动因与机制》，北京：北京大学出版社。

石毓智 2007a 语言学假设的证据问题，《语言科学》第4期。

石毓智 2007b 构造语法理论关于construction定义问题研究，《重庆大学学报》第1期。

石毓智 2008a《认知能力与语言学理论》，上海：学林出版社。

石毓智 2008b 语法结构之间的功能交叉，《语言教学与研究》第4期。

石毓智 2010《汉语语法》，北京：商务印书馆。

石毓智 2011《语法化理论》，上海：上海外语教育出版社。

石毓智 2016《汉语语法演化史》，南昌：江西教育出版社。

石毓智 2017 复杂系统科学对语言学的启迪，《华南理工大学学报》（哲学社会科学版）第6期。

石毓智、李讷 1998 论助词"之"、"者"和"底（的）"的兴替，《中国社会科学》第6期。

石毓智、李讷 2001《汉语语法化的历程》,北京:北京大学出版社。
石毓智、徐杰 2001 汉语史上疑问形式的类型学转变的机制与过程,《中国语文》第3期。
索绪尔著,高名凯译 1916《普通语言学教程》,1999,北京:商务印书馆。
孙天琦、郭锐 2015 论汉语的隐性述结式,《语言科学》第5期。
孙锡信 1997《汉语历史语法丛稿》,上海:汉语大词典出版社。
唐钰明 1987 汉魏六朝被动试略论,《中国语文》第3期。
汪国胜 1991 大冶金胡话的"的"、"个"和"的个",《中国语文》第3期。
王力 1980《汉语史稿》,北京:中华书局。
王力 1985《汉语语音史》,北京:中国社会科学出版社。
王力 1989《汉语语法史》,北京:商务印书馆。
王统尚、石毓智 2019 近代汉语"吃"字被动式兴衰的原因,《古汉语研究》第2期。
王寅 2009 构式压制、词汇压制和惯性压制,《外语与外语教学》第12期。
王寅 2013 "新被字构式"的词汇压制解析,《外国语》第3期。
温宾利、陈宗利 2001 领有名词移位:基于MP的分析,《现代外语》第4期。
向熹 1993《简明汉语史》,北京:高等教育出版社。
徐杰 1999 两种保留宾语句式及相关句法理论,《当代语言学》第1期。
徐盛桓 2003 常规关系与句式结构研究,《外国语》第2期。
玄玥 2017 保留宾语类把字句与完结短语理论,《语言教学与研究》第3期。
余霭芹 1995 广东开平方言的"的"字结构,《中国语文》第4期。
袁毓林 1995 词类范畴的家族相似性,《中国社会科学》第3期。
张伯江 1999 现代汉语的双及物结构式,《中国语文》第3期。
张玉金 2001《甲骨文语法学》,上海:学林出版社。
赵元任 1978《汉语口语语法》,北京:商务印书馆。
钟书能 2012 现代汉语动补构式的标记性研究,《当代外语研究》第1期。
钟书能 2016 话题链在汉语篇章翻译中的统摄作用,《外语教学理论与实践》第1期。
钟书能、刘爽 2015 汉语羡余否定构式中的"没"真的是个羡余否定标记吗?,《外国语》第3期。

钟书能、石毓智 2017 汉语双宾结构的构式语法视角研究,《外语研究》第3期。

朱德熙 1982《语法讲义》,北京:商务印书馆。

朱行帆 2005 轻动词和汉语不及物动词带宾语现象,《现代外语》第3期。

Aitchison, J. 2003 Psycholinguistic perspectives on language change. In B. D. Joseph & R. D. Janda (eds.) *The Handbook of Historical Linguistics*, pp. 736–744. Oxford: Blackwell.

Barber, Charles. 1993 *The English Language: A Historical Introduction*. Cambridge: Cambridge University Press.

Bloom, L. 1993 *The Transition from Infancy to Language: Acquiring the Power of Expression*. Cambridge, England: Cambridge University Press.

Boas, Hans C. 2005 Determining the productivity of resultatives: A reply to Goldberg and Jackendoff. *Language*, 81.2.

Brown, R. A. 1973 *A First Language: The Early Stages*. Cambridge, MA: Harvard University Press.

Bybee, Joan L. 2006 *Frequency of Use and the Organization of Language*. Oxford: Oxford University Press.

Bybee, J., Perkins, R. & Pagliuca, W. 1994 *The evolution of grammar*. Chicago: The University of Chicago Press.

Chao, Yuen-ren. 1971 Making sense of nonsense. Appendix B: Languge at Play, Why. Berkeley: California University Library Documents.

Chomsky, Noam. 1957 *Syntactic Structures*. The Hague: Mouton & Co.

Chomsky, Noam. 1966 *Cartesian Linguistics*. New York: Harper and Row.

Chomsky, Noam. 1972 *Language and Mind* (Enlarged Ed.). San Diego, CA: Harcourt Brace Jovanovich.

Chomsky, Noam. 1981 *Lectures on Government and Binding*. Dordrecht, Netherlands: Foris.

Chomsky, Noam. 1985 *Knowledge of Language: Its Nature, Origin, and Use*. USA, Westport: Greenwood Publishing Group.

Chomsky, Noam. 1995 *The Minimalist Programme*. Cambridge: The MIT

Press.

Chomsky, Noam. 2002 Preface for 当代国外语言学与应用语言学文库 [A]. 北京: 外语教学与研究出版社.

Croft, W. 2001 *Radical Construction Grammar*. Oxford: Oxford University Press.

Fillmore, C. J., Key, P. & O'Connor, M. C. 1988 Regularity and idiomaticity in grammatical constructions: The case of let alone. *Language* 64: 501–538.

Fillmore, C. J., Kay, P., Michaelis, L. A. & Sag, I. 2003 *Construction Grammar*. Chicago: The University of Chicago Press.

Flavell, J. H., Miller, Patricia H. & Miller, Scott A. 2001 *Cognitive Development* (Fourth Edition). Prentice Hall, Inc.

Goldberg, Adele E. 1995 *Constructions: A Construction Grammar Approach to Argument Structure*. Chicago and London: The University of Chicago Press.

Goldberg, Adele E. 2003 Constructions: a new theoretical approach to language. *Journal of Foreign Language* (3): 1–11.

Goldberg, Adele E. 2006 *Constructions at Work: The Nature of Generalization in Language*. Oxford: Oxford University Press.

Goldberg, Adele E. & Jackendoff, R. 2004 The English resultative as a family of constructions. *Language*, Vol. 80, No. 3.

Greenberg, Joseph. H. 1966 Some universals of grammar with particular reference to the order of meaningful elements. In Joseph H. Greenberg (eds.), *Universals of Language*, pp. 73–113. Cambridge, Mass.: MIT Press.

Hopper, Paul J. & Traugott, Elizabeth C. 1993 *Grammaticalization*. Cambridge: Cambridge University Press.

Hopper, Paul J. & Traugott, Elizabeth C. 2003 *Grammaticalization* (2nd edition). Cambridge: Cambridge University Press.

Jackendoff, Ray. 1997 Twistin' the night away. *Language*, 73.3.

Kandel, E. R., Schwartz, J. H., and Jessell, T. M. 1991 *Principles of Neural*

Science. New York: Elsevier.

Keenan, E. & Dryer, M. 2007 Passive in the world's languages. In T. Shopen (ed.), *Language Typology and Syntactic Description* (pp. 325–361). Cambridge: Cambridge University Press.

Kiparsky, Paul. 2013 Towards a null theory of the passive. *Linguage* 125(1): 7–33.

Langacker, Ronald W. 1987a Nouns and verbs. *Language* 63.1: 53–94.

Langacker, Ronald W. 1987b *Foundations of Cognitive Grammar, Vol. I: Theoretical Prerequisities*. Stanford: Stanford University Press.

Langacker, Ronald W. 1991a *Foundations of Cognitive Grammar, Vol. II, Descriptive Application*. Stanford: Stanford University Press.

Langacker, Ronald W. 1991b *Concept, Image, and Symbol: The Cognitive Basis of Grammar*. Berlin and New York: Mouton de Gruyter.

Langacker, Ronald W. 1999 *Grammar and Conceptualization*. Berlin & New York: Mouton de Gruyter.

Langacker, Ronald W. 2000 A dynamic usage-based model. In Suzanne Kemmer and Michael Barlow(ed.) *Usage Based Models of Language*, 1–63. Stanford, CA: CSLI Publications.

Langacker, Ronald W. 2001 *Introduction to the Theory of Cognitive Grammar*. University of California, Santa Barbara, Summer Institute of American Linguistic Society.

Langacker, Ronald W. 2013 *Essentials of Cognitive Grammar*. New York: Oxford University Press.

Levin, Beth. 2004 Verbs and constructions: Where next? Handout of Western Conference on Linguistics. November 13, University of Southern California.

Nelson, K. 1973 *Structure and strategy in learning to talk*. Monographs of the Society for Research in Child Development, 38 (Serial No. 149).

Lightfoot, David. 2003 Grammatical approaches to syntactic change. In Brian D. Joseph and Richard D. Janda (eds.) *The Handbook of Historical*

Linguistics, 495–508. Oxford: Blackwell.

Li, Audrey Y-H. 1990 *Order and Constituency in Mandarin Chinese*. Dordrecht: Kluwer Academic Publishers.

Li, Yafei. 1993. Structural head and aspectuality. *Language*, 69.3.

Ouhalla, Jamal. 2001 *Introducing Transformational Grammar: From Principles and Parameters to Minimalism*. Edward Arnold (Publishers) Limited.

Quirk, Randolph, Sidney Greenbaum, Geoffrey Leech, and Jan Svartvik. 1985 *A comprehensive grammar of the English language*. London: Longman.

Rappaport Hovav, M. and Levin, B. 2001 An Event Structure Account of English Resultatives. *Language* 77, 766–797.

Robins, R. N. 1997 *A Short History of Linguistics*. Addison Wesley Longman Limited. 1997.

Seidenberg, Mark. 1997 Language acquisition and use: Learning and applying probabilistic constraints. *Science* 275 (5306): 1599–1603.

Shohei, Morito. 2014 Interactions between verbs and constructions in English: A construction view. PhD. Dissertation, Nagoya University, Japan.

Solso, Robert L., Maclin, Otto H. and Maclin, M. Kimberly. 2008 *Cognitive Psychology* (Eighth edition), USA, Boston: Pearson International Edition.

Su, Danjie. 2016 Grammar emerges through reuse and modification of prior utterance. Discourse Studies 18.3: 1–24.

Talmy, Leonard. 2000 *Toward a cognitive semantics, Vol. ll: Typology and process in concept structuring*. Cambridge: MIT Press.

Zadeh, L. A. 1965 Fuzzy sets. *Information and Control* 8.3.